COLLECTION

DE

DOCUMENTS INÉDITS

SUR L'HISTOIRE DE FRANCE

PUBLIÉS PAR LES SOINS

DU MINISTRE DE L'INSTRUCTION PUBLIQUE.

———◆◆◆———

PREMIÈRE SÉRIE.

HISTOIRE·POLITIQUE.

NÉGOCIATIONS

DIPLOMATIQUES

DE LA FRANCE AVEC LA TOSCANE

DOCUMENTS RECUEILLIS PAR GIUSEPPE CANESTRINI

ET PUBLIÉS

PAR ABEL DESJARDINS

DOYEN DE LA FACULTÉ DES LETTRES DE DOUAI

TOME VI

INDEX HISTORIQUE

PARIS

IMPRIMERIE NATIONALE

M DCCC LXXXVI

NÉGOCIATIONS DIPLOMATIQUES

DE LA FRANCE AVEC LA TOSCANE

INDEX HISTORIQUE.

A

ABBADYE (L'). Voir BADIA.

ABBEVILLE (Somme), I, 135; II, 658; III, 163, 168, 367, 369; IV, 400, 412, 413, 425, 466, 567, 752, 762, 763.

ABBIAGRASSO. Voir BIAGRASSO.

ABBIOCO, évêque, V, 255.

ABRUZZES (Les), province d'Italie, I, 438 n., 442, 488, 676; II, 918, 1013, 1016, 1043, 1048; III, 307, 322; V, 109.

ABSALON (Le docteur), médecin de la reine Marie Stuart, IV, 584.

ABZAC (Pierre D'), évêque de Lectoure, I, 312.

ACCIAIUOLI (Agnolo), ambassadeur de Florence auprès de Charles VII, I, 55-57 (notice biogr.), 62-70, 71, 76, 77, 141.

—— (Donato), envoyé en France par la république de Florence, I, 100-102 (not. biogr.), 166.

—— (Jacopo). Voir ANGELIS (Jacobus DE).

—— (Roberto), ambassadeur florentin, II,

520-521 (not. biogr.), 522-525 (instructions), 534, 588-608, 617, 739, 743, 843-987 *passim*, 994.

ACCIAIUOLI (Zanobi), chancelier de Florence, I, 490.

ACCOLTI (Benedetto), cardinal de Ravenne, III, 25 et n. (lettre à Charles-Quint), 50.

ACCOPIATORI. Électeurs spéciaux, désignés par la *Balie*, avec mission de renouveler les conseils et les magistrats de la République, I, introduction, p. LIII.

ACHIER (M. D'), commis du ministre Villeroy, V, 541.

ACIER (Crussol D'), capitaine français, III, 604.

AÇORES (Îles), IV, 417, 429, 464.

ACQUAPENDENTE, ville des États de l'Église, III, 349.

ACQUAVIVA (Claude), général des Jésuites, V, 207, 256, 264, 265, 274, 276, 282.

ACQUI (Piémont), III, 132.

ACRIS (Édouard, lord D'), IV, 146.

ADDA, rivière, II, 257, 298, 300, 301,

302, 314, 316, 318, 319, 322, 323, 332, 334, 547, 655, 712, 1004.

Adige, fleuve du Tyrol et de la Vénétie, II, 351, 379.

Adorni, famille génoise, II, 653, 654, 662, 802.

Adorno (Barnabò), citoyen de Gênes, I, 84.

Adrets (Le baron des), III, 483.

Afrique, III, 255, 258, 772; IV, 680; V, 693.

Agapet, accompagne le pape Jean Ier à Constantinople, V, 688.

Agen (Lot-et-Garonne), IV, 126, 214, 288, 312, 487, 490, 613; V, 683.

Agenais, province, IV, 298, 341.

Agnastio (Gaspard d'), marchand d'Anvers, IV, 440.

Agnello (Col d'), passage des Alpes, II, 705, 706.

Agnolo (Messer), ambassadeur de Florence à Naples. Voir Niccolini (Angiolo).

Agostini (Marcello), envoyé florentin à Sienne, III, 333.

Agresto, forteresse de la Vénétie, II, 351.

Aguilar, ambassadeur de Charles-Quint à la cour de Rome, III, 45.

Aigueperse (Puy-de-Dôme), abbaye de religieuses de Sainte-Claire, IV, 669.

Aiguillon (Henri de Lorraine, duc de Mayenne et d'), fils aîné du duc Charles de Mayenne, V, 588, 589.

Ainay, abbaye près de Lyon, V, 447.

Ainsi ou Einsi (D'), gouverneur de Cambrai, IV, 390, 395, 416.

Aire (Pas-de-Calais), I, 400.

Aiton (Le marquis d'), ambassadeur d'Espagne à Rome, V, 580.

Aix (Bouches-du-Rhône), II, 760; III, 419, 420; IV, 241, 259.

——— (L'archevêque d'), ambassadeur de France. Voir Hébert (Philippe).

Aix (Claude d'), ambassadeur de Louis XII. II, 349, 354, 364, 369.

Alamanni (Francesco), citoyen florentin, en 1458, I, 86.

——— (Francesco), proscrit florentin sous Henri III, IV, 113, 140 n., 146, 149, 151 n., 152 n., 173, 190 et n., 198, 201.

——— (Le capitaine Giovanni), IV, 373, 453.

——— (G.-B.), évêque de Mâcon, III, 717. 763, 768, 769, 789, 793.

——— (Giuliano), pensionné par le roi Henri III, IV, 502.

——— (Luigi), poète et homme politique florentin, II, 1089, 1090, 1105; III, 69, 98.

——— (Niccolò), Florentin, au service de Charles VIII et de Louis XII, I, 635 n., 694; II, 12, 258, 324.

——— (Niccolò), capitaine florentin, au service de la France sous Henri III, III, 276, 868, 871, 892.

——— (Piero), ambassadeur florentin, I, 372, 373, 376, 378, 423 (notice biographique), 434-448, 564, 565, 583, 594.

——— (Vincenzo), ambassadeur florentin en France, III, 441, 856, 857 (notice biographique), 859 à 932; IV, 11-74.

Alba (Piémont), III, 33, 134.

Albanie (Jean, duc d'). Voir Stuart.

Albano (Giovanni-Geronimo), cardinal, V, 113 et n. 3.

Albe (Le duc d'), gouverneur des Pays-Bas pour Philippe II, III, 363, 371, 375, 378, 379, 387, 390, 512, 559, 595, 697, 732, 737, 757, 767, 771, 772, 782, 784, 786, 788, 789, 790, 795, 796, 800, 801, 803, 804, 806, 835, 836, 850, 861, 862, 869, 875.

Albergati (Niccolò), évêque de Bologne.

cardinal de Sainte-Croix en Jérusalem, I, 57-58.

ALBERGOTTI (Lodovico DEGLI), ambassadeur de Florence à Milan, I, 30 n.

ALBERTANI (Andrea), secrétaire du commandeur Petrucci, ambassadeur du grand-duc Cosme Iᵉʳ à la cour de France, III, 680, 685, 691, 697, 707, 711, 727, 733, 737-739, 745, 747, 752, 762, 794, 810, 827, 860, 872, 873, 875, 885, 913, 914, 921; IV, 287, 299, 303, 432-461.

ALBERTI (Giovanni), évêque de Cortone, ambassadeur florentin à Rome, V, 12-24.

ALBERTINELLI (Jacopo), Florentin, IV, 138, 139.

ALBI (Comté d'), I, 460, 475.

ALBI (Louis D'), évêque d'Albi. Voir AMBOISE.

ALBIGNY (Le comte D'), IV, 534.

ALBION (Jayme D'), ambassadeur espagnol, II, 455, 467, 619.

ALBIZZI (Alberto DEGLI), ambassadeur florentin, I, 48, 50, 51.

—— (Antonio-Francesco), ambassadeur florentin, II, 991 et s.

—— (Luca DEGLI), ambassadeur florentin, II, 37, 62 (not. biogr.), 63 et s. (instructions), 70.

—— (Maso DEGLI), ambassadeur florentin, I, 31 n., 32 n., 52, 54 n.

ALBON DE SAINT-ANDRÉ (Jean D'), III, 201.

ALBRET (Alain, sire D'), I, 283; II, 171, 193, 761.

—— (Amanieu D'), cardinal, II, 545.

—— (Henri II D'), roi de Navarre. Voir HENRI II D'ALBRET.

—— (Jeanne D'). Voir JEANNE D'ALBRET.

ALBUQUERQUE (Le duc D'), III, 48, 139.

ALDEGONDE (M. DE SAINTE-), conseiller du prince Guillaume d'Orange, IV, 207.

ALDOBRANDINI (Giovanni-Francesco), neveu du pape Clément VIII, V, 202, 206, 207, 279, 326, 373, 403, 451.

ALDOBRANDINI (Ippolito), cardinal, puis pape sous le nom de Clément VIII, V, 59, 61, 63, 81, 85, 86, 87, 114, 126 n., 134, 135, 138. Voir CLÉMENT VIII.

—— (Ippolito), cardinal, neveu du pape Clément VIII, V, 194, 197, 198, 201, 213, 215, 217, 218, 219, 222, 223, 224, 225, 233, 239, 240, 241, 242, 254, 256, 263, 265, 268, 271, 277, 278, 279, 288, 311, 313, 314, 325, 414, 426, 431, 436, 437, 438, 443, 445, 446 n., 447, 450, 451, 453, 462, 463, 504.

ALEANDRO (Girolamo), archevêque de Brindisi, II, 800, 804, 805, 812, 818.

ALEM (William), cardinal, V, 114.

ALENÇON (Orne), III, 628, 629; IV, 61, 243, 249, 251, 252, 267, 353, 363, 364, 407, 483, 514, 543, 572.

ALENÇON (Charles IV, duc D'), II, 426.

—— (François de Valois, duc D'), fils de Henri II, plus tard duc d'Anjou, III, 454, 524, 547, 628, 645, 672, 681, 699, 715, 744, 749, 753, 756, 758, 762, 767, 771, 786, 823, 827, 836, 845, 848, 851, 861, 865, 866, 874, 877, 879, 886, 891, 897, 898, 901, 902, 904, 906, 907, 909, 910, 912, 914-920, 923, 924, 926, 928, 930, 931; IV, 5 n., 12, 13, 15, 19, 20, 23, 25, 36, 38, 40-42, 44, 46-62, 64-67, 69-73, 75-78, 80, 82-87, 89-94, 98, 99, 101, 102, 108, 112, 115, 118-121, 123 n., 125, 128, 131, 132, 135, 137, 140, 141, 143-153, 155, 159, 160, 162, 164-170, 173-177, 179-193, 194, 196, 200, 201, 203-206, 208, 210, 211, 213, 214, 233, 237-239, 241, 243, 245-249, 251-263, 265, 267, 268, 271, 272, 279,

280, 282-285, 290, 291, 295, 297,
299, 300, 302, 303, 306-308, 310,
311,315,317; IV,321,323,325,327,
329-331,333-339,345. 347,350-359,
461-365,367-382,384-418,419-426,
429, 431. 434-439, 441, 444-458,
460, 462-464 et n., 465-467 et n.,
468 n., 468-480, 482, 483, 485-
489, 491, 492, 495-497, 499-501,
503, 506, 508, 510, 511, 513-515,
517, 519, 520, 523, 524, 526, 528,
529, 536. 543, 549, 588, 655, 848,
850; V, 542.
Alençon (Jean V, duc d'), I, 117.
Alessandrino (Le cardinal). Voir Bonelli.
Alessandro (Marcantonio d'), ambassadeur
du roi de Naples, I, 215, 427, 433.
—— (Il signor). Voir Bene (Alessandro
del).
Alexandre II, pape, V, 690.
Alexandre III, pape, V, 659.
Alexandre IV, pape, I, 517; V, 656,
657.
Alexandre V, pape, I, 53, 54.
Alexandre VI, pape, I, 231, 236, 237,
241, 242, 243, 247, 248, 249, 250,
253, 256, 261, 262, 269, 273, 280,
287, 293, 294, 296, 305, 310, 330,
331, 338, 341, 342, 345, 349, 351,
360, 361, 364, 371, 376, 381, 388,
389, 395, 399, 404, 434, 435, 436,
437, 438, 439, 440, 443, 444, 445,
446, 447, 448, 449, 451, 452 n.,
454, 455, 458, 460, 464, 465, 466,
467, 468, 469, 471, 472, 473, 474,
475, 476, 477, 478, 479, 480, 481,
483, 484, 486, 487 n., 488, 489,
490, 491, 492, 493, 494, 500, 505,
506, 507, 511, 513, 517, 518, 519,
521, 522, 526, 558, 559, 561, 563,
570, 574, 582, 586, 598 n., 607 n.,
614 n., 644, 645, 658, 676, 696, 697,

700 n.; II, 33,34,36, 53,57, 69, 74,
264, 429, 982.
Alexandre Ier de Médicis, duc de Toscane,
III, 5-12.
Alexandrie, ville d'Égypte, I, 502.
—— ville d'Italie, I, 510, 549, 566, 570,
573, 575, 625; II, 238, 244, 653,
654, 704, 710, 784, 1004, 1005,
1009, 1016, 1083; III, 72, 98, 99,
105, 107, 118, 119, 121, 124, 362.
—— (Le patriarche d'). Voir Caetani.
Alexandrin (Le cardinal). Voir Bonelli.
Alexandris (Alexander de), citoyen florentin,
I, 85.
—— (Martinus de), citoyen florentin, I.
86.
Alfonsina. Voir Orsini (Alfonsina).
Alger, III, 45, 47, 50, 60, 258, 358,
761, 770; IV, 821; V, 106.
Alidorio (Francesco), cardinal de Pavie, II,
385, 391, 398, 405, 408, 411, 412,
421, 422, 423, 471, 472, 475. 476,
480, 496.
Alincourt (M. d'). Voir Neuville (Charles
de).
Alincourt (M. d'), fils du ministre Ville-
roi, V, 399, 414, 546, 549, 569, 598
n. 1.
Allègre (Yves d'), capitaine français, II.
33 n., 36 n., 411, 412, 442, 542,
583, 585.
Allemagne, Allemands, I, 177, 179, 230,
247, 265, 302, 307, 308, 328, 348,
578, 580, 626, 648, 698; II, 160,
171, 184, 274, 296, 348, 425, 443,
445, 452, 453, 480, 482, 483, 485,
510, 512, 535, 541, 590, 859, 933,
971, 1054, 1055, 1069; III, 27, 29,
30, 32, 35, 38, 39, 53, 56, 57, 66,
81, 88, 97, 100, 101, 115, 119, 120,
122, 125, 126, 128, 131, 162, 172,
173, 174, 188, 194, 196, 206, 211,

213, 216, 218, 225, 228, 265, 298, 303, 309, 320, 322, 337, 365, 369, 370, 375, 376, 403, 412, 414, 417, 429, 477, 480, 492, 493, 494, 495, 500, 527, 548, 555, 562, 565, 577, 581-583, 589, 590, 596, 605, 607, 609, 610, 614, 617, 619, 621, 629, 634, 635, 643, 646, 649, 650, 655, 659, 661, 668-671, 674, 690, 702, 706, 722, 723, 730, 734, 736, 751, 756, 759, 760, 761, 763, 776, 777, 790, 797, 820, 831, 834, 835, 839, 855, 861, 864, 867, 868, 870, 873, 875, 877, 886-888, 890, 893, 896, 900, 905, 906, 911, 913, 914, 919, 926; IV, 11, 13, 14, 27, 28, 31, 33, 34, 37, 43, 49, 50, 52-54, 65, 67, 73, 88, 90, 91, 95, 117, 118, 122, 123 n., 127, 150, 175, 195, 210, 211, 248, 253, 254, 259, 263, 290, 315, 317-319, 321, 332, 336, 339, 346, 348, 351, 434, 469, 485, 519, 533, 534, 538, 566, 568, 580, 585, 592, 593, 598, 599, 603, 606, 610, 613, 615, 629-633, 637, 640, 642, 647, 671, 674, 684, 687, 692-695, 701-704, 706, 708, 709, 713, 716, 719, 730, 739, 740, 765, 769, 797, 811, 837, 840, 860, 871, 884; V, 505, 583, 601, 602, 651, 655, 690.

ALMAZANO, ambassadeur espagnol, II, 594.

ALPHONSE Ier, roi de Naples, I, 61, 62, 65, 66, 67, 90, 92, 99, 357, 553.

ALPHONSE II, roi de Naples, d'abord duc de Calabre, I, 163, 215 n., 277, 280, 287, 288, 289, 293, 295, 309, 310, 312, 313, 371, 374, 376, 378, 381, 382, 392, 397, 401, 407, 412, 415, 416, 418, 434, 442, 444, 451, 452 n., 487 n., 489, 490, 492, 493, 494, 500, 508, 514, 516, 517, 522, 523, 526, 533, 539, 544, 555 n., 558,

559, 560, 561, 562, 567, 568, 570, 572, 574, 581, 582, 586, 589, 590. 598 n.

ALPHONSE Ier, duc de Ferrare, II, 302. 311 n. 1, 345 n. 1, 358, 364, 415, 424, 429, 448, 450, 452, 458, 516, 698, 699, 803, 805, 860 n. 1 et 2, 867 n. 1, 879, 694, 935 n. 1, 1078, 1080, 1103, 1117, 1118.

ALPHONSE II, duc de Ferrare, III, 263 n. 4. 402, 665-666, 670.

ALSACE, province, IV, 695.

ALTEMPS (Marc), cardinal, V, 110, 113.

—— (Comte Annibal d'), IV, 91, 201. 210.

ALTOVITI (Bindo), négociant florentin établi à Rome, III, 344.

—— (Giambatista), négociant florentin à Rome, III, 343, 348.

—— (Rinaldo), I, 380, 381, 383.

ALVA (Duc d'). Voir ALBE (Duc d').

ALVAREZ (Le cardinal Jean), nommé aussi le cardinal SAN-CLEMENTE, III, 349, 350.

ALVARO, prisonnier turc, III, 89.

ALVIANO (Bartolommeo d'), condottiere, II, 85, 86, 93, 95, 98, 99, 100, 102, 103, 109, 114, 115, 119, 125, 167, 169, 196, 308, 323, 324, 325, 326, 328, 329, 330, 331, 332, 333, 334, 335, 338, 342, 348, 351, 352, 360, 396, 408, 649, 712; III, 61.

AMALFI (Duc d'), III, 39.

AMALTEO, Italien de séjour en France, V. 325.

AMBOISE (Indre-et-Loire), I, 116, 124, 161, 257, 266, 267, 268, 272, 275, 276, 325, 328, 329, 330, 333, 339; travaux au château, 340, 344, 348, 351; 653, 681, 682, 683, 692, 696, 697, 779; III, 148-150, 409, 411, 412, 413, 415, 416, 418, 420, 421, 424, 447, 454, 468, 474, 489, 503,

520, 553, 568, 596, 598, 726, 737, 738, 740, 744; IV, 47, 57, 118, 132, 568, 859-861, 867, 879-881.

Amboise (Louis d'), évêque d'Albi, I, 161, 266, 278, 298, 310, 344, 386, 666, 672.

—— (Louis II d'), évêque d'Albi, II, 324, 326, 364, 497, 400, 405, 412, 441, 476.

—— (Georges d'), archevêque de Narbonne, puis cardinal-archevêque de Rouen, ministre de Louis XII, I, 249, 271, 278, 288, 289, 315, 386, 666, 669, 685, 686, 687; II, 21 n., 29, 31 et s., 36, 49, 50, 55, 56, 64, 65, 68, 69, 74, 81, 82, 84, 92, 94, 98, 100, 102, 104, 105, 111, 130, 141, 143, 153, 161, 163, 166, 172, 175, 201, 233, 250, 259, 260, 264 et s., 273, 278, 283, 313, 317, 321, 327, 330, 331, 332, 341, 349, 354, 358, 362, 364, 366, 369, 381, 389, 394, 396, 401, 402, 404, 406, 417, 422, 426, 428, 430, 436, 441, 443, 446, 455, 460, 461, 464, 466, 469, 474, 475, 476, 477, 479, 480, 481, 482, 483, 484, 486, 491, 495, 497, 498, 503, 504, 505 et s., 510, 520, 524.

—— (Charles d'), seigneur de Chaumont, grand maître de France, gouverneur du Milanais, I, 228 n.; II, 75, 85 et s., 94, 95, 102, 111, 118, 121, 128, 129, 161, 163, 178, 205, 206, 225, 228, 250, 255, 256, 259, 267, 272, 297, 298, 300 et s., 307, 308, 309, 314, 317, 329, 359, 360, 380, 385, 401, 402, 404, 407, 408, 417, 436, 437, 438, 439, 440 n., 441, 442, 443, 444, 447, 448, 450, 458, 478, 487, 488, 491, 497, 498, 506, 508, 530.

—— (M. d'). Voir Bussy d'Amboise.

Ambro (L'), rivière d'Italie, III, 110.

Amédée VII, comte de Savoie, I, 30 n.

Ambrighi (Chevalier), III, 353.

Amérique, III, 773.

Amiens (Somme), II, 588, 975, 981, 986, 987; III, 80, 573; IV, 399, 400, 466, 529, 762, 823, 854, 855; V, 28, 295, 296, 328, 330, 335, 338, 340, 343, 344, 356, 465.

Amiens (Le bailli d'). Voir Lannoy.

Amiral (L'). Voir Châtillon, Coligny, Joyeuse (Anne de), Malet, Savoie (Honorat de).

Ammirato (Scipione), le Jeune, secrétaire du chevalier Camillo Guidi, ambassadeur florentin en France, V, 597, 598, 601, 602, 617, 619, 635, 637.

Ammonire (Droit d'). Droit que s'arrogeaient les capitaines du parti guelfe à Florence au XVe siècle. Par un simple avertissement, les capitaines écartaient de toutes les dignités et de toutes les charges ceux qu'ils déclaraient suspects d'être Gibelins, I, introduction, LI.

Ampricio (Dominus de). Voir Arcanis (Johannes de).

Amsterdam, III, 47; IV, 133, 148.

Amurat III, sultan de Turquie, IV, 42, 207, 246, 302, 435, 449, 665, 668, 679, 754.

Amyot (Jacques), évêque d'Auxerre, IV, 486, 517, 623, 863 n.

Anagni, ville d'Italie, III, 372.

Ancona, ville d'Italie, II, 861; III, 374.

Andelot (François de Châtillon, seigneur d'). Voir Coligny.

Andesana, forteresse près de Chieri (Piémont), III, 87, 88, 90, 94.

Andrinople, III, 46, 53, 58, 59, 365, 368.

Anet (Château d') [Eure-et-Loir], III, 196, 631; IV, 556.

ANGELI (Cosimo), assesseur de l'Inquisition à Rome, V, 269.

ANGELIS (Jacobus DE), I, 86.

ANGELO (Frère), capucin, IV, 730; nom porté en religion par Henri, comte du Bouchage, duc de Joyeuse.

ANGENNES (Charles D'), cardinal de Rambouillet, III, 708, 731; IV, 36, 128, 587, 669, 721; V, 18.

—— (Claude D'), évêque du Mans, V, 42, 43, 47, 48, 174.

—— (Nicolas D'), seigneur de Rambouillet, ambassadeur en Angleterre, capitaine des gardes du roi Henri III; IV, 284, 318, 329, 352, 449, 459, 597, 669, 670.

ANGERS, III, 431, 478, 618, 625, 725, 869, 870; IV, 66, 73, 80, 115, 119, 145, 151 n., 243, 255, 260, 290, 291, 300, 303, 304, 327, 398, 514, 561, 568, 573, 580, 594, 595, 598, 626-628, 638, 642, 688, 784, 792, 867.

—— (L'évêque d'). Voir MICHEL (Jean) et RUZÉ (Guillaume V).

ANGHIARI, village de Toscane, III, 20.

ANGHITON, secrétaire d'Espagne à la cour de France, III, 757, 767.

ANGLETERRE, ANGLAIS, I, 114, 115, 178, 185, 186 n., 275, 568, 658, 661, 685, 687; II, 108, 117, 136, 150, 270, 273, 406, 466, 479, 481, 482, 485, 486, 489, 490, 576, 577, 603, 604, 621, 624, 625, 628, 629, 633, 638, 639, 642, 648, 650, 652, 662, 663, 675, 701, 777, 817, 825, 835, 845, 849, 858, 869, 884, 886, 898, 904, 906, 916, 923, 924, 954, 969, 1065, 1080; III, 16, 54, 57, 59, 60, 62, 69, 73, 75, 77, 78, 82, 85, 91-93, 139, 143, 146, 154, 155, 157, 159, 162, 163, 166-168, 172, 173, 175, 195, 205-207, 212, 217, 221, 225, 226, 303, 351, 364, 381, 385, 389, 390, 393, 396, 406, 407, 409, 414, 415, 421, 429, 460, 469, 494, 495, 496, 505, 510, 517, 538, 548, 577, 581, 590, 610, 615, 617, 620, 622, 625, 661, 670-674, 688, 693, 702, 729, 736, 740, 745, 754-759, 761, 767, 768, 771, 773, 778, 786, 790, 810, 831, 837, 838, 845, 846, 848-850, 854, 860-862, 865, 868, 872, 877, 878, 919, 928, 929; IV, 14, 15, 27, 31, 44, 64, 66, 94, 120, 123 n., 132, 133, 136, 145, 146, 150, 156, 157, 158, 160, 161, 162, 163, 164 n., 166, 169, 170, 173, 174, 181, 182, 187, 190 n., 191, 193, 195, 205, 208, 211, 218, 241, 242, 245, 246, 248, 251, 253, 254 n., 255, 256, 257, 258, 259, 261, 262, 265, 267, 271, 272, 273, 282, 284, 326, 328, 329, 331, 332, 334, 335 et n., 343, 345, 346, 348, 350, 354, 356-361, 368, 372, 374, 376, 377, 381, 384, 386, 387, 393, 397, 399, 402, 408-410, 412-415, 421, 431, 434, 436, 437, 439, 449, 452, 454, 465, 466, 472, 474, 482, 483, 487, 493, 498, 514, 519, 526, 529, 531, 537, 538, 548-551, 567, 571, 574, 581, 582, 584, 592-594, 596, 610, 629, 640, 647, 645, 666, 669, 674, 679, 683, 695, 706, 724, 730, 746, 754, 759, 778, 790, 791, 796, 803, 806, 811, 814, 815, 816, 817, 821, 825, 836, 837, 839, 841, 860, 871; V, 506, 507, 510, 512, 513, 530, 542, 549, 583, 629, 651, 655, 659, 660, 667, 678, 683, 689, 691.

ANGOULÊME, III, 595, 603-606, 608, 621, 639; IV, 49, 53, 121, 422, 563, 774, 805, 811, 818, 838; V, 622 n.

Angoulême (M. d'). Voir Orléans (Charles d'), François Ier.

—— (Diane, duchesse d'), fille naturelle du roi Henri II, IV, 543 n., 570, 672 ; V, 458, 459.

—— (Henri d'), grand prieur de France, fils naturel du roi Henri II, appelé quelquefois le Chevalier d'Angoulême, III, 430, 808, 824, 829, 893, 931 ; IV, 202, 256, 258, 280, 397, 496, 509, 528, 850, 854, 881.

Anguillara (Le comte de l'), III, 46, 69, 92.

Anguiscola (Comte Jacopo), II, 726.

Anjou (François de Valois, duc d'). Voir Alençon.

—— (Henri de Valois, duc d'). Voir Henri III.

Anjou, province, IV, 57, 71, 66, 73, 290, 291, 300, 382, 385, 392, 396, 401, 424, 475, 574, 598 ; V, 528.

—— (Hôtel d'), à Paris, IV, 489, 547.

Anne de Beaujeu, fille de Louis XI. Voir France.

—— de Bretagne, reine de France, I, 230, 238, 240, 245, 247, 251, 264, 280, 298, 325, 333, 334, 339, 351, 361, 403, 669, 670, 673, 679, 683 ; II, 97, 215, 231-232, 481, 496, 507, 591-592, 594, 596, 695.

—— d'Este, fille d'Hercule II, duc de Ferrare et de Madame Renée de France, duchesse de Guise, puis duchesse de Nemours, III, 407 et n. 1, 523 et n. 1, 524, 798, 799, 808, 813 ; IV, 530, 534, 635, 680, 860, 862 ; V, 414, 459, 465, 549.

Annebaut (Claude d'), amiral de France, III, 25, 34, 42, 140, 144, 169 n., 503.

Anone. Voir None.

Anonyme. Apologie de la Saint-Barthélemy.

Lettera d'un cattolico appassionato, III, 822-826.

Anonyme. Mémoire d'un religieux, touchant l'absolution du roi de Navarre. Diatribe violente d'un moine fanatique, V, 168-172.

—— Mémoire au cardinal Gaëtan sur la situation du royaume de France, V, appendice, 649, 654.

—— Observations sur le mémoire précédent, V, appendice, 654, 658.

—— Mémoire au pape Innocent IV, touchant les affaires de France, V, appendice, 659-661.

—— Mémoire touchant la réconciliation du roi de France avec le Saint-Siège, V, appendice, 664-672.

—— Lettre du 29 janvier 1594. Propositions des députés de la Ligue au pape, V, 185-187.

Anselmo, capitaine italien, IV, 349, 350, 353, 370.

Antibes (Var), III, 288 ; V, 474, 480.

Antinori (Vincenzo), III, 410, 666.

Antoine de Bourbon, duc de Vendôme, puis roi de Navarre, III, 42, 83, 193, 201, 211, 212, 214, 228, 229, 285, 365, 394, 402-404, 409, 417, 421, 425-432, 435 n., 444, 445, 448-452, 454, 455, 458-461, 463, 464, 467, 469, 472-477, 479-481, 484-486, 488, 489, 492, 493, 496-498, 505, 522, 524 ; V, 541, 624.

Antoinette de Bourbon, veuve de Claude de Guise, III, 507.

Antona, nom italien de Southampton. Voir Southampton.

Antonio (Ser), agent politique, I, 465, 467, 474, 477, 491, 492, 542.

—— (Don), grand prieur de Crato, IV, 334, 363-364, 375-376, 381, 384, 387, 402, 413, 416, 423, 429, 450,

456, 464, 475, 505, 521-522, 529, 544, 622, 864.

ANTONIO-MARIA (M.), I, 578, 583.

ANVERS, III, 32, 153, 160, 380, 381, 390, 526, 786; IV, 87, 88, 90, 122, 123, 127, 145, 186, 191, 250, 253, 258, 259, 262, 263, 266, 295, 307, 311, 316, 321, 328, 331, 337, 355, 377, 383, 410, 411, 419, 423, 424, 427, 429, 439-441, 447, 449, 452-455, 457, 458, 460, 463, 473, 485, 494, 508, 511, 520, 529, 532, 538, 539, 582, 584, 610; V, 353, 586.

ANZIANI. Magistrats au nombre de douze remplaçant à Florence les consuls en 1250, I, introduction, XLVII.

APPIANO (Gherardo D'), seigneur de Piombino, I, 35.

—— (Jacopo D'), seigneur de Piombino, I, 570; II, 28, 61, 174.

AQUILA (Abruzze), I, 460, 475; II, 1012, 1022, 1042, 1048; IV, 188.

AQUILÉE (Patriarche d'). Voir BARBARO (Daniello).

ARAGON, pays, I, 297, 627, 695 n.

ARAGON (Béatrix D'), fille de Ferdinand Iᵉʳ, roi de Naples, I, 161, 165.

—— (Inigo-Avalos D'), cardinal, V, 99, 110, 113, 140, 144, 202, 209, 211, 213, 222, 224, 225, 229, 230, 231, 237, 243, 263, 272, 279, 372.

ARAMONT (M. D'), ambassadeur de France à Constantinople, III, 251, 254, 255, 258, 289, 290.

ARCANIS (Johannes DE), vicomes de Ampricio, ambassadeur de Louis XI en Italie, I, 174-175.

ARCHIPEL (L'), III, 361.

ARDENNES (Forêt des), IV, 665.

ARDINGHELLI (Tommaso), ambassadeur florentin auprès du pape Jean XXIII, I, 54 n.

ARDINGHELLI (Piero), secrétaire de Bernardo da Bibbiena, II, 710, 716.

ARDOISE (M. D'), secrétaire du duc de Montmorency, IV, 201.

ARDRES (Pas-de-Calais), III, 143, 154, 158; V, 330.

ARETINO (L'). Le territoire d'Arezzo, III, 20.

AREZZO, ville de Toscane, I, 21, 118; II, 14, 23, 71 n., 79, 116, 756.

AREZZO (Paolo D'), confident de Clément VII, II, 844, 845, 848, 850, 974.

—— (L'évêque d'), ambassadeur du grand-duc Cosme Iᵉʳ à la cour d'Espagne, III, 481, 487. Voir aussi BECCHI (Gentile).

ARGENCE (M. D'), IV, 294.

ARGENTEUIL (Seine-et-Oise), III, 548.

ARGENTON (Indre), III, 592. ·

—— (?), abbaye des Pays-Bas, IV, 143 n.

ARGENTON (Le seigneur D'). Voir COMMINES (Philippe DE).

ARIOSTI (Lorenzo), Bolonais, II, 567.

ARLES (Bouches-du-Rhône), V, 119, 407.

—— (L'archevêque d'). Voir MONTANIO (Orazio).

ARLEUX (Nord), IV, 390, 395, 398.

ARLOTTO (Il Piovano), II, 924.

ARMAGNAC (Comté d'), III, 756.

ARMAGNAC (Bernard VII, comte D'), I, 31, 33 n.

—— (Charles Iᵉʳ, comte D'), I, 301.

—— (Georges D'), cardinal, III, 350; IV, 73, 250, 581.

—— (Jean III, comte D'), I, 30, 31.

—— (Louis D'). Voir GUISE (M. DE).

ARME (Jacopo DELL'), noble bolonais, V, 175.

ARMI (Guasparre DELLE), III, 65, 68.

ARNO (L'), fleuve de Toscane, III, 20, 356.

ARNONE, localité du royaume de Naples, I, 435.

ARONA, ville de Lombardie, II, 728.

ARONDEL (Le comte D'), IV, 584.

Arpajon (Gui, baron d'), vicomte de Lautrec, ambassadeur de Louis XI en Italie, I, 173, 174.

Arqua, ville de Vénétie, III, 115.

Arques (M. d'). Voir Joyeuse (Anne, duc de).

Arras (Pas-de-Calais), I, 56, 171; III, 80, 389; IV, 176, 177, 206, 211, 235, 288, 325, 390, 398, 411, 510; V, 356.

—— (L'évêque d'). Voir Jouffroy, Granvelle.

Arrighi (Niccolo), IV, 153 n.

Ars (Louis d'), capitaine français, II, 101, 102, 157, 169.

—— (M. d'), capitaine français sous Charles IX, III, 578.

Arschott (Le duc d'), capitaine flamand, III, 56, 57, 160, 757; IV, 123, 127, 184, 185, 194, 233.

Arsenal (L'), à Paris, IV, 781; V, 508, 514, 620.

Arsi (M. d'), gouverneur de la Fère, IV, 314.

Arthenay (Loiret), III, 484, 630.

Artois, province, II, 821; IV, 160, 184, 186, 206, 211, 213, 235, 239, 244, 257, 267, 304, 326, 344, 364, 405, 411, 418, 473, 511, 526.

Arts (Les) ou corps de métiers à Florence; leur rôle politique, leur importance commerciale, I, introduction, xxii n. 1, xxv, xxvi, xxviii et suiv., xxxiv et suiv.. liii.

Ascanio. Voir Sforza.

Ascanio (Le cardinal). Voir Colonna (Ascanio).

Ascoli, ville des États de l'Église, I, 538.

Asdrubale, courrier, V, 313.

Asie. V, 693.

Asinalunga, ville du Siennois, III, 336.

Asola, ville de Lombardie, II, 348, 350.

Aspre, près de Valenciennes (Nord), IV, 391.

Assalo, près du lac de Garde, II, 358, 362, 410.

Assini (Fra Cristofano d'), capucin. V, 195.

Astezzaria, localité du Piémont, II, 704.

Asti, ville du Piémont, I, 60, 74, 340, 353, 380, 404, 452 n., 520, 530, 566, 573, 575, 621, 622, 626, 628, 629 n., 651, 659, 661, 662, 665, 667, 675, 676, 683, 692; II, 18, 70, 216, 220, 222, 223, 230, 232, 233, 384, 396, 615, 616, 653, 654, 784, 1004; III, 33, 64, 65, 95-98, 101, 104, 107, 109, 120, 155, 284, 362; IV, 24, 30, 38; V, 67.

Astolfe, roi des Lombards, I, 180.

Athènes, III, 366, 367.

—— (Duc d'). Voir Brienne (Gautier VI, comte de).

Atri (Mademoiselle d'), maîtresse de François, duc d'Anjou, IV, 467 n.

Aubespine (Claude de l'), secrétaire du roi François Ier, diplomate, III, 51, 150, 151, 153, 160, 475, 498, 549, 558, 624; IV, 207, 210, 212.

—— (Sébastien de l'), frère du précédent, évêque de Limoges, III, 917; IV, 50, 108, 110.

Aubigeac (Le comte d'). IV, 728.

Aubigny (M. d'). Voir Stuart (Robert).

—— (Le comte d'), conseiller du roi d'Écosse, IV, 357, 580.

Auger (Edmond), appelé Emondo Ugesio, jésuite, confesseur de Henri III, III, 642; IV, 698.

Augsbourg, ville d'Allemagne, II, 511, 762; III, 59, 75, 383.

Augustins (Les), à Paris, IV, 238, 580; V, 620.

Aumale (Charles II de Lorraine, duc d'). III, 931; IV, 72, 81, 82, 93, 94, 118, 314, 316, 318, 320, 332, 333, 345.

364, 365, 394, 402, 485, 486, 494,
530, 556, 562, 567, 579, 583, 585,
683, 689, 753, 755, 761-764, 766,
768-770, 825, 829, 844, 850, 851,
855; V, 577, 582.

AUMALE (Claude II de Lorraine, duc D'), III,
201, 290, 394, 479, 483, 485, 486,
492, 500, 502, 525, 536, 555-558,
562, 564, 583, 584, 588, 589, 598,
599, 631, 689, 807, 809, 823, 824,
855, 870, 871, 896.

—— (Claude de Lorraine, chevalier D'),
second fils du duc Claude II d'Aumale,
IV, 851.

—— (François de Lorraine, duc D'). Voir
GUISE (François de Lorraine, duc DE).

—— (Duchesse D'), IV, 406.

AUMONT (Jean D'), maréchal de France, IV,
561, 575, 590, 638, 646, 677, 697,
714, 744, 764, 774, 850; V, 643.

—— (La maréchale D'), IV, 579.

AUNEAU (Eure-et-Loir), IV, 829.

AUNIS, province, IV, 333.

AURES (Le marquis D'), envoyé espagnol en
Flandre, IV, 78, 90, 91.

AURILLAC (Cantal), IV, 389.

AUTEUIL (Seine), III, 450, 453.

AUTRICHE (Albert, archiduc D'), cardinal,
gouverneur des Pays-Bas, V, 320, 321,
322, 323, 325, 343, 345, 349, 357,
363, 364, 465, 470, 478, 480, 484,
485, 600, 602, 611, 614, 616, 628.

—— (Catherine D'), femme du duc Charles
Emmanuel de Savoie, IV, 597.

—— (Éléonore D'), sœur de Charles-Quint,
II, 843, 844, 856, 874, 879, 896,
924, 925, 989.

—— (Élisabeth D'), reine de France, femme
de Charles IX, III, 640-642, 645, 655,
661 n., 665, 727, 728, 732, 761, 774,
810, 844, 856, 867, 889, 930; IV,
12, 36, 61, 167, 889.

AUTRICHE (Ernest, archiduc D'), IV, 35,
454, 463; V, 187, 698.

—— (Ferdinand D'), frère de Charles-
Quint. Voir FERDINAND Ier.

—— (Jeanne D'), grande-duchesse de Toscane, femme du grand-duc François Ier,
IV, 173.

—— (Don Juan D'), fils naturel de Charles-
Quint, III, 662, 667, 731, 793, 795;
IV, 42, 88, 92, 98, 101, 121, 122,
123 et n., 125, 127, 132, 133, 135,
136, 138, 142, 148-151, 155-157,
160, 162-164, 166, 168, 170, 173-
175, 177, 179, 181, 186, 187, 191-
196, 200, 201, 203, 210, 235.

—— (La maison D'), III, 44, 46, 213,
396, 660, 674, 787; IV, 262, 469,
526, 754; V, 510.

—— (Marguerite D'), fille de l'empereur
Maximilien, I, 297, 433; II, 257, 273,
420, 430, 437, 455, 588, 590, 592,
593, 598, 617, 647, 663, 1058, 1063,
1072, 1075, 1076, 1082, 1084, 1094,
1106, 1118.

—— (Marguerite D'), fille naturelle de
Charles-Quint, duchesse de Parme, II,
860; III, 367.

—— (Marie D'), impératrice d'Allemagne,
femme de l'empereur Maximilien II, III,
787; IV, 434, 536, 767.

—— (Marie-Madeleine D'), grande-duchesse
de Toscane, femme du grand-duc Cosme II,
V, 587.

AUTUN (L'évêque d'). Voir HURAULT.

AUVERGNE, province, I, 179; III, 427, 609,
622; IV, 57, 59, 99, 119, 202, 205,
294, 298, 300, 311, 389, 573, 575,
638, 646, 658, 659, 661, 663, 665,
673, 674, 738, 837; V, 501, 505,
698.

—— (Grand prieuré d'), dépendance de
l'ordre de Malte, IV, 122.

Auvergne (Charles de Valois, comte d'), fils
naturel de Charles IX, IV, 707, 781, 851;
V, 326, 409 n., 444, 485, 487, 492,
494, 497, 500, 501, 502, 504, 506,
520, 531, 535, 539, 542, 543, 545,
550, 571, 582, 590, 627.

Auxerre (Yonne), III, 565; IV, 59, 721.

—— (Évêque d'). Voir Amyot (Jacques).

Auxonne (Côte-d'Or), IV, 597, 628, 638,
650, 654.

Auzance, village près de Poitiers, III, 597.

Avalos (Alfonse d'), marquis du Guast. Voir
Guast (Marquis du).

—— (Ferdinand d'), marquis de Pescaire.
Voir Pescaire, II, 804.

—— (Inigo d'), cardinal d'Aragon. Voir
Aragon.

Avançon de Saint-Marcel (Guillaume VIII d'),
cardinal, archevêque d'Embrun, IV, 34.

Avellino (L'évêque d'), V, 446 n.

Avesnes (Nord), IV, 267, 399.

Avignon (Vaucluse), I, 31, 208, 298, 382;
II, 493, 765, 769, 984; III, 252, 621,
631, 844, 864, 874, 892, 897; IV, 28,
30, 31, 32, 33, 34, 53, 73, 152 n.,
154 n., 196 n., 198, 241, 244, 465,
581; V, 26, 34, 44, 45, 46, 49, 54,
115, 117, 126, 127, 136, 137. 138,
256, 264, 282, 436, 444.

Avignon (Comtat d'), ou comtat Venaissin,
III, 41, 892, 897; IV, 69, 107, 126.
188, 370, 418, 442.

—— (L'archevêque d'). Voir Grimaldi et
Tarugi.

Avis reçus de France, relatifs aux événements
qui précèdent et qui accompagnent l'en-
trée du roi Henri IV à Paris, V, appendice, 694-699.

Avlone, ville d'Albanie, I, 187; III, 58.

Avrilly (D'), favori du duc François d'Anjou, IV, 465, 467 n., 470, 473, 476,
479, 510, 513, 515, 540.

Ax (M. d'). Dax (L'évêque de). Voir ce nom.

Ayala (Don Giovanni d'), envoyé de l'empereur Charles-Quint à Venise, III. 363.

Ayamonte (Johannes de), seigneur de la
Couture, envoyé de Philippe VI à Florence, I, 20.

B

Babou (Philibert), trésorier de France sous
François Ier, II, 834, 1041.

Baccio (Messer), V, 464. Le même que
Baccio del Bene? Voir Bene.

Bacqueville (M. de), envoyé de François,
duc d'Anjou, en Angleterre, IV, 181,
187, 204.

Bade (Le marquis de), V, 149.

Badia, ville d'Italie, près de Rovigo, II,
712.

Baduero (Sebastiano), Vénitien, I, 503.

Baglione (Gentile), condottiere, II, 569,
570.

—— (Giampaolo), condottiere, II, 82, 83,
99, 100, 119, 145, 166, 487. 499,
567 n.

Baglione (Malatesta), condottiere, II, 1019,
1020, 1043, 1063, 1068, 1093, 1095.

Baglioni (Adriano), condottiere, III, 612,
675.

—— (Ridolfo), commandant des troupes
florentines à la bataille de Cérisoles, III,
67, 96, 98, 100, 101, 108, 112. 114.
116, 118, 129.

Bagni (Monsignor de), protonotaire apostolique, V, 445 n.

Bagno (Comté de), fief de la famille Caraffa, III, 360.

BAGNULO, IV, 596.

BALAGNY (Jean DE), maréchal de France, fils naturel de Jean de Montluc, évêque de Valence, IV, 188, 293, 341, 390, 398, 568, 640, 653, 852; V, 299. 323.

—— (M. DE), fils du précédent, V, 588, 589, 599.

BALDOVINO del Monte, frère aîné du pape Jules III, duc de Camerino, III, 234 n. 1, 346-349.

BÂLE (Ville de), I, 303, 582; II, 971; III, 213; IV, 36; V, 469.

—— (Concile de), I, 178.

BALIE. Quand le peuple, à Florence, formant un *Parlamento*, approuve un changement apporté à la constitution, il autorise la *Seigneurie* (voir ce mot) à déférer un pouvoir dictatorial à un nombre indéterminé de citoyens, chargés d'exécuter le changement projeté; ces citoyens composent la *Balie*, I, introduction, LIII, LVI-LXI.

BALZAC (Robert DE), seigneur d'Entragues, gouverneur de Pise pour Charles VIII, I, 633, 641, 643, 649 n., 650, 651, 661, 668, 691, 692, 693.

—— (François DE), seigneur d'Entragues, gouverneur d'Orléans, III, 738; IV, 165, 358, 561; V, 488, 489, 495, 497, 500, 503, 520, 542, 543, 544, 545 n., 550.

—— (Charles DE), dit ENTRAGUET, mignon de Henri III, IV, 165, 543 n., 589.

BANDINI (Le cardinal), V, 426.

—— (Mario), IV, 420, 439, 480, 499, 502, 503, 533, 543 n., 600.

—— (Le chevalier), IV, 557.

BANDINI, famille de Florence, IV, 414.

BAPAUME (Pas-de-Calais), IV, 398.

BAPTISTE de Ferrare, créature de la duchesse de Guise, III, 523.

BAPTISTÈRE de Florence, I, 602.

BAR (Duchesse DE). Voir BOURBON (Catherine DE).

—— (Henri, duc DE). Voir LORRAINE (Henri, duc DE).

BAR-LE-DUC (Meuse), III, 511, 588; V, 695.

BAR-SUR-AUBE (Aube), IV, 71.

BARBARIE, pays, I, 381; II, 941; III, 70; IV, 592.

BARBARO (Daniello), patriarche d'Aquilée, III, 351, 361.

—— (Marcantonio), ambassadeur de Venise à la cour de France, III, 528.

BARBERA, servante de la reine Marguerite de Navarre, IV, 468.

BARBEROUSSE, amiral turc, III, 44, 46, 48, 60, 62, 89.

BARCELONE, I, 683; II, 176, 1018, 1019, 1027, 1092; III, 54, 290, 292; IV, 530.

—— (L'archidiacre de), II, 118.

BARCELONNETTE (Basses-Alpes), V, 406.

BARDI (Alessandro), ambassadeur florentin à Gênes, I, 54.

—— (Bernardo), envoyé de certains marchands de Florence à Louis XI, I, 169.

—— (Donato DE'), envoyé du duc Cosme Ier à Venise, III, 53-84 (correspondance avec Cosme Ier).

—— (Lapo), ambassadeur de Florence à Naples, I, 14 n.

BARDOIS, premier secrétaire du maréchal de Montmorency, III, 885, 886.

BARGA, ville de Toscane, III, 357.

BARGELLO, agent du pape Jules III, III, 317.

BARI (Le duc DE). Voir SFORZA (Ludovic).

—— (La duchesse DE), femme de Ludovic, I, 571, 583.

BARLEMONT. Voir BERLAIMONT.

BARLEMONT (M. DE), seigneur des Pays-Bas, IV, 127, 466, 499.

BARONIO (Cesare), cardinal, V, 221, 242.

BARRIÈRE, assassin de Henri IV, V, 281 n.

BARTOLINI (Matteo), Florentin, de la maison ˉde Marie de Médicis, V, 417.

BARTOLIS (Joannes DE), I, 86.

BARUTI. Voir BEYROUTH.

BASCHE (Péron DE), agent de Charles VIII en Italie, I, 224, 226, 229, 232, 235, 236, 243, 246, 247, 251, 253, 257, 258, 268, 276, 280, 284, 286, 325, 327, 337, 341, 343, 410, 485, 576.

BASIGNY (M. DE), seigneur des Pays-Bas, IV, 127.

BASSANO, ville de la Vénétie, II, 403, 408, 450.

BASSOMPIERRE (Christophe II, baron DE). IV, 52, 878.

BASTILLE (La), à Paris, III, 837, 926, 927; IV, 144, 201, 296, 299, 337, 341, 430, 483, 540, 543, 551, 558, 561, 567; V, 485, 492, 497, 502, 506, 508, 514, 550, 558, 620, 627, 633, 697.

BÂTARD (LE), pris à Fornoue par le marquis de Mantoue. Voir BOURBON (Mathieu, bâtard de).

BATARNAY (Imbert DE), seigneur du Bouchage, agent de Louis XI, I, 279, 286.

BATHORI (Étienne). Voir ÉTIENNE.

BATTISTINO (Messer). Voir FREGOSO.

BAUDRICOURT (Jean DE), gouverneur de Bourgogne, maréchal de France, I, 225, 227, 241, 296, 297, 300, 315, 362, 386, 389, 666, 667, 686, 687.

BAUME (La Sainte) [Var], II, 759, 760.

BAUME (Pierre DE LA), évêque de Genève, II, 915.

BAUSSET, commandant du château d'If, V. 288, 340, 346, 347.

BAVIÈRE, I, 345; III, 59; IV, 291, 708: V, 64.

——— (Wolfgang DE), duc de Deux-Ponts, III, 582, 583, 588, 589, 590; IV, 718.

BAYARD, seigneur de la Font, secrétaire de François Ier, II, 850, 939, 1058, 1102, 1112; III, 144, 224.

BAYEUX (Calvados), évêché, IV, 422.

——— (Cardinal de). Voir PRIE.

——— (Évêque de). Voir CANOSSA.

BAYONNE, I, 117; II, 886; III, 494, 512, 574, 595, 747, 756, 802; IV, 201, 417.

——— (L'évêque de). Voir LAUR (Jean DE).

BAZAS (Gironde), IV, 325, 328, 482.

BÉARN, pays, III, 875; IV, 56, 420, 622, 624; V, 20, 261, 291, 313, 415.

BÉATRIX, reine de Hongrie, I, 433, 437, 446, 447, 545.

BEAUCAIRE (Gard), I, 81; IV, 26, 29, 30, 178, 179, 198, 202, 241.

——— (Le sénéchal DE). Voir VESE (Étienne DE).

BEAUCAIRE, agent de Pierre de Médicis, I, 329.

BEAUCE (La), pays, III, 594; IV, 382, 385.

BEAUGENCY (Loiret), II, 841; III, 492; IV, 586; V, 489.

BEAUJEU (Anne DE). Voir FRANCE (Anne DE).

BEAUJOLAIS, pays, I, 179; IV, 302.

BEAUMONT (Somme), III, 868.

BEAUMONT (M. DE), vice-amiral de la flotte de Charles VIII. I, 301; II, 36, 37, 38, 42, 46, 48.

——— (M. DE), ambassadeur de France en Angleterre, V, 629.

BEAUNE (Côte-d'Or), III, 632; IV, 583.

BEAUNE (Renaud DE), évêque de Mende, puis archevêque de Bourges, III, 752; IV, 279, 280, 282, 285, 300, 306, 514, 881.

Beaupré (M. de), seigneur français, IV, 372, 384.

Beaupréau (Le marquis de), fils du prince de la Roche-sur-Yon, III, 447.

Beaurain (M. de). Voir Croy (Adrien de).

Beaurepaire (Isère), II, 299.

Beauvais (Oise), III, 450, 451; IV, 361, 423, 568.

Beauvais-la-Nocle (M. de), un des chefs protestants sous les derniers Valois, III, 616, 623, 625, 706, 916; IV, 62, 89, 105, 255-258, 350, 382.

Beauvais-Nangis (M. de), envoyé français en Portugal, IV, 201, 255, 258, 741.

Beauvoir (M. de), IV, 841.

Bec (Abbaye du), en Normandie (Eure), III, 163.

Becchi (Gentile), évêque d'Arezzo, ambassadeur florentin auprès de Charles VIII, I, 200, 205, 214, 233, 246, 248, 259, 261, 267, 268, 269, 272, 276, 279, 282, 317-318 (sa notice biographique), 324-365 (sa correspondance), 419, 422, 478, 479; II, 24.

—— (Ricciardo), I, 644, 645.

Belgioioso (Comte Carlo), ambassadeur de Ludovic le More à la cour de France, I, 235, 245, 257, 258, 263, 264, 266, 268, 274, 276, 277, 279, 281, 283, 284, 312, 325, 330, 334, 343, 344, 355, 358.

—— (Comte Ludovico), condottiere, II, 784, 1069; III, 110.

Belgrade, ville de Serbie, III, 53.

Belin (M. de), capitaine d'Ardres, gouverneur du prince Henri II de Condé, V, 330, 546, 547.

Beliotti (Agostino), envoyé de Laurent de Médicis au roi de Naples Ferdinand Ier, I, 163.

Bellami, financier, V, 337.

Bellarmato (Il), surnom d'Enea Renieri da Colle, ambassadeur florentin en France. Voir Renieri.

Bellay (Guillaume du), seigneur de Langey, ambassadeur et homme de guerre français, II, 841, 842, 899, 904, 905, 908, 909, 972, 973, 974, 975, 1089; III, 23, 25, 36, 37, 40 et n., 41 n.

—— (Jean du), évêque de Poitiers, I, 117.

—— (Jean du), évêque de Paris, cardinal, III, 26, 35, 235 (appelé par erreur Guillaume), 239, 253.

—— (Martin du), extraits de ses mémoires, III, 40 n., 41 n., 119 n., 168 n.

Bellefontaine (M. de), IV, 315, 319.

Bellegarde (M. de). Voir Saint-Lary (De).

Belle-Île (Morbihan), III, 153, 154, 162, 880; IV, 421.

Belleville (M. de), gouverneur de Saintonge, IV, 299, 322, 324, 333, 540.

Bellièvre (Pomponne de), homme d'État, chancelier de France, III, 759; IV, 72, 82, 108, 110, 180, 185, 192-194, 232, 250, 318, 331, 336, 337, 349, 375, 378, 385, 388, 402, 404, 405, 411, 413, 423-427, 429, 457, 460, 463, 467, 469, 475, 482, 495, 534, 541, 545, 549, 586, 669, 686, 699, 736, 745, 750, 760, 766, 777, 781, 782; V, 328, 329, 330, 333, 345, 346, 347, 348, 349, 352, 355, 357, 365, 376, 377, 378, 389, 390, 394, 404, 406, 422, 424, 427, 428, 432, 437, 463, 495, 496, 500, 506, 508, 519, 524, 525, 526, 543, 544, 545, 546.

Bellinzona, ville du Tessin, III, 48.

Bellisle (Le marquis de), fils aîné du maréchal de Retz, IV, 525.

Belloy (M. de), IV, 29, 32.

Bembo, seigneur vénitien, I, 503.

—— (Pietro), cardinal, II, 690.

Bencis (*Bencius Nicolai* de), I, 86.

Bene (L'abbé del), IV, 18, 272, 282, 286, 356, 358, 360, 361, 398, 439, 479, 482, 486, 566, 573, 590, 591.

—— (Alessandro del), secrétaire du cardinal Gondi, IV, 480, 502, 557; V, 73, 173 et s., 177, 183 et s., 187 et s., 195, 199, 210, 216, 220, 222, 224, 227, 237, 238, 280, 318, 475, 489, 566, 567, 601.

—— (Alberto del), III, 232.

—— (Albizzo del), III, 232, 398.

—— (Baccio del), IV, 480, 510.

—— (Giuliano del), III, 754, 808, 919; IV, 37, 38.

—— (Madame del), IV, 152 n., 202, 420, 543 n.; V, 410.

—— (Masino del), III, 905; IV, 213, 321, 324, 358, 360, 361.

Benedetto (Giovanni di), envoyé de Florence auprès de Robert, roi de Naples, I, 14 n.

Beni, banquier florentin, II, 936.

Benino (Neri del), II, 880.

—— (Pietro del), I, 86.

Benoit XIII, pape d'Avignon, I. 32, 40, 52, 178.

Bentivoglio, petite ville près de Bologne, I, 489.

Bentivoglio, protonotaire apostolique, I, 471; II, 564.

—— (Alessandro), II, 247, 564.

—— (Annibale), II, 246, 247, 528 n. 1, 554, 558.

—— (Cornelio), III, 263, 265, 316.

—— (Ercole), condottiere, II, 86 n., 114, 145, 159.

—— (Giovanni), seigneur de Bologne, I, 384, 385, 428, 454, 455, 456, 457, 458, 459, 463, 465, 470, 471, 477, 478, 479, 488, 489, 490, 492, 493, 505, 563, 577, 640 n., 648, 693; II,

20, 21 n., 29, 33, 34, 53 n., 92, 164, 195, 220, 247, 559, 562, 563, 731.

Bentivoglio (Guido), III, 274.

Bérenger (Les), rois d'Italie au xᵉ siècle. I. 180.

Bereni (Pietro), III, 47.

Bergamo, ville d'Italie, II, 257, 300, 305, 334, 335, 337, 338, 343, 352, 353, 396, 848; V, 199.

—— (L'évêque de), nonce apostolique en France, IV, 476, 477, 481, 498, 517, 548, 551, 570, 574, 577, 581, 594, 600; V, 132.

Bergamo (Giovanni Andrea da), III, 212.

Bergerac (Dordogne), IV, 120, 125, 126, 193.

Bergues (Nord), IV, 466.

Berlaimont (Nord), IV, 168.

Berlaymont (Louis de), archevêque de Cambrai, IV, 127, 299.

Bernard (Jean), archevêque de Tours. I. 117.

Bernardino (Fra), agent de Louis XII. II. 653.

—— (Frère), de Sienne, jésuite, IV. 336, 337, 343.

Bernardo (Antonio de). I, 334.

—— (Bernardino de), I, 447, 471.

Berne, ville de Suisse, I, 75, 676; II, 950; III, 125, 225; IV, 27, 261.

Berry, province de France, III, 153, 592; IV, 24, 61, 312, 316, 514, 572, 696, 865.

Berry (Charles, duc de), frère de Louis XI. I, 117, 150, 155, 156, 158.

—— (Jean, duc de), frère de Charles V, I, 36 n., 42, 48, 51, 52.

Bersello, petite ville près de Parme. III. 270, 271, 314.

Bersighella (Vincenzo di Naldo da), capitaine vénitien, II, 300, 305.

BERSIGHELLA (Dionigi di Naldo DA), capitaine vénitien, II, 328, 330, 352.

BERTINORO (L'évêque de), V, 93, 108, 130.

BERTON (Le chevalier), IV, 373, 589.

BERTRANDI (Jean), premier garde des sceaux de France, cardinal, III, 248.

BERVILLE (M. DE), IV, 368.

BERWICK, ville d'Angleterre, IV, 358.

BESANÇON (Doubs), IV, 523.

BESME (M. DE), officier du duc Henri de Guise, III, 816, 817, 838; IV, 43.

BÉTHUNE (Maximilien DE), marquis de Rosny, duc de Sully, V, 338, 379, 394, 395, 396, 398, 399, 400, 404, 405, 406, 407, 408, 410, 411, 412, 414, 416, 418, 420, 423, 424, 425, 428, 429, 430, 431, 432, 433, 436, 437, 438, 441, 442, 447, 453, 457, 459, 462, 463, 467, 469, 470, 474, 483, 484, 493, 495, 496, 497, 499, 502, 504-512, 514, 516-521, 525, 528, 530, 531, 533, 534, 538, 548, 549, 552, 555, 556, 558, 559, 562 n., 565, 567, 569, 589, 590, 591, 595, 596, 601, 606, 623, 626, 629, 635, 638.

—— (Madame DE), femme du précédent, IV, 468, 469; V, 520, 589.

—— (Philippe DE), frère de Sully, ambassadeur de France à Rome, V, 469, 470, 549, 556, 590.

BEUIL (Mademoiselle DE), parente de la princesse de Condé sous le règne de Henri IV, comtesse de Moret, V, 546.

BEYROUTH, ville de Syrie, I, 502.

BÈZE (Théodore DE), célèbre ministre protestant, III, 460, 461, 463, 471, 866.

BÉZIERS (Hérault), III, 622.

—— (L'évêque de). Voir BONSI (Thomas DE).

BIAGRASSO, ville de Lombardie, II, 298, 300, 397, 559, 839.

BIANCHETTI (Lorenzo), Bolonais, II, 567.

BIANCHI (Fra Serafino), capucin florentin, V, 280 n.

BIBBIENA, ville du Casentino (Toscane), III, 20.

BIBBIENA (Antonio DA), I, 454, 455.

—— (Bernardo DA), secrétaire du cardinal Jean de Médicis, puis cardinal, II, 548, 549, 551, 552, 555, 557, 558, 563, 568, 570, 571 n., 572, 576, 709, 710-712.

—— (Piero DA), diplomate florentin, secrétaire de Pierre II de Médicis, I, 295, 331, 333, 342, 343, 385, 400, 443, 588-593.

BIEZ (Le maréchal DU), III, 143, 224.

BIGOT (Le capitaine), III, 111.

BILIOTTI (Ivo), III, 30.

BINASCO, ville de Lombardie, II, 732.

BINCH, ville de Belgique, IV, 200, 210.

BIRAGA (La), comtesse d'Albigny, IV, 354.

BIRAGHI (Lodovico), IV, 453.

—— (Mario), IV, 453.

BIRAGO (Piero DA), agent de François Iᵉʳ, II, 785.

—— (Sacromoro), chef de condottieri au service du duc de Lorraine, IV, 678, 709.

BIRAGUE, conseiller de Charles VIII, I, 326.

—— (L'abbé DE), envoyé français à Rome, IV, 187.

—— (Charles DE), conseiller d'État, gouverneur de Saluces, IV, 125, 273, 467.

—— (Louis DE), III, 24, 669.

—— (René DE), chancelier de France, cardinal, III, 515, 643, 759, 815, 845, 906, 909, 915, 917, 925, 927, 928, 930; IV, 22, 25, 38, 43, 54, 55, 57, 64, 75, 108, 189, 201, 232, 237, 278, 283, 377, 420, 424, 425, 437, 443, 446, 476-478, 585, 698, 729, 822, 874.

BIRON (Armand de Gontaut, baron DE), ma-

réchal de France, III, 606, 612, 613, 615, 616, 619, 621, 622, 624, 625, 627, 629, 630, 632, 634, 635, 703. 706, 707. 725. 733, 753, 754, 759, 762, 767, 774, 838. 844, 848, 864, 865, 884; IV, 19, 49, 52, 53, 56, 57, 58, 60, 61, 66, 75. 99, 101. 111, 114, 121, 124, 130, 187, 195, 247, 255, 288, 289, 304. 305. 322, 325-328, 334, 336, 339, 347, 352, 367, 372. 378. 391, 392, 404, 408, 413, 416, 420, 421, 424, 429, 430. 447, 452-454, 457, 460, 463, 466, 470, 471, 474. 485, 511, 515, 557. 580, 583. 585, 590. 594, 608, 610, 611. 638, 642, 645, 654, 658. 671. 672, 694, 697, 714. 764.

BIRON (Charles de Gontaut, duc DE). fils du précédent, V. 27. 119 n.. 122, 123. 124, 126, 322, 338. 345, 360, 416, 431, 435. 485. 487. 492, 493, 495, 497, 500, 501. 502, 503. 504, 506, 542, 582, 590, 605, 643.

BISCAYE, province d'Espagne, II. 150; IV, 157; V, 583.

BISIGNANO (Le prince DE), I, 696; II, 104. 657.

BLANC (LE) [Indre], III, 592.

BLANCMESNIL (Le président DE), V, 631.

BLANDY (Seine-et-Marne), III. 802.

BLAYE (Gironde), III, 604; IV, 421, 563. 567.

BLOIS (Loir-et-Cher), I, 257. 345; II. 21, 83. 94. 98. 99, 105, 114. 117, 118, 124. 127, 133, 136, 139, 141, 144, 148. 149, 151. 153, 154. 156, 157, 158. 160. 161, 179, 181, 182, 183, 184. 188, 189, 190, 191, 195, 197, 199. 201. 210. 214, 215, 234, 256, 260, 261, 264, 270, 275, 280, 283, 285, 287, 293, 296, 414, 416, 419, 423, 424, 427, 431. 433. 435. 441. 442,

444, 447, 448, 451, 452. 454. 456. 458. 460, 462, 464. 466, 468, 470. 471, 473, 476, 477, 484. 493, 503. 507, 511. 516, 526. 535. 692, 693. 697: III. 139, 140. 142. 145-147, 155. 160, 247, 249, 250, 406. 408-410, 454, 476. 488. 516. 520, 569. 571, 572, 702. 703, 709. 712. 721. 724-726, 731. 733. 737. 745-747. 760, 763. 773, 884. 890; IV. 47. 48. 84, 87, 89, 90. 93, 94, 96, 100. 102, 106. 107, 109, 111, 114. 117. 118, 119 et n., 149. 256, 292. 345. 346, 348. 354, 360, 361, 363. 367. 419, 521, 531. 535, 538, 540. 541. 585, 627, 641. 719. 747, 791. 800. 801. 807. 820. 821. 826. 829. 830. 834, 839, 842. 846, 848, 853. 858. 859, 864, 866, 874-877. 879-881. 884; V. 481. 482, 485. 489, 490. 492.

BOBBIO, ville de Lombardie, III. 132.

BOCCACINI (Andrea). I. 86.

BOCCAFUOCO (Contanzio), dit Sarnano. cardinal, V, 114, 222, 225. 239, 263.

BOCCAVILLE, pendu à Paris en 1570. III. 614.

BODERIE (L'abbé DE LA), agent diplomatique, V, 74. 79. 81. 82, 107. 119. 123, 125, 126, 127, 134, 382.

BOGNITI, envoyé par Henri III, à Constantinople. IV. 302.

BOHAIN (Aisne). IV, 338.

BOHÊME, III. 59.

BOHIER (Thomas). receveur général de Normandie, II, 528, 529, 530. 531. 532. 580, 615, 620, 621, 625, 627, 629, 630, 633, 634, 640, 641, 649, 656.

BOIS (Le capitaine), IV, 263, 265.

BOIS-LE-DUC. en Brabant, IV. 127; V, 470.

BOISFONTAINE (Jean DE), trésorier de Charles VIII. II. 111.

Boisy (Le comte de), IV, 289.

—— (Monseigneur de). Voir Gouffier.

Bologne, ville d'Italie, I, 15, 17, 29, 31, 32, 39, 204, 296, 321, 372, 376, 384, 398, 454, 457, 462, 477, 490, 493, 498, 526, 577, 579, 613, 619 n., 640 n., 642, 648, 695 n.; II, 20, 21 n., 30, 34, 50, 53, 69 n., 75, 92, 129, 164, 165, 179, 182, 183, 190, 191, 195, 206, 220, 231, 245, 247, 263, 369, 370, 385, 405, 496, 533, 542, 543, 544, 545, 551, 554, 555, 556, 557, 558, 559, 562, 563, 564, 565, 569, 571, 572, 575, 580, 582, 723, 727, 728, 729, 736, 741, 744, 745, 746, 748, 749, 764, 766, 832, 864, 872, 937; III, 22, 44, 45, 46, 68, 70, 82, 83, 85, 232, 282, 286, 354, 368, 882; IV, 389; V, 175.

—— (Le cardinal légat de). Voir Cossa (Baldassare).

Bonci (Meo), Florentin, neveu d'Antonio Bonci, II, 304.

Bonciani (Francesco), secrétaire du cardinal Gondi, puis ministre résident de Florence auprès de Henri IV, V, 216, 217, 227, 228, 252, 253, 289 (notice biographique); correspondance de 289 à 368, 378, 379, 384, 405.

Bonelli (Francesco-Micaele), dit le cardinal Alexandrin, neveu du pape Pie V, III, 688, 730, 739, 745, 746, 747; IV, 444; V, 15, 99, 110, 113, 149, 150, 208, 213, 220, 221, 222, 224, 225, 229, 230, 231, 237, 238, 243, 251, 263, 272, 273, 275, 276, 282.

Boni (Andrea), III, 343, 346.

Boniface V, pape, V, 689.

Boniface IX, pape, I, 32 n.

Bonneval (Eure-et-Loir), II, 479; IV, 350.

Bonneval (Madame de), III, 144.

Bonnivet. Voir Gouffier (Guillaume).

Bons-Fils (Les), frères pénitents du tiers ordre de Saint-François, IV, 600, 601.

Bonsi (Domenico), ambassadeur florentin auprès de Charles VIII, I, 594, 595 (not. biogr.), 601, 613, 615, 620.

—— (Domenico), III, 920.

—— (Giovanni), aumônier de Marie de Médicis, évêque de Béziers, V, 414, 426, 465.

—— (Thomas de), évêque de Béziers, IV, 173.

Bontemps (Maître Jean), trésorier de l'empereur Maximilien, II, 488, 628.

Bordeaux, I, 78; III, 162, 580, 604, 627, 772, 774; IV, 44, 78, 84, 118, 195, 197, 202, 235, 238, 288, 301, 304, 312, 319, 325, 328, 339, 341, 346, 347, 472, 509, 550, 563, 566, 591, 806; V, 613.

Bordeaux (Le cardinal de). Voir Espinay (André d').

Bordiglion (Monseigneur), ambassadeur du roi Henri II auprès de l'Empereur, III, 392.

Bordisière (Cardinal de la). Voir Bourdaisière.

Borgheri, château des Florentins, I, 699.

Borghèse (Cardinal), pape en 1605 sous le nom de Paul V. Voir Paul V, V, 369, 552.

Borgia (César), duc de Valentinois, I, 700 n.; II, 14, 23, 33 n., 53, 54, 58, 60, 65, 67, 69, 70, 71 n., 73, 116, 172, 176, 190, 194, 264, 265.

Borgia (Alexandre VI). Voir Alexandre VI.

Borgo, localité près de Fornoue, I, 479, 625, 693.

Borgo-di-Val-di-Taro, ville du duché de Parme, III, 46.

Borgoforte, petite ville près de Mantoue, III, 38.

Borgo-San-Cristofano, localité du Milanais, II, 733.

Borgo-San-Donnino, ville près de Plaisance, II, 391, 529, 531, 806.

Borgo-San-Sepolcro, ville de Toscane, I, 184, 697; III, 20.

Borrommeo (Federigo), cardinal, IV, 431; V, 115, 209.

Boschetto (Comte Roberto), envoyé de Julien de Médicis, II, 708.

Bosco, ville de Lombardie, II, 239; III, 121.

Boscoli (Piero-Paolo), conspirateur, II, 79.

Bosnie, I, 177; III, 47, 58.

Bossu (Le colonel de), IV, 127.

Botteglia (Diego), favori du roi D. Antonio de Portugal, IV, 622.

Botti (Matteo), marquis de Campiglia, ambassadeur florentin en Espagne, puis en France, V, 591, 603-639 (sa notice biographique).

Botto (Bergonzio), I, 573.

Bouchage (Henri, comte du). Voir Joyeuse (Henri, duc de).

—— (Madame du), IV, 417.

—— (M. du). Voir Batarnay (Imbert de).

Bouchain (Nord), IV, 399.

Bouchavannes (M. de), III, 572, 815, 820.

Boucicaut (M. de), conseiller de Louis XII, II, 509, 513, 515.

—— (Le maréchal). Voir Meingre (Jean Le).

Boudet (Michel de), évêque de Langres, II, 668, 671.

Bougie, ville d'Afrique, II, 941.

Bouillon (La duchesse de), III, 392.

—— (Henri-Robert, duc de), III, 539, 561, 745, 816, 906, 916.

—— (Guillaume-Robert de la Marck, duc de), IV, 351, 352, 564, 672, 692, 702, 734, 743, 760, 761, 764.

—— (M. de). Voir Tour (Henri de la).

Boulainvilliers (M. de), IV, 344 n.

Boulogne (Pas-de-Calais), II, 153, 621, 627, 629, 631, 632, 634, 650, 658, 701, 835, 869, 936, 939; III, 125, 154, 156, 158, 163, 168, 175, 195, 205, 206, 210, 212, 221, 224, 225, 265, 564; IV, 309, 370, 409, 414, 462, 580, 600, 612, 640, 648, 683, 689, 716, 745, 790, 792, 797, 812, 840.

—— (Le bailli de), III, 226.

—— (Maison de), IV, 256.

—— (Jean), sculpteur, V, 407.

Bourbon (Antoine de). Voir Antoine.

—— (Antoinette de), duchesse de Guise, femme de Claude de Lorraine, duc de Guise, III, 507.

—— (Catherine de), duchesse de Bar, sœur du roi Henri IV, III, 784; IV, 16, 71, 75, 175, 416, 472, 493, 509, 518, 617, 662; V, 292, 294, 297, 298, 301, 319, 324, 326, 335, 338, 345, 362, 363, 366, 367, 465, 470, 528, 537.

—— (Charles, connétable de), II, 107, 130, 243, 616, 623, 667, 695, 696, 697, 708, 750, 772, 774, 810, 811, 815, 819, 821, 844, 845, 848, 849, 850, 852, 855, 856, 857, 877, 886, 896, 897, 918, 934, 943, 975, 1037.

—— (Charles Ier de), évêque de Saintes, puis archevêque de Rouen et cardinal, un moment roi, en 1590, sous le nom de Charles X, III, 211, 214, 215, 227, 405, 426, 432, 463, 474, 483, 499, 502, 559, 563, 572, 575, 587, 601, 610, 620, 623, 631, 637, 731, 754, 764, 784, 792, 804, 838, 867; IV, 14, 16, 23, 26, 29, 30, 50, 67, 94, 209, 212, 345, 405, 406, 424, 425, 442, 459, 463, 469, 477, 484, 509, 510, 515, 516, 522, 542, 544, 552-

556, 559, 560, 562, 563, 566, 569,
579, 581, 582, 588, 589, 603, 605,
606, 608, 616, 617, 622, 631, 636,
654, 659, 662, 664, 688, 690, 730,
749, 766, 769, 792, 799, 802, 820,
827, 843, 854, 860, 862, 869, 870;
V, 26, 35, 43, 53, 56, 59, 67, 77,
86, 91, 92, 109, 126, 129, 130, 131,
132, 137, 643, 645, 647.

BOURBON (Charles II DE), cardinal de Vendôme, puis de Bourbon, neveu du précédent, IV, 494, 522, 542, 546, 569,
570, 688, 697, 766, 827; V, 69, 80,
84, 85, 105, 108, 112, 117, 119 n.,
120, 121, 123, 135, 136, 152, 153,
154, 155, 159, 253, 292, 648, 649,
659, 660.

—— (Duché de), III, 209; V, 357.

—— (François DE), comte d'Enghien, III,
66, 121, 123, 127, 193.

—— (François DE), duc de Montpensier,
dauphin d'Auvergne, III, 573, 606,
608, 611, 927; IV, 16, 23, 25, 26,
50, 51, 53, 94, 313, 319, 321, 352,
360, 370, 372, 376, 389, 393, 395,
399, 404, 407, 409, 418, 419, 424,
527, 528, 547, 557, 561, 585, 589,
590, 607, 614, 618, 628, 633, 636,
638, 642, 649, 654, 697, 705, 714,
723, 737, 764, 770, 775, 786, 789,
795, 800, 827.

—— (François DE), comte de Saint-Pol, I,
586; II, 807, 866, 1004, 1008, 1009,
1012, 1016, 1017, 1019, 1023, 1040,
1042, 1043, 1046, 1047, 1048, 1049,
1053, 1055, 1061, 1070, 1073, 1077,
1080; III, 41.

—— (Gilbert DE), seigneur de Montpensier, père du connétable de Bourbon, I,
308, 530, 570, 659, 686.

—— (Henri DE), prince de Condé. Voir
CONDÉ.

BOURBON (Henri DE), duc de Montpensier,
prince de Dombes, IV, 649; V, 316, 319,
322, 326, 408, 415, 487, 505, 507,
528, 540, 541, 556, 560, 561.

—— (Henri DE), roi de Navarre. Voir
HENRI IV, roi de France.

—— (Louis, cardinal DE), II, 1044.

—— (Louis DE), prince de Condé. Voir
CONDÉ.

—— (Louis DE), duc de Montpensier, prince
de la Roche-sur-Yon, dauphin d'Auvergne, III, 141, 201, 429, 432, 447,
451, 457, 467, 469, 478, 487, 502,
515, 516, 564, 580, 662, 704, 705,
707, 756, 792, 815, 616, 818, 822,
823, 927, 931; IV, 12, 13, 23, 26,
47, 50, 53, 58, 94, 99, 101, 114,
117, 120, 122, 124, 129, 130, 209,
212, 290, 313, 321, 327, 329, 345,
351, 352, 363, 395, 404, 419, 422,
424, 430.

—— (Louise DE), sœur du connétable de
Bourbon, princesse de la Roche-sur-Yon,
II, 107, 113, 123, 127.

—— (Maison de), III, 464, 467, 472,
520, 601, 662, 806, 844; IV, 313,
588, 614-616, 622, 623, 625, 636,
646, 659, 674, 677, 693, 697, 698,
718, 749, 794, 795, 827, 837, 862,
878; V, 643, 644, 659, 660.

—— (Marie DE), duchesse de Longueville,
III, 527.

—— (Mathieu, bâtard de), prisonnier à
la bataille de Fornoue, I, 294, 387,
625.

—— (Pierre II, duc DE), I, 203, 204,
235, 261, 262, 263, 264, 266, 274,
278, 280, 282, 289, 290, 294, 297,
315, 340, 341, 345, 348, 350, 351,
361, 387, 555, 582, 640 n., 647,
652, 662, 666, 667, 672, 677; II,
21 n.

Bourbon (Porte de), à Paris, près du Louvre, III, 812.

Bourbon-Lancy (Saône-et-Loire). III, 521; IV, 472, 474.

Bourbonnais. pays. I, 179, 297, 681; III, 564, 619, 624; IV, 522, 583, 864, 865.

Bourbourg (Nord), IV, 149, 400.

Bourdaisière (Philibert Babou de la), cardinal. III, 702; IV, 866.

—— (M. de la), neveu du cardinal. III, 702; IV, 82, 148.

Bourdillon (Le maréchal de). III, 506, 574.

Bourg-en-Bresse (Ain), III, 644, 647; V, 373, 406, 435, 488.

Bourges (Archevêque de). Voir Beaune, Coeur, Tournon.

—— (Cher), I, 75, 143; II, 163, 166, 184, 211, 215, 220, 222, 231, 279, 285; III, 488, 494-496, 521, 569, 629, 662; IV, 50, 53, 55, 57, 66, 67, 70, 72, 73, 75, 76, 78, 87, 148, 327, 514, 572, 573, 659, 719, 864, 866, 880; V, 694.

Bourgogne. province, I, 179, 287, 293, 294, 295, 303, 311, 313, 350, 387, 399, 400, 403, 404, 405, 406, 494, 554, 654, 658, 661, 666, 674, 676, 677, 681, 685; II, 155, 211, 232, 369, 430, 472, 495, 590, 660, 925, 1067, 1116; III, 25, 86, 94, 143, 283, 285, 504, 576, 595, 599, 617, 630, 632, 642, 728; IV, 43, 69, 77, 98, 166, 175-177, 201, 202, 205, 209, 212, 221, 232, 239, 242, 246, 250, 256, 328, 336, 385, 430, 491, 512, 536, 545, 552, 573, 579, 587, 589, 597-599, 609, 627, 628, 631, 638, 642, 650, 705, 712, 715, 717, 719, 720, 802, 854, 865; V, 330, 400, 492, 499, 500, 502.

Bourgogne (Comté de). Voir Franche-Comté.

—— (Gouverneur de). Voir Baudricourt (Jean de).

—— (Président de). Voir Gattinara.

—— (Charles le Téméraire, duc de), d'abord comte de Charolais, I, 115, 125, 151, 167, 168.

—— (Philippe le Hardi, duc de), I, 36 n., 45.

—— (Philippe II, le Bon, duc de), I, 62, 106, 114.

Bourgoin (Isère), IV, 23.

Bourgueil (Indre-et-Loire), IV, 152, 308.

Bovo (Le colonel). IV, 731.

Bozza, courrier. II, 721.

Bozzoli (Federigo da), condottiere, II, 361, 583, 585.

Brabant, duché, II, 106; IV, 127, 304, 311, 337, 419, 474, 502, 516, 545.

—— (François de Valois, duc de). Voir Alençon (François de Valois, duc d').

Braccamonte, seigneur espagnol, II, 815.

Braccesi (Alessandro). I, 647.

Bracci (Luigi). capitaine de la maison de Marie de Médicis, V, 415.

Bracciano, ville des États de l'Église. I, 620, 696.

—— (Paolo-Giordano, duc de). V, 445 n., 446 n.

Braccio (Antonio). III, 843.

Bragance (Le duc de). IV, 263, 270, 434.

—— (Duchesse Catherine de), IV, 267, 270.

Brancacci (La maison), de Naples, IV, 361.

Brancaleoni (Monaldo), podestà de Florence, I, 13, 14 n.

Brancas (Nicolas de), évêque de Marseille, I, 89-95, 117.

Brandebourg (Le), IV, 627, 630.

Brantôme (Dordogne). IV, 336.

Bray (Somme), IV, 364.

Breda, en Brabant, IV, 127, 377; V, 116.

Bréhain, en Champagne, IV, 734.

Brenta, rivière d'Italie, II, 414.

Brescello. Voir Bersello.

Brescia, ville de Lombardie, I, 428; II,
257, 324, 334, 336, 337, 339, 340,
341, 342, 343, 345, 347, 352, 353,
375, 379, 393, 402, 403, 406, 409,
410, 412, 424, 444, 533, 537, 540,
541, 567, 747, 757, 663, 774, 790,
846; III, 30, 71; V, 199, 273, 329.

Bresse, province de France, IV, 385, 875;
V, 193, 373, 400, 406, 430, 431,
444 n., 452, 502, 505, 508, 520.

Bretagne, province de France, I, 247, 248,
293, 356, 401; II, 97, 107, 150, 168,
171, 596, 602; III, 54, 140, 153,
162, 224, 249, 266, 536, 569, 616,
619, 665, 670, 677, 678, 750, 770;
IV, 16, 35, 106, 146, 150, 157, 210,
232, 239, 258, 300, 312, 320, 331,
353, 387, 393, 412, 415, 422, 424,
430, 473, 490, 493, 509, 518, 529,
536, 553, 563, 576, 583, 609, 622;
624, 627, 790, 796, 806, 831; V, 187,
189, 273, 351, 352, 357, 358, 502,
568.

Bretagne (Anne de), reine de France, II,
94, 97, 107, 138, 142, 215, 231,
323, 396, 426, 430, 476, 493, 495,
591, 592, 593, 596, 695.

—— (François II, duc de), I, 117, 150.

—— (Gouverneur de), IV, 211.

—— (Maison de), V, 643.

—— (Le Parlement de), III, 624.

Breton (Le chevalier). Voir Berton.

Breton de Villandri, secrétaire de François Ier, II, 834, 1041.

Bretonnière (M. de la), secrétaire du duc
de Nemours, V, 611.

Bretons (Fantassins), I, 675.

Breves (François Savary, seigneur, puis
comte de), ambassadeur français, sous
Henri IV, V, 587, 592, 593, 594, 597,
622 n. 1.

Breville, membre du grand conseil sous
Henri IV, V, 334.

Brézé (Louis de), grand sénéchal de Normandie, II, 583.

Briançon (Hautes-Alpes), IV, 307, 353,
357.

Briçonnet (Guillaume), receveur général de
Languedoc, puis évêque de Saint-Malo
et cardinal, I, 225, 226, 230, 236,
237, 238, 241, 245, 247, 248, 252,
254, 256, 258, 259, 261, 267-275,
277, 279, 281, 284, 287-290, 296,
297, 307, 308, 309, 312, 314, 315,
316, 326, 329, 330, 333, 334, 338,
340, 343, 345, 348, 349, 351, 355,
356, 360, 361, 362, 381, 386, 387,
389, 390, 392-395, 397, 492, 519,
520, 526, 527, 530, 574, 580, 581,
582, 592, 593, 612, 613, 628, 640,
647, 653, 656, 657-664, 667-669,
671, 672, 675, 677, 678, 681-683,
685, 687, 694, 700; II, 21 n., 111,
160, 407, 545.

—— (Guillaume II), fils du précédent,
évêque de Lodève, I, 259, 261, 341.

—— (Robert), archevêque de Reims et
chancelier de France, I, 290, 295, 299,
303, 654, 666.

—— receveur général, frère du cardinal de
Saint-Malo, II, 111, 130.

Brienne (Gautier VI, comte de), I, 17-23.

Brignano, localité du Milanais, II, 301.

Brindisi, ville d'Italie, I, 309, 569.

Brion (Deux-Sèvres), IV, 834.

Brion (L'amiral de). Voir Chabot.

Briquemaut (François de Beauvais, seigneur
de), capitaine et diplomate huguenot,
III, 576, 629, 809, 815, 817, 824,
835, 845, 846, 852, 854, 902; IV,

12.

Brissac (Le maréchal de). Voir Cossé.

—— (Mademoiselle de), IV, 289.

Brisson (Le président), IV, 336, 350.

Brixen, ville du Tyrol, II, 296.

Brizio (Zanobi), II, 1091.

Brogliard (Le baron de), IV, 385.

Brosse (M. de la), III, 501; IV, 300, 303, 309.

Brouage (Charente-Inférieure), IV, 120-122, 123 n., 125, 284, 290, 299, 304, 322, 324, 364, 375, 408, 485, 493, 544, 545, 642, 647, 727, 841.

—— (Le Gouverneur de), IV, 122.

Bruet (Le conseiller), envoyé de Catherine de Médicis à Florence, III, 840 n.

Bruges, ville de Belgique, I, 328; IV, 259, 262, 417, 425, 428, 456, 470, 499, 500, 503, 507, 513, 516, 524, 821; V, 356.

Bruière (Le capitaine), IV, 340.

Brûlart (Nicolas), seigneur de Sillery, homme d'État, III, 879, 880; IV, 423, 424, 425, 426, 427, 524, 549, 698, 822; V, 308, 327, 347, 348, 349, 352, 355, 371, 379, 386, 399, 404, 406, 407, 410, 414, 419, 422, 423, 424, 425, 428, 432, 439, 453, 492, 496, 502, 508, 509, 511, 519, 524, 525, 527, 532, 533, 536, 537, 538, 544, 545 n., 551, 562 n., 567, 568, 569, 606, 607, 623, 626, 630, 635, 636, 637.

Brumano, évêque, V, 141, 142.

Brunon, conspirateur à Brescia, II, 410.

Brunswick, duché, III, 49; IV, 630, 695.

—— (Le duc de), II, 398; IV, 135, 151, 179.

—— (La duchesse de), IV, 878.

Brusquet, bouffon de la cour de François Ier, III, 143.

Bruxelles, III, 380, 381, 393, 395, 800, 803; IV, 91, 92, 127, 138, 143 n., 145,

160, 211, 263, 266, 417, 458, 463, 474, 538; V, 599, 600, 601, 628, 658.

Bruy (M. de), IV, 377.

Bruyère (La), localité près de la Palisse (Allier), II, 229.

Bucero (Le secrétaire), III, 257.

Bude, ville de Hongrie, III, 35, 63, 73.

Bugey, province, V, 452.

Buggiano, bourg des Florentins, I, 699.

Bulgares (Les), V, 689.

Buliot ou Buillon (Édouard), envoyé de Louis XII à Florence, II, 52, 56, 76.

Buonaccorsi (Le secrétaire), III, 270, 662, 664, 670; IV, 15.

Buondelmonti, famille de marchands florentins établie en France, I, 205.

—— (Bartolommeo), envoyé de Florence à Charles VIII, I, 601 n.

—— (Benedetto), II, 728.

—— (Gherardo), ambassadeur florentin à Milan, I, 30 n.

Buoni uomini, à Florence; trois acceptions successives : 1° Buoni uomini ou Anziani, conseil de cent citoyens notables assistant les consuls, I, introduction, xvi, xxii, xxiv; 2° Buoni uomini, au nombre de douze, nom donné, à partir de 1267, aux douze Anziani, qui remplaçaient les consuls, ibid., xlvii; 3° Buoni uomini au nombre de douze, sept des arts majeurs, cinq des arts mineurs, conseillers de la Seigneurie, ibid., lii.

Buonvisi (Monsignor), V, 271.

Bureau (Laurent), évêque de Sisteron, nonce apostolique, II, 102, 165, 184.

Buren (Le comte de), fils de Guillaume de Nassau, prisonnier de Philippe II, IV, 262, 544.

—— (Maximilien d'Egmont, comte de), général de Charles-Quint, III, 213.

Burgh (M. del), IV, 246.

Burgo (Andrea di), ambassadeur de l'empe-

reur Maximilien, II, 353, 360, 362, 381,
420, 455, 459, 468, 469, 470, 514.
Burnesel (Le baron de), IV, 301.
Busbacha, courrier, II, 737.
Busina, localité du Milanais, II, 323, 335.
Busini (Giulio), négociant florentin établi
en France, agent du grand-duc de Toscane, IV, 136, 141 n., 150 n., 170,
191, 254 n., 321 à 431 et 462 à 601
(correspondance avec Belisario Vinta,
secrétaire du grand-duc).
Busino, agent de Cosme Ier de Médicis, III,
113, 114.

Bussière (M. de la), chambellan de Henri III,
IV, 317, 318, 321.
Bussy d'Amboise (Louis de Clermont de),
favori de François de Valois, duc d'Anjou,
IV, 38, 42, 44, 73, 115, 118, 119,
123 n., 135, 137, 140, 141, 144, 145,
148, 152, 155, 162, 167, 185, 186,
196, 200, 255, 256, 261, 263-265,
291, 324.
Butry (M. de), conseiller du prince Casimir,
IV, 348.
Buy (M. de), gentilhomme huguenot de
Normandie, IV, 373, 374.

C

Caccia (Alessandro della), II, 796.
Cadalò, évêque de Parme, antipape sous le
nom d'Honorius II, V, 690.
Cadix, ville d'Espagne, V, 327.
Caen (Calvados), III, 166, 408; IV, 284,
513, 576, 583.
Caen (Le bailli de), envoyé de Louis XII à
Florence, II, 78.
Caetani (Enrico), cardinal, légat en France,
V, 64 et s., 74, 75, 76, 77, 79, 81,
85, 103, 104, 105, 108, 112, 114,
116, 119 n., 120, 121, 122, 123,
125, 126, 129, 130, 132, 133, 134,
135, 137, 139, 141, 143, 146, 149,
159, 213, 222, 224, 225, 243, 262,
641, 654.
—— (Niccolò), dit le cardinal de Sermoneta, III, 339, 340.
—— (Pietro), condottiere, V, 64.
—— (?), patriarche d'Alexandrie, nonce en
Espagne, V, 67, 116, 117, 128, 139,
162 et s.
Cahors (Lot), IV, 321, 327, 334, 339,
351, 382.

Cairo, ville du Piémont, III, 132.
Cajazzo (Le comte de), I, 307, 374, 376,
442, 542, 577, 581, 624, 697.
—— (Le comte de), de la même famille,
III, 529, 645, 654, 658, 792, 868, 871.
Cajetano. Voir Caetani.
Calabre, province d'Italie, I, 438 n., 701;
III, 312; IV, 631.
Calabre (Alphonse, duc de). Voir Al-
phonse II, roi de Naples.
—— (Ferdinand, duc de). Voir Ferdi-
nand II, roi de Naples.
—— (Guillaume, duc de), I, 208.
—— (Jean de), fils du roi René, I, 79,
80, 84, 87, 91, 97, 98, 99, 125, 128,
130, 134, 135.
Calagora, légat du Saint-Siège à Venise,
I, 506, 508, 509, 513.
Calais (Pas-de-Calais), I, 115; II, 153,
618, 620, 621, 649, 650, 658, 694,
939, 954, 957, 975; III, 59, 364,
389, 390, 397, 498, 511, 673, 729,
845; IV, 149, 257, 261, 309, 350,
358, 360, 388, 400, 411, 412, 414,

434, 460, 470, 496, 502, 513, 529, 580, 582, 584, 648, 814, 816; V, 330, 465, 478, 482, 586.

CALAIS (Le gouverneur de). Voir GORDON (M. DE).

CALCAGNINO (Le comte Teofilo), III, 383.

CALESCRAIGUE, île près de Marseille, V, 346, 348.

CALICUT ou CALCUTTA (Hindoustan), IV, 746.

CALIMALA (*Arte di*) ou *Arte di panni francesi*, à Florence, I, introduction, XXVI-XXXIV.

CALIXTE III, pape, I, 88, 94, 99.

CALLISTO (Messer), courrier, II, 558, 559.

CALVIN, réformateur religieux, III, 456, 460, 848; V, 651.

CAMBIANO, village de Piémont, III, 36, 88.

CAMBRAI (Nord), II, 257, 262, 279, 311, 349, 354, 369, 370, 383, 388, 390, 401, 405, 467, 469, 470, 480, 487, 500, 588, 756, 1067, 1068, 1071, 1075, 1078, 1080, 1081, 1087, 1094, 1096, 1098, 1105, 1106, 1122; III, 86, 393; IV, 91, 92, 271, 272, 285, 288, 297, 299, 304, 306, 321, 331, 335, 337, 338, 341, 342, 345, 350, 364, 365, 370, 376, 378, 379, 382, 384, 385, 388, 390, 391, 395, 396, 398, 399, 401, 403, 408, 416, 418, 431, 460, 465-467, 470-476, 489, 491, 506, 507, 511, 515, 517, 520, 526, 536, 537, 539, 543-545, 568, 640, 653, 852, 867; V, 146, 323, 330, 660.

—— (L'archevêque de). Voir BERLAYMONT (Louis DE).

—— (Le gouverneur de), IV, 525.

CAMBRÉSIS, pays, III, 86; IV, 184, 186, 196, 471, 473, 545.

CAMERINO, ville d'Italie, III, 28, 52, 298, 308, 351.

—— (Duché de), III, 267.

CAMERINO (Le seigneur DE), I, 461, 487, 676.

—— (Le cardinal). Voir PERBENEDETTO.

—— (Pierre Farnèse, duc DE). Voir FARNÈSE (Pierre).

CAMERLINGUE PONTIFICAL (Le), III, 372, 373.

CAMILLO (Messer). Voir PANDONE (Camillo).

CAMOLIA (Porta), nom d'une porte de Sienne. III, 332, 334.

CAMPAGNAC (M. DE), gentilhomme huguenot, IV, 305.

CAMPAGNI, frère du cardinal Granvelle, IV, 473.

CAMPALTO, forteresse près de Vérone, II, 351.

CAMPANA (Biagio della), III, 292.

CAMPANIE, pays, I, 483.

CAMPEGGIO (Ieronimo ou Hyeronimo), chancelier de Giovanni Bentivoglio, I, 471, 489; II, 536.

—— (Lorenzo), cardinal, légat en Allemagne, III, 9, 10.

CAMPIGLIA, localité de Toscane, I, 403; II, 114.

CAMPLI, ville des Abruzzes, III, 367.

CAMPO (Bernardo DI), I, 478, 479.

CAMPOMORTO, localité des États de l'Église, I, 483.

CANALE, localité près d'Asti en Piémont. III, 104.

CANANIO (Giulio), cardinal, V, 113.

CANARIES (Les îles), III, 772.

CANDALE (M. DE). Voir FOIX (Paul DE).

CANDIE (Île de), III, 368.

CANDIE (Duc DE), III, 748.

CANGE (M. DU), IV, 368, 373.

CANIGIANI (Antonio), ambassadeur de Florence auprès de Charles VIII, I, 198, 200.

—— (Domenico), ambassadeur florentin en Espagne, II, 980, 1091.

CANIGIANI (Giovanni), ambassadeur de Florence, à Rome, I, 144-147.

CANIGIANO (L'ambassadeur), III, 842.

CANILLAC (Le marquis DE), IV, 674.

CANOBIO, ville du Piémont, V, 246, 248.

CANOSSA, ville d'Italie, près de Modène, V, 690.

CANOSSA (Ludovico DA), évêque de Tricarico, puis de Bayeux, II, 616 n., 624, 625, 628, 629, 630, 635, 640, 642, 666-679, 737, 738, 742, 759, 760, 762, 765, 771, 879, 961, 1053.

CANTO (Albrandino DA), ambassadeur du duc de Ferrare à Venise, I, 500, 516.

CANTUARIA, nom latin de Cantorbery, V, 689.

CAPELLA (Bianca), grande-duchesse de Toscane, femme du grand-duc François Ier, IV, 259.

CAPELLE (La) en Thiérache (Aisne), IV, 399.

CAPINO (Messer), envoyé de Clément VII en France, II, 926.

—— ville d'Italie, I, 438 n., 549.

CAPOUE (L'archevêque de), nonce à Venise, V, 15. Voir SCHOMBERG (Nicolas).

—— (Le prieur de). Voir STROZZI (Léon).

—— (Le prince DE), I, 427.

CAPPONI, famille de marchands florentins établie en France, I, 205, 266, 291, 377; II, 20; V, 91, 159, 160, 381.

—— (Agostino), conspirateur, II, 79.

—— (Alessandro), I, 605.

—— (Amoretto), I, 205.

—— (Antonio), proscrit florentin, IV, 113, 117, 132, 139, 140 n., 143, 146, 148 n., 149, 150 n., 151 et n., 152 n., 164 n., 173, 190 n., 201, 215, 217, 220-222, 335 et n., 343, 360 n., 414, 503.

—— (Francesco), I, 167 n.

—— (Gino), I, 205; II, 292.

CAPPONI (Giuliano), III, 279, 292.

—— (Luigi), ambassadeur du grand-duc Cosme Ier à la cour de France, III, 247 (notice biographique), de 247 à 294 (correspondance avec Cosme Ier), 295.

—— (Neri), ambassadeur florentin à Venise, I, 62.

—— (Neri), ambassadeur auprès de Charles VIII, I, 606, 628-632, 638 (not. biogr.), 640-649, 679.

—— (Niccolò), gonfalonier, ambassadeur et homme d'État florentin, II, 578 et s., 998-1003 (not. biogr.), 1003-1021 (correspondance), 1040, 1056, 1057, 1119 et s.

—— (Niccolò), IV, 335 n., 343.

—— (Piero), ambassadeur florentin auprès de Charles VIII, I, 291, 367 (not. biogr.), 374-409, 598, 601.

—— (Piero), proscrit florentin, IV, 136, 148, 170, 190 n., 191, 218, 219, 254 n., 256, 433.

CAPRAIA, île de la mer de Toscane, III, 593.

CAPUCINS (Les), ordre religieux, V, 304, 308, 310, 316, 499.

CARABETTO (Bartolomeo), médecin, III, 35.

CARACCIOLI (Antoine), prince de Melfi, évêque de Troyes, III, 155, 159, 462, 464, 502, 525.

—— (Gianbattista), prince de Melfi, condottiere, II, 157, 159.

—— (Marino), I, 583.

—— protonotaire, II, 704.

—— (Stefano), de Naples, chevalier de l'ordre de Saint-Étienne, IV, 132, 133 n., 141 n., 145.

CARAFFA, famille, III, 360; V, 235, 241.

—— (Alfonso), cardinal, V, 97, 112.

—— (Antonio), neveu du pape Paul IV. III, 360.

—— (Le cardinal Carlo), neveu du pape

Paul IV, III, 360, 372, 373, 388; IV, 811.

CARAFFA (Giovanni), comte de Montorio, puis duc de Pagliano, neveu du pape Paul IV, III, 371, 373, 388.

CARAMELLO (Ser SANTI DA), I, 494.

CARAVZA (LA), familière de la reine Élisabeth d'Autriche, femme de Charles IX, III, 889.

CARAVAGGIO, ville de Lombardie, II, 299, 303, 304, 307, 309, 322, 327, 330, 332, 333, 334, 336, 337, 802.

CARAVAJAL (Bernardino), évêque de Carthagène, cardinal, I, 464, 467, 468, 476, 483.

CARAVIO (Alessandro), III, 366, 367, 368.

CARCASSONNE (Aude), I, 175; III, 708; IV, 564, 593, 632.

—— (Évêque de). Voir RUCCELLAI (Annibal), IV, 201.

CARCES (Le comte DE), V, 332.

CARDONA (Raimondo DE), vice-roi de Naples, II, 549, 561, 704; III, 131.

CARDUCCI (Baldassare), ambassadeur florentin de François Ier, II, 1007, 1010, 1011, 1013, 1015, 1021, 1028 (notice biographique), 1029-1117 (instructions et correspondance).

—— (Francesco), gonfalonier de Florence, II, 1056 et s.

CARIGNANO, ville du Piémont, III, 36, 37, 63, 66, 67, 69, 75, 88, 95, 97, 99, 102-104, 106, 109, 119, 121, 125, 127, 130.

CARINOLA (L'évêque de), I, 217, 219.

CABIUOLA, lisez CARINOLA.

CARLO (Il conte). Voir BELGIOIOSO et MANSFELD.

—— (Il signor). Voir ORSINI.

CARLOS (L'infant don), fils aîné de Philippe II, III, 168.

CARMAGNOLA, ville du Piémont, II, 707,

712; III, 100, 102, 106; IV, 25, 349, 353, 830, 831, 873; V, 373, 406, 435.

CARNAVALET (M. DE), III, 563-565.

—— (Mme DE), IV, 417, 422 n., 543 n.

CARNESECCHI (Cristoforo), secrétaire du cardinal Salviati, II, 795, 800; III, 262.

CARO (Annibale), homme de lettres, III, 112.

CAROUGES (M. DE), gouverneur de Normandie, IV, 350, 370.

CARPENTRAS (Vaucluse), III, 41.

CARPENZANO, localité du Milanais, II, 323.

CARPI (Alberto-Pio DA), ambassadeur de Louis XII et de François Ier, II, 259, 260, 273, 296, 309, 310, 364, 378, 379, 462, 463, 471, 472, 477, 478, 480, 490, 494, 496, 500, 510, 512, 517, 804, 826, 835, 919.

—— (Maestro Jacopo DA), chirurgien, II, 832.

—— (Le cardinal DE). Voir LEONELLI (Rodolfo Pio).

—— (Le seigneur DE), II, 37.

CARRAQUON (LE), navire français, III, 168 n.

CARRARA, ville de Toscane, I, 578; II, 37, 48.

CARRETO (M. DEL), IV, 349.

CABRIUOLA, lisez CARINOLA.

CARS (Le cardinal DES). Voir PEYRUSSE (Anne DE).

—— (M. DES), lieutenant du gouverneur de Provence, IV, 212, 239, 241, 250, 255, 256, 258, 397.

CARTHAGÈNE, ville d'Amérique (Nouvelle-Grenade), IV, 654.

—— (Le cardinal de). Voir CARAVAJAL (Bernardino).

CARVAJAL, capitaine espagnol, II, 584.

CASA (Francesco DELLA), ambassadeur florentin, I, 219-316 (notice biographique et correspondance), 326, 332, 333, 339,

344, 345, 349, 351, 360, 387, 394, 399, 402, 405, 408, 409, 590, 591; II, 37, 42, 43, 45, 56, 64.

Casale, ville du Piémont, I, 575, 577, 396; III, 24, 38, 75, 124, 391.

Casale (Giovanni da), II, 730.

—— (Paolo), de Bologne, III, 382.

—— (Il cavaliere), ambassadeur de Henri VIII, II, 825, 827, 839, 850, 989.

—— (Il protonotario). Voir Castellano (Bernardo).

Casalmaggiore, ville du Milanais, II, 302, 304, 305, 306, 356; III, 74, 80, 125.

Casanuova (Scipione), de Ferrare, IV, 218, 219.

Casaux (Charles), consul de Marseille, V, 283, 284, 286.

Cascina, ville du Piémont, I, 317; III, 130.

Cascina (Piero da), envoyé de Pise à Charles VIII, I, 658 n.

Casimir (Jean), second fils de l'électeur palatin Frédéric III le Pieux, III, 582, 583, 595; IV, 53, 57, 61-62, 69, 76, 166, 167, 177, 181, 186, 233, 240, 244, 248, 282, 290-291, 765.

Cassano, ville du Milanais, II, 298, 299, 300, 301, 302, 303, 304, 308, 309, 314, 316, 317, 318, 322, 323, 333.

Castagenua, envoyé secret du roi d'Espagne à Venise, I, 516.

Castagno (Giovanni-Battista), cardinal de San-Marcello, V, 97, 112, 371.

Castaldo (Giambattista), III, 79, 160.

Castel-Bolognese, ville du Bolonais, II, 557.

Castel-Delfino, forteresse du Piémont, II, 706.

Castelfranco, ville du Milanais, II, 563.

Casteljaloux (Lot-et-Garonne), IV, 325.

Castellaccio. Voir Castellazzo.

Castellamare, ville du royaume de Naples, II, 928.

Castellane, médecin de la reine, III, 604.

Castellano (Bartolommeo), II, 790.

—— (Bernardo), protonotaire, 802, 814, 815, 825, 827, 835.

Castellazzo, ville du Piémont, II, 784.

Castelletto, localité du Piémont, III, 132.

Castello (Corrado da), envoyé de Charles VIII à Florence, I, 582, 700, 703.

Castelnau (François de), cardinal-archevêque d'Auch, II, 385, 411, 412, 428, 434, 770.

—— (Michel de), seigneur de Mauvissière, ambassadeur de France en Angleterre, III, 861; IV, 393, 414, 544.

Castelnaudary (Aude), IV, 255.

Castelnuovo, localité de la Lunigiana, I, 591.

Castelnuovo, localité de la Toscane, I, 346, 591.

Castel-San-Giovanni, ville d'Italie près de Plaisance, II, 563, 784, 791, 797.

Castelvecchio (Agostino da), de Pescia, capitaine italien, banni de Florence, IV, 152 n., 190 n., 219, 335 n.

Castiglione (Baldassare), écrivain et négociateur, II, 817, 1017, 1019.

Castiglione (Jeronimo da), condottiere, II, 784.

Castiglione-delle-Stivere, ville de Lombardie, II, 312.

Castille, royaume, IV, 450; V, 686.

Castillon (Gironde), IV, 658, 670.

Castres (Tarn), IV, 120, 121, 129, 325, 464.

Castro, petite ville près de Rome, III, 356.

Castro (Orazio Farnese, duc de). Voir Farnèse (Orazio).

Castruccio (Giovanni-Battista), cardinal, V, 60, 114.

Catalogne, province d'Espagne, I, 427.

Catani, Bolonais, II, 567.

Cateau-Cambrésis (Nord), III, 395, 511;

IV, 395, 398, 399, 403, 408, 416, 471, 473, 474.

CATELANO, agent diplomatique de Charles-Quint, II, 843.

CATELET (Le), ville de Picardie (Aisne), IV, 382, 396, 398, 507, 510.

—— (Le gouverneur du), IV, 382.

CATHERINE D'ARAGON, fille de Ferdinand V, II, 681.

CATHERINE DE MÉDICIS, reine de France, II, 827, 909, 1046, 1047, 1068; III, 11, 15, 17, 140, 141, 142, 144, 147, 151, 158, 164 n., 165, 184, 185, 187, 188, 189, 191-193, 200, 204, 226, 229, 236, 240, 263, 276-279, 281, 290, 292, 293, 308, 389, 400-933; IV, 12-881; V, 28, 406, 541, 555, 624, 634.

CATHERINE DE NAVARRE, sœur de Henri IV, IV, 71, 75, 101, 664; V, 292 et n. 1; 297, 298, 324, 335, 344, 345, 362, 366, 465, 470, 528.

CATHERINE-MARIE DE GUISE, veuve en 1582 du duc de Montpensier, IV, 603, 776, 851.

CAVAGNES, chef huguenot, III, 820, 835, 837, 846, 852, 853.

CAVALCANTI, famille florentine, I, 15.

—— (Bartolommeo), ambassadeur florentin, II, 1087, 1088, 1089, 1095, 1097, 1098, 1099, 1104, 1111; III, 14.

—— (Giovanni), I, 598, 599 (notice biographique).

—— (Guido), III, 767.

CAVALIER BLANC (LE), capitaine français, II, 318, 358.

CAVRIANA (Filippo), médecin, agent du grand-duc de Toscane en France, III, 641, 662, 795, 812, 846, 862, 928; IV, 101, 122 n., 129, 131, 132, 136, 159, 241, 443, 602 à 868 (notice biographique et correspondance).

CAYLUS (Jacques de Lévy, comte DE), un des mignons de Henri III, IV, 137, 141, 144, 165, 169, 170.

CECCHINO (Messer), courrier du pape Jules II, II, 365, 397, 398, 400.

CECCONE, surnom donné à François Iᵉʳ, III, 48.

CECIL (Robert), ministre d'Élisabeth d'Angleterre, V, 355, 434 n.

—— (William), ministre d'Élisabeth d'Angleterre, V, 434 n.

CÉLESTINS (Les), à Paris, IV, 515.

CELLESI (Filippo), capitaine florentin, III, 114.

CENAMI (Pandolfo), capitaine au service du duc d'Anjou, IV, 453.

CENEDA (L'évêque de). Voir TORRE (Michel DELLA).

CENTALE, place du marquisat de Saluces, IV, 349, 831, 873.

CENTEVILLE (M. DE), lieutenant du roi en Champagne, IV, 556.

CENTURIONE, courrier, V, 303, 405, 307, 308.

—— (Giulio), III, 892.

CERCAMPS (Pas-de-Calais), III, abbaye, 389.

CERCELLI, localité, 694.

CERI (Giovani-Paolo da). Voir ORSINI (Giovanni-Paolo).

CÉRILLY (Allier), IV, 864.

CERISOLES, ville du Piémont, III, 118, 131.

CERVIA, ville d'Italie, près de Ravenne, II, 257, 355, 1007, 1050, 1052; III, 27, 29, 214.

CESARE (Niccolo DI), I, 486.

CÉSAR BORGIA. Voir BORGIA.

CÉSAR DE BOURBON-VENDÔME, fils naturel de Henri IV et de Gabrielle d'Estrées, V, 567-568, 569.

CESARINO (Giuliano), III, 116, 127.

CESARIO (M.), I, 218.

Cesena, ville de Romagne, I, 473, 493.

Cestello, forme italianisée de Citeaux, abbaye chef d'ordre, IV, 504. (Supprimez la note 2 de cette page.)

Cevardia (La), lieu situé sur les frontières du Ferrarais et de la Vénétie, III, 314.

Chabannes (Jacques II de), seigneur de la Palisse, maréchal de France, II, 239, 395, 398, 401, 403, 408, 410, 413, 414, 415, 426, 431, 438, 441, 534, 536, 537, 538, 539, 546, 559, 583, 585, 701, 707, 708, 807, 823, 824, 829; III, 503.

Chabot (Philippe), seigneur de Brion, amiral de France, II, 911, 1008, 1108, 1109, 1112, 1113, 1114, 1115, 1116; III, 41.

Chabot-Charny (Le comte de), gouverneur de Bourgogne, IV, 289, 809.

Chalon (Jean de), prince d'Orange, envoyé de Charles VIII, en Allemagne, I, 242, 257, 267, 282, 303, 304, 307, 308, 311, 386, 387, 398, 460, 667, 668, 672, 694.

Chalon (Philibert de), prince d'Orange, II, 1037.

Chalon-sur-Saône, IV, 55; V, 230.

Châlons (Marne), III, 76, 80, 81, 83, 512, 564, 589, 617, 630; 892; IV, 70, 555, 556, 557, 572, 573, 575, 631, 817, 854; V, 609, 619, 626.

Chambéry (Savoie), I, 418; II, 759, 760, 762, 1038; IV, 20, 265, 878; V, 437.

Chambord (Loir-et-Cher), III, 703, 768; IV, 47.

Chambre des comptes de Paris, IV, 349, 514.

Chamoye (M. de), IV, 341.

Champagne, province, II, 107, 472, 479, 893; III, 222, 617, 629, 738, 836, 902; IV, 42, 43, 70, 71, 77, 98, 121, 166, 185, 212, 250, 267, 269, 270, 365, 430, 467, 494, 556, 563, 564, 573, 575, 579, 585, 590, 607, 609, 630, 631, 642, 658, 665, 683, 705, 713, 717, 719, 734, 743, 817, 833; V, 323, 623.

Champagne (Le commandeur de), IV, 497.
—— (Le prieur de), V, 351.
—— (Le régiment de), IV, 517.

Champigny (Seine), IV, 53, 341, 352, 526, 654.

Champigny (M. de), III, 91, 127, 313.

Chantilly (Oise), III, 417, 422, 894, 895, 902, 914; IV, 70, 73, 146, 173, 250, 319; V, 593.

Chanvallon (M. de), capitaine au service du duc d'Anjou, IV, 145, 251, 284, 410, 453, 469, 478, 546; V, 547.

Chapelle (M. de la), III, 635, 682, 792, 832, 904; IV, 121, 133 n., 145, 160, 161, 164, 190, 201, 234, 238, 243, 246, 247, 249, 277, 282, 315, 322, 407, 435; V, 93, 242, 367, 499.

Chapelle degli Orsini (M. de la), IV, 556, 575, 578; V, 496, 499.

Chaperon (Le capitaine), III, 613.

Charente (La), fleuve, III, 585; IV, 125.

Charenton (Seine), III, 550, 552; IV, 137, 719.

Charité (La), Nièvre, III, 538, 590-592, 605, 609, 612, 617, 618, 619, 624, 626, 629, 630, 635, 639, 644, 821; IV, 49, 53, 72, 86, 89, 105, 106, 108, 109, 112, 115, 117, 118, 120, 722.

Charlat (Le), château en Auvergne, IV, 663, 669.

Charlemagne, second fondateur de Florence, I, 44, 64, 78, 87, 98, 118, 168, 180, 336, 602; IV, 545, 615.

Charles V, roi de France, IV, 782.

Charles VI, roi de France, I, 5-6 (précis historique), 29-55 (négociations).

CHARLES VII, roi de France, I, 6-8 (précis historique), 57-100 (négociations), 119.

CHARLES VIII, roi de France, I, 193-198 (précis historique), 202-700 (négociations); II, 28, 46, 281, 369, 756, 995.

CHARLES IX, roi de France, III, 430-933 passim; IV, 12, 14, 16, 36, 61, 149, 154. 160, 358, 495, 497, 499. 503, 512, 521, 533, 534. 549, 707. 729, 781; V, 636.

CHARLES-QUINT, empereur, II, 592, 593, 644, 646, 659, 766, 767, 770, 772, 775. 800, 811, 813, 814, 815, 819, 820, 821, 822, 826, 827, 835, 836, 838. 839, 844, 845, 848, 849, 850, 851. 852, 853, 854, 855, 856, 857, 858, 859, 860, 861, 862, 864, 869, 872, 875, 878, 879, 882, 885, 886, 888. 890, 892, 894, 895, 896, 898, 900, 902, 903, 908, 909, 910, 911, 914, 915, 917, 918, 920, 924, 925, 927, 930, 932, 933, 938, 939, 940, 941. 949, 953, 954, 962, 963, 964, 965, 968, 969, 974, 980, 981, 983, 984, 985, 986. 987, 989. 1005, 1006, 1010, 1011, 1014, 1018, 1019, 1023, 1024, 1025, 1026, 1027. 1033, 1035. 1036. 1037, 1040, 1054, 1055, 1058, 1059, 1060, 1061, 1062, 1064. 1065, 1066. 1067, 1069, 1071, 1072, 1073, 1074, 1075, 1076, 1077, 1080. 1083, 1084. 1085, 1086, 1087, 1088, 1089, 1090, 1092. 1093, 1094, 1095, 1096, 1098, 1099, 1100, 1101, 1002. 1103, 1104. 1105, 1106, 1107, 1108, 1109, 1110, 1112, 1114, 1115, 1116. 1117. 1118, 1119 et s.; III, 5-9, 10, 11, 19. 25-32, 39, 41-52, 54, 56-64. 68-70. 74-77, 79-86, 91, 93, 94. 99. 103. 105-111, 113, 122-131, 133. 135, 136, 139, 141, 143-145. 147,

148, 150-154, 157-163, 165, 171-175, 188, 193-196, 200, 206-208. 211, 213, 214, 216-218, 220-222. 224, 225, 227, 228, 230-232, 235-243. 245, 246, 253-256, 258-260. 265, 267, 269-272, 274, 275. 278, 280-284, 286, 288, 289, 293-295. 298-302, 304-306, 308-313, 315-317, 319, 320, 323, 325-328, 330-333, 335, 337, 338, 340-342, 351-355, 359, 360, 362, 367, 393, 667. 769, 796, 856; IV, 127, 235, 531. 821; V, 644, 658.

CHARLES Ier, roi de Naples, frère de saint Louis, I, 64, 118.

CHARLES II, roi de Naples, fils du précédent, I, 118.

CHARLES Ier, duc de Savoie, I, 201.

CHARLES III, duc de Savoie, II, 355, 701, 703, 708, 709, 719, 734, 747, 759. 818, 915, 1038; III, 88, 89, 92. 122, 150, 151, 152, 155.

CHARLES (L'archiduc), troisième fils de Maximilien II, IV, 759, 769; V, 448.

CHARLES-EMMANUEL, duc de Savoie, III, 568. 741; IV, 138, 261, 416, 421, 429. 434, 437, 446, 461, 478, 484, 490. 496. 497, 512, 518, 525, 528, 530. 536, 544, 547, 557, 568, 587, 601. 604, 618, 632, 647, 666, 709, 830. 833, 835-838, 840, 844, 862, 873. 875, 878, 880, 882; V, 34. 36, 40. 44, 51, 64, 76, 83, 88, 106, 117. 127, 131, 133, 134, 135, 140, 141. 177. 185, 186, 187, 198, 230, 233. 258, 270, 271, 322, 324, 327, 336. 343, 347, 349, 352, 373. 376, 377. 380, 381, 384, 385, 388, 398, 400. 401. 403, 405, 406, 411, 426, 430. 431, 433, 437, 438, 439, 441, 442. 443, 444, 446, 447, 450, 451, 453. 458. 462. 484. 492, 493. 494, 495,

497, 500, 501, 502, 504, 508, 513,
550, 577, 588, 608, 611, 612, 616,
617, 618, 629, 639, 651, 659.

CHARLES DE VALOIS. Voir VALOIS.

CHARLES D'ORLÉANS. Voir ORLÉANS.

CHARLES DE BOURBON-MONTPENSIER, connétable. Voir BOURBON.

CHARLES DE BOURBON-MONTPENSIER, prince de
la Roche-sur-Yon. Voir BOURBON.

CHARLES DE BOURBON-VENDÔME (Le cardinal).
Voir VENDÔME.

——— comte de Soissons. Voir SOISSONS.

CHARLES, duc de Lorraine. Voir LORRAINE.

CHARLES DE GUISE, deuxième cardinal de
Lorraine. Voir GUISE.

CHARLES DE LORRAINE, fils du Balafré. Voir
GUISE.

——— duc de Mayenne. Voir GUISE.

CHARLES II, duc de Lorraine et de Bar. Voir
LORRAINE.

CHARLES DE MONTMORENCY (M. de Méru). Voir
MONTMORENCY.

CHARLEVAL (Eure), III, 884.

CHARLOTTE DE SAVOIE, veuve de Louis XI, I,
203.

CHARLOTTE DE MONTMORENCY, épouse de Henri II, prince de Condé. Voir MONTMORENCY.

CHARNY (M. DE), gentilhomme de François Ier,
II, 1047.

——— (Le comte DE), IV, 809.

CHAROLAIS (Le comte DE). Voir BOURGOGNE
(Charles le Téméraire, duc DE).

CHARRETIER (Mathurin), secrétaire de François de Valois, duc d'Anjou, IV, 424,
426, 430, 462, 466, 588.

CHARRI (Le capitaine), III, 509.

CHARTRES (Eure-et-Loir), II, 478, 479,
480; III, 417, 421, 494, 495, 499,
569, 594, 869; IV, 46, 240, 241,
350, 417, 427, 639, 733, 738, 781,
784, 787, 801, 803, 858, 861, 866,
880; V, 57 n., 694.

CHARTRES (Jean de Ferrière, vidame DE).
Voir FERRIÈRE (Jean DE).

CHARTREUX, ordre religieux, III, 467, 572,
852; V, 308.

CHASSINCOURT (M. DE), agent du roi de Navarre à Paris, IV, 298, 366, 383.

CHÂTAIGNERAIE (M. DE LA), III, 197, 198.

——— (Le baron DE LA), V, 560.

CHÂTEAUBRIAND (Loire-Inférieure), III, 515,
517.

CHÂTEAU-DAUPHIN. Voir CASTEL-DELFINO.

CHÂTEAUDUN (Eure-et-Loir), III, 495; IV,
627.

CHÂTEAU-LANDON (M. DE), III, 915.

CHÂTEAU-MARMO (Seigneur DE). Voir MOR-
LHONE (Antoine DE).

CHÂTEAUNEUF (Charente), III, 585.

CHÂTEAU-PORCIEN (Ardennes), principauté,
IV, 381.

CHÂTEAU-RENARD (Loiret), III, 580.

CHÂTEAU-THIERRY (Aisne), III, 563; IV, 48,
364, 378, 381, 474-477, 479, 489,
495, 497, 500, 508, 511, 771, 787.

CHÂTEAUVILLAIN (Haute-Marne), IV, 207,
719.

CHATEL (Jean), assassin de Henri IV, V,
195 n., 197, 202, 300 et s.

CHÂTELET (Le), à Paris, IV, 245 n.

CHÂTELIER (L'abbé DU), IV, 556.

CHÂTELLERAULT (Vienne), I, 133; III, 600,
603, 614; IV, 51, 52, 853, 866.

——— (Duché de), IV, 422.

CHÂTELLERAULT (Duchesse DE), IV, 391,
667.

CHÂTILLON-SUR-LOING (Loiret), III, 706,
738, 835.

CHÂTILLON-SUR-SEINE (Côte-d'Or), III, 576;
IV, 73.

CHÂTILLON (Les), CHÂTILLON (La maison DE),
III, 503, 510, 511, 530, 550, 566,
569, 616, 720, 726, 735, 738, 742,
771, 784.

CHÂTILLON (L'amiral DE). Voir COLIGNY (Gaspard DE).

CHÂTILLON (Le cardinal DE). Voir COLIGNY (Odet DE).

CHÂTILLON (M. DE), neveu du connétable Anne de Montmorency, III, 192, 224, 284, 285, 498.

—— (François DE). Voir ANDELOT (D').

—— (M. DE), fils de l'amiral Coligny. Voir COLIGNY.

CHATOU (Seine), IV, 373.

CHÂTRE (La) [Indre], IV, 572.

CHÂTRE (Claude DE LA), maréchal de France, III, 814, 877; IV, 144, 145, 148, 168, 327, 365, 394, 478, 491, 499, 514, 798; V, 635, 694, 698.

CHAULNES (Somme), IV, 465.

CHAUMONT (M. DE), IV, 296.

CHAUMONT-GUITRY (M. DE). Voir GUITRY (M. DE).

CHAUNY (Aisne), IV, 73, 317.

CHENONCEAUX (Indre-et-Loire), III, 726, 748, 749, 768, 775; IV, 83, 84, 89, 118, 119, 129, 187, 204, 307, 331, 345, 361, 419, 516, 526, 531, 533, 640, 661, 662; V, 557.

CHEVERNY (Philippe HURAULT, seigneur DE), conseiller du roi Henri III, puis chancelier de France, IV, 108, 189, 201, 290, 302, 359 n., 365, 385, 407, 416, 424, 425, 437, 477, 514, 519, 521; V, 333, 334, 336, 337, 345.

CHEVERNY (Loir-et-Cher), IV, 881.

CHEVERNY (Madame DE), IV, 521.

CHIARAMONTE, condottiere, III, 314, 553; IV, 155 n.

—— (Annibale), fils du précédent, IV, 138, 139, 155 n., 183, 217, 219, 268.

CHIARAVALLE (Le cardinal DE), III, 731, 736.

CHIAVERINO, évêque, gouverne le roi de Hongrie Ladislas, I, 437.

CHIERI, ville du Piémont, I, 662; III, 33, 37, 75, 87, 88, 90, 99, 102, 103, 106, 120, 134.

CHIGNOLO, localité du Milanais, III, 111.

CHINON (Indre-et-Loire), III, 457, 602, 611; IV, 867.

CHINSÉ, secrétaire de François de Valois, duc d'Anjou, IV, 323, 364, 519.

CHIOGGIA, île et ville de la Vénétie, III, 314, 315, 316.

CHIUSI, ville de Toscane, II, 74; III, 332, 354.

CHIVASSO, ville du Piémont, II, 713, 733; III, 33, 37.

CHIVERNY. Voir CHEVERNY.

CHRISTINE DE LORRAINE, épouse du grand-duc de Toscane Ferdinand Iᵉʳ. Voir LORRAINE.

CHYPRE, île et royaume, II, 354; III, 382, 386, 394, 395.

CIABATTA (Martino), envoyé d'Alexandre VI à Florence, I, 453.

CIBO (Francesco), fils du pape Innocent VIII, I, 219, 228, 590.

—— (Giulio), III, 230.

CIFUENTES (Le comte DE), ambassadeur espagnol, II, 139.

CIGLIANO, ville du Piémont, III, 126.

CIGOGNE (M. DE), gouverneur de Dieppe, IV, 368, 369; V, 501, 552.

CINAGLIA, IV, 532.

CINE (Monsignor DE), III, 80.

CIOLI (Andrea), envoyé du grand-duc Cosme II en Angleterre, V, 631, 632, 635.

CIPIERRE (M. DE), gouverneur du roi Charles IX, III, 471.

CIRO, ville de la Calabre citérieure, III, 46.

CISTERNA (La), localité près d'Asti (Piémont), III, 109.

CITTADELLA, ville de Vénétie, II, 398, 649.

Citta-di-Castello, ville des États de l'Église, I, 620, 702.

Cividale-di-Friuli, ville du Frioul, II, 403.

Civita-Castellana, ville des États de l'Église, II, 1044.

Cività-Divina, probablement Cività-Lavinia, petite ville près de Rome, I, 464.

Civita-Vecchia, ville des États de l'Église, I, 379, 466, 472, 488, 880, 884, 900, 909, 1052; III, 361.

Claramont (M.). Voir Chiaramonte.

Claude (Le Père), jésuite français, IV, 560.

—— (Mme) de France. Voir France.

—— de Guise. Voir Guise.

—— (Mme) de France, duchesse de Lorraine, fille de Henri II. Voir France.

Clément VI, pape, I, 21, 24.

Clément VII (Jules de Médicis), pape, II, 612, 666-679, 686-691; III, 8, 12, 29, 69; IV, 518.

Clément VIII (Ippolito Aldobrandini), pape, V, 59, 85, 86, 114, 134-135, 157 et s., 502, 504, 517, 548 n., 662, 664 et s., 671, 673-675, 678, 679 et s., 684, 689, 691, 694, 695.

Clément (Jacques), assassin du roi Henri III, IV, 884, 885; V, 304, 306.

Clérac (Lot-et-Garonne), IV, 12, 416.

Clermont (Puy-de-Dôme), IV, 311, 534, 575.

Clermont (Claude-Catherine de), baronne de Retz, femme d'Albert Gondi, IV, 395, 543 n., 581.

—— (M. de), capitaine de François Ier, II, 1078.

Clermont-d'Amboise (M. de), IV, 122, 288, 413, 595, 627.

Clermont-d'Entragues (M. de), capitaine des gardes de Henri III, IV, 554.

Clermont-Tallart (M. de), III, 873.

Clervant (M. de), IV, 464, 553, 574, 615, 743.

Clervaux (M. de), gentilhomme huguenot, IV, 370.

Cléry. Voir Notre-Dame de Cléry.

Clèves (Duché de), III, 47; V, 593, 594, 605, 607-609, 613, 614, 616, 617, 624, 628, 635.

Clèves (Catherine de), princesse de Porcien, duchesse de Guise, III, 584, 646, 701, 756, 793, 813; IV, 182, 417; V, 353, 465, 483, 637.

—— (Engilbert de), comte de Nevers, II, 106, 107, 110.

—— (François Ier de), duc de Nevers, III, 201.

—— (François II de), duc de Nevers, III, 503.

—— (Guillaume, duc de), III, 19, 33, 44, 56, 57, 152.

—— (Henriette de), duchesse de Nevers, III, 547, 793, 813, 815; IV, 50; V, 553.

—— (Marie de), marquise d'Iles, puis princesse de Condé, fille de François Ier de Clèves, duc de Nevers, III, 547, 557, 558, 672, 730, 756, 792, 793, 837, 863.

Clielle (La), maître d'hôtel de Henri IV, agent politique, V, 199, 202, 375, 382, 388, 393, 396, 398, 399, 404, 409.

Clodion, roi des Francs, V, 693.

Cluny (L'abbaye de) en Bourgogne (Saône-et-Loire), III, 642.

Coblentz (Allemagne), III, 95.

Coccaglio, localité à 13 milles de Brescia, II, 336.

Cocchis (Donatus de), I, 85.

Coconas (Le comte de), gentilhomme piémontais, III, 637, 638, 916, 923, 926; IV, 128.

Codifa, forteresse, II, 650.

Codignac (M. de), envoyé de France à Constantinople, III, 382.

COESME (Jeanne DE), dame de Bonnestable, princesse de Conti, IV, 422.

COEUR (Jacques), argentier de Charles VII, I, 81.

—— (Jean), archevêque de Bourges, I, 117.

COEUVRES (Le marquis DE), V, 601, 602.

COGNAC (Charente), II, 1067; III, 588, 604, 606, 616, 639, 640; IV, 83, 192, 195, 197, 324, 475, 665, 838; V, 643.

COIAIO (Bastiano di Francesco di Andrea), Florentin, II, 304.

COLEONI (Bartolommeo, chef de l'armée vénitienne contre Florence, I, 154.

COLIGNY (Jacques DE), seigneur de Châtillon, II, 311, 312, 315.

—— (François DE), seigneur d'Andelot, frère de l'amiral Coligny, III, 189, 194, 196, 199, 285, 409, 476, 482, 492, 495, 498, 501, 508-511, 519, 525, 530, 532, 534, 573, 578, 579, 589; IV, 13, 321.

—— (Gaspard DE), amiral de France, III, 414, 424, 437 n., 441 n., 448-451, 456-458, 463, 464, 469, 472, 473, 476, 482, 488-492, 495, 498, 499, 501, 502, 507-511, 519-526, 530, 532, 534, 554-557, 564, 565, 567, 570, 573, 574, 576, 579, 580, 582, 585, 588-592, 594-597, 599-605, 607-613, 615-619, 621-624, 626-635, 641, 643, 646-648, 659, 662, 668, 670, 677, 686, 687, 695-711, 713, 715, 716, 718, 719, 721, 724, 728, 731, 732, 734, 735, 738, 741-744, 751, 753, 754, 760, 761, 774, 776, 778, 784, 785, 790, 792, 794, 800, 802, 805-809, 811-819, 821, 823-826, 830, 831, 835, 838-839, 839 n., 840, 842, 845-849, 851-855, 860, 861, 866, 875, 882, 884,

896; IV, 24, 37, 241, 293, 460, 607, 849, 850; V, 643.

COLIGNY (François DE), seigneur de Châtillon, fils de l'amiral Coligny, IV, 13, 241, 282, 285, 418, 430, 490, 683, 704, 711, 716, 719, 721, 742, 748, 750.

—— (Louise DE), fille de l'amiral Coligny, femme de Guillaume de Nassau, prince d'Orange, IV, 607; V, 482, 483.

—— (Odet DE), cardinal de Châtillon, évêque de Beauvais, III, 201, 203, 405, 450, 451, 464, 472, 474, 482, 487, 506, 508, 509, 519, 522, 534, 554, 559, 563-565, 567, 572, 577, 610, 621, 662.

—— (Paul DE), comte de Laval, neveu de l'amiral de Coligny, IV, 13, 66, 300, 319, 321, 365, 373, 384, 409, 421, 424, 540, 576, 595, 628, 728.

COLLE, ville de Toscane, I, 21, 437.

COLLE, agent florentin à Rome, I, 357.

—— (Bernardo DA), III, 278.

—— (Enea DA). Voir RENIERI (Enea).

—— (Pirro DA), assassin aux gages du duc François Ier de Toscane, IV, 113, 116.

—— (Raffaello DA), courrier, II, 832.

COLLÈGES à Florence, les deux collèges se composent : 1° des douze *buoni uomini*, conseillers de la seigneurie; 2° des vingt *gonfaloniers* des compagnies réduites à seize depuis 1343, I, introduction, LII.

COLMARS (Basses-Alpes), IV, 496.

COLOGNA, ville d'Italie, II, 356.

COLOGNE, ville d'Allemagne, I, 677; IV, 239, 262, 328.

—— (L'archevêque de), III, 47. Voir en outre TRUCHSÈS (Ghebbard).

COLOMBIER (M. DU), III, 744.

COLOMBO, capitaine de la marine de Louis XI, I, 166.

COLONNA, famille romaine, I, 218, 438 n., 452, 453, 456, 459, 463, 464, 465.

467, 469, 470, 472, 475, 477, 480, 483, 485 n., 517, 522, 573, 580; II, 23, 766, 849, 855, 864; III, 28.

COLONNA (Ascanio), cardinal, V, 24 n., 43, 111, 115, 209, 222, 225, 253, 282.

—— (Camillo), III, 351, 352, 357.

—— (Fabrizio), condottiere, I, 438 n., 464, 469, 626, 627, 632; II, 584, 586.

—— (Marcantonio), cardinal, V, 24, 43, et s., 85, 89, 94, 95, 99, 100, 101, 110, 113, 222, 225, 261, 277, 278.

—— (Marcantonio), condottiere, II, 517, 523, 554, 560, 565, 582.

—— (Marcantonio), général au service de Philippe II, III, 375, 675, 763.

—— (Mutio), condottiere, II, 114.

—— (Pirro), agent politique du grand-duc Cosme Ier, III, 39, 87, 88, 91, 97, 99, 109, 119-122, 125, 129, 130, 257.

—— (Prospero), condottiere, I, 438 n., 632; II, 701, 704, 706, 707, 764, 766, 768, 769, 771, 772, 774, 775, 777.

—— (Stefano), seigneur de Palestrina, condottiere, II, 1046, 1107, 1109, 1110.

COLONNE (Le), cap au sud de l'Italie, III, 46, 312.

COLONNELLA, localité des Abruzzes, III, 367.

COLORGNO, ville du duché de Parme, III, 255, 258.

COMACCHIO, ville du Ferrarais, II, 452, 486, 513.

COMAIANI (Nofri), I, 508.

COMBAULT (M. DE), premier maître d'hôtel de Henri III, IV, 822.

COMBELLE (Le président de), IV, 408, 411, 413.

—— (Le régiment de), IV, 165, 168.

COMMERCE des Florentins avec la France, I, introduction, XL-XLI; 12-14, 21 n. 3, 47 n. 1, 166-167 et n. 3, 204, 205.

COMMERCY (Meuse), III, 120.

COMMINE (Antoine DE), docteur ès lois, ambassadeur de Louis XI en Italie, I, 175.

COMMINES (Philippe DE), seigneur d'Argenton, I, 171, 172, 173, 222, 223, 224, 225, 229, 230, 231, 232, 233, 237, 238, 240, 250, 261, 263, 270, 341, 351, 461, 518, 519, 521, 522, 524, 527, 528, 529, 530, 531, 628 n.; II, 21 n., 111, 112, 150.

COMMINES (L'évêque de). Lisez COMMINGES.

COMMINGES (L'évêque de). Voir SAINT-GELAIS (Urbain DE),

COMO, ville d'Italie, II, 322, 708, 734.

—— (Le cardinal de). Voir GALLIO (Tolomeo).

COMPIÈGNE (Oise), I, 151; II, 1058, 1064, 1069, 1113, 1116; III, 200, 205, 720, 890, 891, 893, 894, 914; IV, 285, 289, 370, 372.

COMTAT-VENAISSIN. Voir AVIGNON (Comtat d').

COMTES impériaux et comtes ruraux en Toscane, I, introduction, XIV-XV.

CONCARNEAU (Finistère), IV, 622.

CONCIANO (Il signor), III, 46.

CONCIERGERIE (La), à Paris, V, 550.

CONCILE GÉNÉRAL (Projets de), I, 177, 178, 299, 310, 345, 451. Voir BÂLE, CONSTANCE, PISE, TRENTE.

CONCINI (Bartolommeo), secrétaire du grand-duc de Toscane Cosme Ier, III, 331, 641, 669, 671, 674, 678, 783, 785, 788, 795, 809, 812, 829, 832, 846, 856, 862, 879; IV, 116.

CONCINI (Concino), favori de Marie de Médicis, V, 415, 416, 417, 420, 425, 429, 460, 461, 464, 467, 470, 476, 494 n., 505, 506, 507, 565, 566, 567, 580, 588, 590, 591, 597, 606.

618, 622 et n., 625, 632, 635, 638, 639.

Concini (son frère), V, 591, 635.

Concordia, ville du duché de Modène, II, 564; III, 354.

—— (L'évêque de), 468, 469.

Condé (Nord), IV, 72, 239.

Condé (Henri Ier de Bourbon, prince de). III, 599, 601, 607, 625, 640, 648, 649, 672, 700, 705, 708, 713, 730, 742, 789, 792, 799, 802, 803, 805, 806, 815, 816, 819, 823, 824, 830, 834, 835, 837, 838, 842, 863, 866, 893, 906, 907, 910, 911, 916, 919, 926, 927; IV, 11, 13, 18, 27, 28, 32-34, 36, 37, 39, 42, 43, 48, 52, 55-60, 62, 66, 67, 69, 71-73, 75, 76, 78, 81, 84, 87, 94-97, 101, 105, 108, 109, 111, 115, 118, 121, 122, 125, 126, 132, 208, 261, 266, 268-273, 284, 285, 287, 292, 294, 296, 297, 299, 300, 302, 303, 306, 307, 309, 311, 312, 314, 315-323, 326, 328, 329, 332, 334, 336, 337, 345-348, 350, 364, 365, 371, 406, 413, 415, 418-420, 430, 451, 462, 475, 508, 513, 528, 587, 594-599, 607, 610, 615, 622, 626, 630, 632, 638, 642, 654, 669-671, 688, 708, 714, 726, 729, 747, 749, 752, 778; V, 20, 643.

—— (Henri II de Bourbon, prince de), V, 201, 261, 279, 291, 298, 309, 318, 319, 323, 344, 345, 371, 488, 496, 506, 507, 515, 518, 541, 546, 565, 568, 588, 592, 593, 598, 600, 601, 602, 605, 607, 613, 616, 617, 625, 635, 637.

—— (Louis de Bourbon, prince de), III, 402, 409, 412, 413, 416, 424-426, 431, 449, 450, 453, 454, 458, 460, 463, 464, 467-469, 471-474, 476,

482, 484, 488-495, 498, 499, 501, 502, 504-507, 511, 512, 516, 517, 519, 522, 527, 530, 532, 534, 538, 540, 542, 545, 549, 551, 554, 562, 565, 582, 584, 586, 588; IV, 636, 685, 690.

Condé (Princesse de). Voir Clèves (Marie de), Montmorency (Charlotte de), Orléans (François d'), Roye (Éléonore de), Trémoïlle (Charlotte-Catherine de la).

Condom (Gers), IV, 235.

Conflans, près le pont de Charenton (Seine). I, 20; V, 612.

Conseils à Florence, I, introduction, XLV, XLVIII, LII-LIII, LVIII, LIX-LX, LXI-LXIII.

Constance, ville du duché de Bade, I. 685; III, 221, 225, 230.

—— (Concile de), I, 117, 125, 178.

Constantino (Francesco), ambassadeur de Jules II auprès de l'empereur Maximilien. II, 433, 437, 438 et s., 492.

Constantinople, III, 35, 53, 57, 58, 89, 251, 290, 365, 370, 382, 390, 395, 673, 798, 835, 841, 910; IV, 42, 301, 449, 679; V, 369, 688, 689.

—— (L'empereur de), I, 66; II, 363.

—— (Le patriarche de), V, 437, 438.

Consuls. Magistrats annuels de l'ancienne République de Florence jusqu'en 1250, I, introduction, XVI, XXIII, XXIV et n. 1.

Consuls des arts à Florence, I, introduction, XXVI, LIII-LIV, 16.

Contarini, ambassadeur vénitien à la cour de France, III, 727.

—— (Francesco), ambassadeur vénitien en France, V, 353, 407.

—— (Zaccharia), Vénitien, II, 340.

Conte (Giovanni-Battista), I, 474.

—— (Jacopo), I, 459, 460, 464, 474, 483.

Conti (Gianello de), secrétaire de Ferdinand Ier, roi de Naples, I. 431.

CONTI (M. DE), sous Louis XII, II, 543.
—— (François de Bourbon, prince DE), IV, 633, 697, 714, 717, 748; V, 201, 322, 326, 480, 515, 541, 620, 632, 635, 638.
—— (Princesses DE). Voir COESME (Jeanne DE) et LORRAINE (Louise-Marguerite DE).
CONTRAGUERRA, localité des Abbruzzes, III, 367.
COPPOLA (Giovanni-Batista), envoyé du roi de Naples, Ferdinand Ier, auprès de Charles VIII, I, 229, 382.
—— (Matteo), ennemi du prince de Sa- lerne, I, 268, 269, 396.
—— (Thomas), gentilhomme anglais, IV, 182.
CORAZZAIO (Baldo), II, 330.
CORBEIL (Seine-et-Oise), III, 206; IV, 586, 616; V, 120 n.
CORBIE (Somme), IV, 426.
CORBINELLI (Jacques), IV, 139, 153 n., 334, 335 n., 349, 357, 527.
CORCOU (Duplessis DE), maître d'hôtel de Louis XII, II, 39, 40, 45, 48, 52.
CORDELIERS (Le général des), V, 341, 343, 348, 349.
CORDES (Le maréchal DES). Voir CRÈVECOEUR (Philippe DE).
CORDUBA, auditeur de rote, V, 273.
CORFOU, île, III, 368.
CORNARO (Giorgio), provéditeur vénitien, II, 324, 329, 331, 336, 351.
—— (Federigo), cardinal, V, 114, 117.
CORNELIO (Giorgio), provéditeur vénitien, II, 324, 340, 351.
CORNETO, ville de Toscane, I, 696; II, 743.
CORNETO (Zerino DA), III, 47.
CORNIA (Ascanio DELLA), neveu du pape Jules III, III, 234, 259, 260, 261, 267, 269, 270, 271, 288, 321, 322, 331, 332, 336, 340, 346, 675.

CORNOUAILLES, province d'Angleterre, III, 163.
—— (Cap de), III, 153.
COROGNE (La), en Galice, IV, 816.
COROPOLI, localité des Abbruzzes, III, 367.
CORREGGIO, ville du duché de Modène, III, 107.
CORREGGIO (Le cardinal), III, 644.
—— (Ippolito DA), III, 319.
—— condottiere(?), III, 363.
—— (Le seigneur DE), II, 37.
CORRERO (Giovanni), ambassadeur vénitien à la cour de France, III, 529.
CORSE, île, I, 463; II, 240, 845, 859; III, 357, 398, 591, 773; IV, 24, 138. 711, 848.
CORSEL. Voir COURCELLES-LE-ROI.
CORSI (Giovanni), ambassadeur florentin, II, 591-595, 609 n. 1, 743.
CORSINI (Filippo), ambassadeur florentin auprès de Charles VI, I, 26-29, 35, 36.
—— (Piero), cardinal de Florence, I, 31.
CORSINO, envoyé de Florence à Lucques, I, 482.
CORSO (Alfonso). Voir ORNANO.
—— (Giovambattista), III, 291.
—— (Jacopo), condottiere, II, 452.
—— (Perotto), capitaine vénitien, II, 352, 356.
—— (Sampiero), III, 24, 34, 81, 131, 135, 196; IV, 729, 844.
CORTE MAGGIORE, ville du duché de Parme, III, 135.
CORTESE, cardinal, III, 35.
CORTONA, ville de Toscane, III, 357, 365.
—— (L'évêque de), I, 455. Voir en outre RICASOLI (Giambattista).
CORVETO. Lisez CORNETO.
COSENZA (Le cardinal DE), II, 529, 541.
COSIMO, agent florentin en France, I, 287, 417.
COSME Ier de Médicis, grand-duc de Toscane.

II, 880; III, 11-13, 69, 71, 76, 96, 108-109, 113, 115-116, 118, 120-121, 135-137, 139, 164, 166, 169-170, 171-175, 184-185, 186, 207-209, 232, 233, 235, 238, 241, 244, 245, 246, 257, 267, 272, 279, 281, 294, 296, 297, 298, 299, 300, 303, 304, 305, 306, 307, 310, 311, 312, 315-317, 318, 319, 321-324, 325, 328, 329, 330, 332, 333, 336, 337, 338, 354, 358, 398, 399, 405, 410, 423, 513, 545, 546, 581, 592, 593, 636, 648, 669, 682, 684, 695-696, 712-713, 737, 741, 762-763, 778-779, 788, 795-796, 797, 833, 849; IV, 82, 133, 136, 241, 384, 655, 678, 683, 699, 710, 723, 760, 764, 778, 794.

Cosme II, grand-duc de Toscane, V, 587, 590-639.

Cosne (Nièvre), II, 417; III, 399; IV, 738.

Cospo (M.), III, 656.

Cossa (Baldassare). Voir Jean XXIII, pape.

Cossé (Arthus de), maréchal de France, seigneur de Gonnord, III, 498, 563-565, 577, 578, 595, 605, 608, 612, 614, 619, 624, 628-630, 632-635, 647, 704, 708, 735, 786, 836, 845, 913, 916, 917, 918, 926, 927; IV, 15, 21, 47, 99, 132, 168, 233, 235, 300, 302, 322, 345, 346, 350, 367, 370, 374, 376, 379, 381, 385, 386, 392, 396, 401, 416, 437.

—— (Charles de), comte de Brissac, maréchal de France, dit le *Maréchal de Brissac*, III, 24, 25, 40, 81, 82, 84, 207, 381, 413, 429, 483, 526.

—— (Charles II de), comte de Brissac, maréchal de France, IV, 408, 416, 421, 423, 456, 580, 583, 626, 775, 792; V, 488, 520, 695, 698.

Cossé (Timoléon de), comte de Brissac, III, 532, 578, 589.

Cosseins, lieutenant de Philippe Strozzi, III, 874.

Cossin, capitaine gascon, probablement le même que le précédent, III, 816.

Cotton (Le père), jésuite, V, 519, 520, 541, 593.

Coucy (Aisne), II, 1078, 1111, 1113; IV, 73.

Courcelles (Le capitaine), au service du duc d'Anjou, IV, 354.

Courcelles-le-Roi (Loiret), I, 245, 247, 252, 254.

Courmissey (Jean de), envoyé de Philippe VI, roi de France, à Florence, I, 20.

Courtray (Belgique), IV, 303.

Cousinot (Guillaume), seigneur de Montreuil, ambassadeur de Louis XI à Rome, I, 152-153.

Coutras (Gironde), IV, 312, 337, 361, 725, 728, 753.

Couture (Abbaye de la), au Mans, IV, 510.

Cracovie, ville de Pologne, IV, 27.

Cramon (Marc), IV, 489.

Crema, ville d'Italie, II, 300, 303, 306, 327, 328, 331, 333, 334, 335, 336, 337, 340, 343, 382, 706; III, 64.

Crémailles, en Champagne, IV, 386.

Crémona, ville d'Italie, I, 15, 555 n.; II, 247, 257, 298, 299, 305, 308, 312, 313, 328, 336, 337, 338, 340, 343, 345, 350, 352, 353, 356, 357, 359, 361, 363, 375, 377, 379, 380, 383, 406, 543, 713, 730, 731, 780, 784, 785, 816, 854, 858, 1111; III, 38, 67, 72, 125, 314; IV, 429.

Crépy (Aisne), III, 84-86, 126, 137, 890.

Créqui (Le maréchal de), V, 616, 618.

Crescentino, ville du Milanais, III, 39.

Crèvecoeur (Philippe de), seigneur des

Cordes (ou plutôt d'Escordes, aujour-d'hui Esquerdes, dans le Pas-de-Calais), maréchal de France, I, 225, 227, 235, 241, 261, 263, 264, 265, 278, 279, 280, 281, 339, 340, 343, 344, 348, 354, 386.

CRÈVECOEUR (M. DE), gouverneur de Picardie. Voir GOUFFIER (François DE).

CRILLON (Louis des Balbes de Berton, sei-gneur DE), lieutenant-colonel général de l'infanterie française, III, 870; IV, 574, 755, 756.

CROATIE, pays, II, 310.

CROIX (Le cardinal DE SAINTE-), II, 529, 541, 545, 546.

CROTOY (Le) [Somme], III, 168.

CROY (Adrien DE), seigneur de Beaurain, ambassadeur de Charles-Quint, II, 810, 811, 840, 911.

CROY (Antoine DE), prince de Porcien, III, 511.

CRUSSOL-D'ACIER (Jacques DE), III, 604.

CUCCAMACCA (?), III, 50.

CUNEO ou CONI, ville du Piémont, III, 33, 39, 134, 372, 374, 645.

CURRADO (M.). Voir CASTELLO (Corrado DA).

CURSOL (M. DE), gentilhomme de la reine, III, 432, 467, 476.

CURZOLARI (Les îles), dans le golfe de Lé-pante, III, 729.

CUSANO (Marcantonio DA), condottiere, II, 954.

——— (Antonio), cardinal, V, 115 et n. 3. 225-337.

D

DACIA. Voir DANEMARK.

DALMATIE, pays, II, 434; III, 58.

DALMIANO, capitaine napolitain, III, 24.

DAMMARTIN (Seine-et-Marne), III, 422, 423; IV, 411, 558.

DAMPIERRE (Seine-et-Oise), IV, 267.

DAMPIERRE (Madame DE), III, 808; IV, 395.

DAMVILLE (M. DE). Voir MONTMORENCY.

DANDOLO (Marco), Vénitien, capitaine, de Brescia, II, 339.

DANEMARK, pays, III, 77, 380; IV, 167, 203, 360, 512, 593, 630, 650, 656, 703.

DANTZICK, ville de Prusse, IV, 253.

DAUPHIN D'AUVERGNE (Le). Voir BOURBON (François DE), duc de Montpensier, dau-phin d'Auvergne.

DAUPHIN DE FRANCE (Le), fils de Charles VIII, mort en bas âge, I, 247, 264, 270, 292, 338.

DAUPHIN DE FRANCE (Le), fils aîné de Fran-çois Iᵉʳ, mort avant son père, II, 779, 850.

DAUPHINÉ, province, I, 179, 291, 301, 305; II, 216, 232, 396, 502, 615, 661, 697, 718, 719; III, 37, 219, 220, 415, 476, 494, 515, 516, 524, 562, 563, 589, 874, 888, 892, 896; IV, 16, 20, 23, 24, 25, 26, 28, 34, 38, 99, 150, 178, 179, 188, 209, 248, 250, 258, 259, 261, 264, 265, 267, 291, 292, 295, 298-300, 302, 305, 307, 308, 311, 313, 316, 319, 321, 328, 334, 336, 338, 340, 346, 350, 353, 358, 363, 366, 370, 371, 372, 374, 381, 385, 507, 522, 528, 563, 594, 598-600, 624, 628, 630, 631, 648, 650, 658, 673, 682, 711, 712, 753, 812, 826, 831, 839, 875; V, 141, 502.

IMPRIMERIE NATIONALE.

Dax (L'évêque de). Voir Noailles (François de).

Decize (Nièvre), IV, 12, 57, 59.

Dei (Rinieri), Florentin, II, 151.

Del Bene. Voir Bene (Del).

Delfini (Flaminio), seigneur italien, V, 446 n.

Delfino, agent vénitien, V, 310.

Delft, en Hollande, IV, 520.

Dendermonde. Voir Termonde.

Derisoles *alias* Donrisoles, maréchal des logis, ambassadeur de Louis XII en Angleterre, II, 454, 464, 477.

Desana, ville de Lombardie, III, 128, 129.

Desberi (Jean), professeur de droit, seigneur de Saint-Cosme, ambassadeur de Louis XI en Italie, I, 175.

Desenzano, ville d'Italie, sur le lac de Garde, II, 377, 379, 380; V, 176.

Desportes (Philippe), poète, favori de Henri III, secrétaire de l'évêque de Lisieux, IV, 476; V, 162.

Deux-Ponts (Le duc de). Voir Bavière (Wolfgang de).

Deventer (Gueldre), IV, 233.

Deza (Pedro), cardinal, V, 98, 99, 110, 111, 113, 131 n., 150, 209, 221, 243, 259.

Diaceto, banquier florentin, IV, 189, 205, 207, 226, 232, 234, 263, 330, 358, 359, 360 n., 486, 507, 534.

Diane, duchesse d'Angoulême, fille naturelle de Henri II. Voir Angoulême.

Diane de France, duchesse de Montmorency. Voir Montmorency.

Diane de Poitiers, duchesse de Valentinois, III, 188 et n. 1, 229, 525.

Dianora, sœur de l'archiduc Charles (qui sera Charles-Quint), II, 644.

Didier, roi des Lombards, I, 118.

Diego (Don), capitaine espagnol, à Paris pendant la Ligue, V. 695, 696, 698.

Dieppe (Seine-Inférieure), I, 115; III, 143. 168, 485, 494, 550, 719; IV, 73. 175, 368, 369, 387, 402, 405, 465. 545, 579, 612, 755.

Dijon (Côte-d'Or), I, 313; II, 78 n., 487, 491, 496, 596, 616, 733, 762; III. 491, 511, 512, 589, 632; IV, 69, 74. 554, 555, 566, 583, 612, 802.

—— (Le bailli de), I, 659, 684; II. 111. 123, 171.

Dini (Agostino), IV, 439.

—— (Jacopo), secrétaire du grand-duc de Toscane François Ier, IV, 306.

Diou (Le commandeur de), envoyé de la Ligue à Rome, V, 54, 55, 57, 58. 60. 63, 69, 71, 76, 79, 118.

Dix de la guerre, ou de liberté et paix, ou de Balie, à Florence, créés en 1423. I. introduction, LVII-LVIII.

Dixmude, ville de Belgique, IV, 369.

Djem, fils puîné de Mahomet II, I, 231. 459, 460, 465, 485 n.

Doccia, ville de Toscane, II, 557.

Dohna (Le baron de), IV, 765.

Dolinville (Seine-et-Oise), lieu de plaisance de Henri III, IV, 85, 86, 89, 134, 153. 160, 161, 181, 183, 184, 205. 207. 240, 246, 336, 337, 423, 475, 532. 662.

Dombes (Prince de). Voir Bourbon (Henri de), duc de Montpensier.

Domereuil, forteresse de l'Agenais. IV. 341.

Domfront (Orne), III, 929.

Dominici (Giovanni), dominicain, ambassadeur florentin à Rome, I, 41.

Domo (Leandro di), II, 795, 800, 822.

Donato (Messer), III, 17.

Dordogne, rivière. III, 604; IV. 312. 725.

Doria (Andrea), amiral génois, II, 845. 974, 1006, 1014, 1027, 1033, 1034.

1035, 1036, 1039, 1089, 1090, 1123;
III, 15, 46, 96, 97, 98, 100, 230,
251, 287, 291, 292, 293, 322, 357.

DORIA (Gianettino), III, 46.

——— (Giovanni), II, 315.

DOUAI (Nord), IV, 193, 206, 390, 398,
399, 470, 471, 473.

DOULLENS (Somme), IV, 76, 314, 405,
792.

DOUVRES, ville d'Angleterre, III, 364, 845;
IV, 418.

DOVIZI, secrétaire de Saracini, ambassadeur
de Toscane en France, IV, 279.

DOVIZIO (Agnolo), secrétaire du grand-duc
de Toscane Cosme Ier, III, 378.

DRAGONERO, auj. DRONERO, ville du Piémont,
II, 704.

DRAGUIGNAN (Var), III, 419.

DRAGUT, amiral, III, 292, 310.

DRAKE, corsaire, puis amiral anglais, IV,
362, 387, 642, 654, 657, 679, 683,
806, 816.

DRAVE (La), rivière de Hongrie, III, 62.

DREUX (Eure-et-Loir), III, 502; IV, 44,
175, 271.

DRONERO. Voir DRAGONERO.

DROS (Monsignor DI), gouverneur de Mondovi, III, 97.

DRUÉ (?), IV, 327.

DUBOIS (Monseigneur), I, 698.

DUBOUCHAGE. Voir BOUCHAGE.

DUBOURG (Anne), conseiller au Parlement,
III, 400, 408.

DUCHÂTEL, successivement évêque de Tulle,

de Mâcon et d'Orléans, grand aumônier
de François Ier, III, 214, 215.

DUCHESSE (Madame LA). Voir FRANCE (Renée
DE).

DUFRESNE, frère de M. d'O, IV, 413.

DUNKERQUE (Nord), IV, 149, 150, 288,
388, 405, 414, 454, 458. 460, 463,
464 n., 465.

DUODO (Piero), provéditeur vénitien, II,
356.

DUPERRON (Jacques-Davy), cardinal, V, 194,
204, 208, 210, 212, 216, 219, 221,
223, 224, 227, 228, 229, 230, 231,
233, 237, 240, 247, 253, 257, 260.
261, 267, 268, 274, 275, 277, 283,
284, 285, 287, 288, 290, 294, 295,
312, 314, 316, 317, 338, 348, 357,
553, 573-574.

DUPRAT (Antoine), chancelier de France, II,
703, 772, 862, 884, 888, 893, 971,
1008, 1032, 1044, 1048, 1092, 1093,
1110, 1113.

DURAS (M. DE), agent du roi de Navarre
(Henri IV), IV, 81, 254, 255, 289,
310, 478, 549.

——— (Madame DE), IV, 468, 469, 478,
546.

DURAZZO (M. DE), II, 694.

DURETTI (Bernardino), agent secret du
grand-duc de Toscane Cosme Ier, III, 30,
31, 33.

DURTAL (Maine-et-Loire), III, 729.

DUSAC (M. DE), gentilhomme huguenot de
Guyenne, IV, 304, 305, 310.

E

EBORACENSE (L'). Voir WOLSEY.

ÉCOSSAISE (Garde), I, 293.

ÉCOSSE, ÉCOSSAIS, I, 178; II, 396, 552,
583, 589, 593, 598, 619, 626, 631,

633, 636, 655, 663, 763, 766, 825;
III, 54, 69, 73, 154, 163, 167, 195,
206, 207, 213, 393, 396, 403, 406,
409, 414, 428, 517, 538, 615, 617,

620; IV, 142 n., 156, 157, 158, 161, 163, 191, 193, 205, 358, 362, 472, 475, 485, 498, 514, 520, 594, 598, 746, 807, 815, 816, 821, 866; V, 691.

Écosse (Ambassadeur d'), en France, IV, 160, 161, 195, 235, 357, 461, 483, 498, 514, 517, 518, 525, 551, 558.

Écosse (Le régent d'), IV, 152, 161, 163.

Écouen (Seine-et-Oise), II, 973; III, 497; IV, 255, 256.

Écluse (L'), port de Belgique, IV, 390, 395, 398, 471, 524, 709.

—— forteresse (Ain), V, 127.

Édimbourg, capitale de l'Écosse, III, 393; IV, 163.

Édouard VI, roi d'Angleterre, III, 175, 189, 195. 212-213, 221-226.

Église (États de l'), III, 28, 259, 349, 360, 371.

Egmont (Charles d'), duc de Gueldre, II, 100, 106, 107, 113, 166, 174, 175, 190, 207, 257, 260, 273, 663, 792, 909, 1010, 1011.

—— (Lamoral, comte d'), III, 535; IV, 90.

—— (Philippe, comte d'), IV, 90, 122, 127, 143 n., 206, 266, 306, 307, 313, 321, 324, 426, 466; V, 103.

Einsi (M. d'). Voir Ainsi.

Elbe (Île d'), I, 35 n., 54; III, 257, 318, 365.

Elbeuf (Catherine-Henriette, duchesse d'). fille naturelle de Henri IV, V, 637.

—— (Charles de Lorraine, marquis, puis duc d'), III, 520; IV, 35, 81, 82, 250, 252, 300, 302, 317, 329, 364, 365, 381, 392, 396, 406, 556, 564, 567, 568, 572, 574, 576, 579, 580, 583, 585, 586, 589, 755, 809, 843, 860; V, 695.

Électeurs (Les trois), princes allemands. III, 650, 658.

Élections à Florence. Mode d'élection : a mano, a tratta, les bourses, I, LIV-LV.

Elefanti (Giovan-Vincenzo), IV, 136.

Éléonore d'Autriche, sœur de Charles-Quint, II, 635 et n. 1, 638, 843 n. 3, 896, 924.

Élisabeth, reine d'Angleterre, III, 391. 393, 396, 494, 497, 499, 510, 517, 611, 615, 622, 646, 689, 702, 742. 771, 791, 794, 807, 845, 862, 866. 877, 886, 911, 914, 926, 928, 929; IV, 15-17, 30, 37, 44, 45, 64, 67, 133. 134, 149, 150, 152, 158-163, 166. 169, 175, 181, 192, 193, 203-205. 207, 233, 243, 245, 246, 248, 251. 253, 254, 256, 257, 259, 262, 264. 267, 268, 271, 272, 283, 291, 300. 329, 330, 334, 348, 359, 361, 374. 377, 381, 385, 386, 387, 396, 399. 410-416, 418, 454, 465, 466, 478. 485, 486, 489, 493, 498, 502, 513. 514, 519, 520, 524, 528, 535, 539. 542, 544, 545, 548, 550, 551, 558. 561, 584, 594, 598, 616, 617, 629, 630, 653, 656, 657, 662, 666, 674. 679, 683, 687, 693, 708, 746, 754. 757, 759, 774, 807, 817, 836, 840. 844, 846, 850, 864; V, 57 n., 92, 169. 171, 187, 294, 302, 315, 318, 321, 322, 323, 326, 327, 330, 331, 335. 340, 341, 348, 349, 351, 352, 355, 356, 358, 359, 362, 363, 434, 435. 457, 466, 471, 478, 479, 482, 483. 484, 502, 507, 510, 528, 655, 659.

—— d'Autriche, fille de l'empereur Maximilien II, épouse du roi Charles IX, III, 641-642, 661 n. 1, 856, 866; IV, 12. 19, 167, 521.

—— de France, fille de Henri II, épouse de Philippe II. Voir France.

ÉLISABETH de France, fille de Henri IV, épouse de Philippe III. Voir FRANCE.

EMBRUN (Hautes-Alpes), I, 287, 291; II, 614.

EMDEN (Le comte D'), IV, 337, 513.

EMMANUEL-PHILIBERT, duc de Savoie, II, 915, 916 et n. 1 et 2; III, 377, 378, 388, 389, 390, 394, 395, 405, 469, 492, 494, 576, 647, 666, 668, 711, 744, 745, 754, 794, 807, 808, 828, 873, 897, 919, 926; 872; IV, 18, 20, 22-26, 30, 31, 19, 38, 41, 43, 65, 112, 117, 151 n., 162, 167, 168, 180, 181, 189, 255-258, 261, 264, 283, 306, 322, 334, 345 n., 358, 361, 397.

EMONDO, prieur des jésuites. Voir AUGER (Edmond).

EMPOLI, ville de Toscane, I, 587, 588.

ENGHIEN (François de Bourbon, comte D'). Voir BOURBON (François DE).

ENTALE (?), famille calviniste, III, 616.

ENTRAGUES (Henriette de Balzac D'), marquise de Verneuil, maîtresse de Henri IV, V, 376, 378, 389, 394, 398, 407, 408, 458, 459, 461, 463, 475-477, 488, 489, 492, 495, 496, 501, 502, 504-507, 509, 519-521, 527, 531, 533-536, 539, 542-544, 546-548, 550, 551, 561, 562, 562 n., 565-568, 588, 627, 637.

—— (M. D'). Voir BALZAC (François DE) et BALZAC (Robert DE).

ENTRAGUET (Charles de Balzac, dit). Voir BALZAC.

ÉPARGNE (Trésoriers de l'), IV, 491, 533, 537.

ÉPERNAY (Marne), IV, 557, 562, 565, 575, 583, 607, 797.

ÉPERNON (Jean-Louis de Nogaret, duc D'), l'un des mignons de Henri III, IV, 421-424, 431, 438, 441-445, 449, 451, 452, 457, 459, 462, 464, 466, 468, 469, 474-477, 481, 487, 488, 499, 502, 504-510, 513, 519, 520, 522, 525-528, 532-535, 537, 539, 540, 543, 545, 546 et n., 569-572, 577, 578, 583, 585, 588, 590, 593, 594, 596, 600, 603-605, 611, 613, 618, 621, 622, 624, 628, 631, 634, 638, 640, 642, 646, 648, 650, 652, 653, 658, 663, 666, 673, 674, 678, 680, 683, 686, 687, 689, 696-699, 701, 703, 707, 711, 712, 722, 730, 735, 737, 742, 744, 751, 755, 756, 760-764, 766, 772-774, 776-778, 786, 788-791, 795, 797, 799, 801, 804, 811, 812, 818, 825, 826, 836, 838, 840, 842, 857, 876, 880; V, 201, 267, 297, 312, 319 n., 322, 330, 359, 360, 486, 488, 500, 504, 507, 518, 619, 628, 631, 633, 635, 638, 643.

—— (La duchesse D'). Voir FOIX (Marguerite DE).

ÉPINAC (Pierre D'). Voir ESPINAC.

ERASMO, agent de l'empereur Maximilien, I, 563.

ERCOLE (M.), condottiere, I, 591.

ERNEST (L'archiduc). Voir AUTRICHE (Ernest archiduc D').

ESCAUT (L'), fleuve, IV, 379, 390, 398.

ESCHINI (Filippo), appelé aussi Orazio Rasponi et Valetta, assassin aux gages du grand-duc de Toscane, IV, 117, 118, 119, 121, 134, 190 n., 193, 195 n., 196 n., 213, 224, 227, 230.

ESCLAVONIE, pays, I, 307, 308; III, 58.

ESCURES (M. D'), V, 545.

ESMANDREVILLE (Jean du Bosc D'), gouverneur de Rouen pour les Huguenots, III, 497.

ESPAGNE, ESPAGNOLS, I, 179, 216, 297, 310, 339, 350, 478, 568, 654, 658, 678; II, 14, 93, 94, 97, 104, 105, 107.

108, 109, 110, 112, 113, 117, 120,
128, 131, 136, 159, 232, 278, 331,
511, 576, 577, 591 et s., 675, 701,
712, 713, 770, 772, 811, 815, 822,
840, 841, 843, 844, 845, 849, 851,
852, 855, 856, 902, 911, 924, 940,
941, 949, 955, 980, 984, 990, 1006,
1011, 1014, 1018, 1026, 1040, 1055,
1084, 1085, 1086, 1089, 1100, 1103:
III, 6, 26, 33, 37, 46, 47, 48, 54, 57,
64, 66, 67, 81, 88, 91, 97, 100, 102,
115, 119, 122, 123, 125, 126, 128,
131, 139, 209, 217, 230, 231, 273,
288, 308, 311, 321, 331, 340, 357,
362, 363, 385, 483, 487, 494, 495,
500, 501, 506, 522, 530, 538, 539,
558, 559, 581, 582, 585, 595, 602,
603, 622, 625, 636, 637, 643, 649,
651, 654, 663, 666, 667, 669, 672,
675, 676, 679, 680, 684, 688-693,
696, 719, 724, 727, 728, 730, 731,
736, 741, 743, 746, 748, 752, 755,
756, 757, 761, 768-770, 772-774, 778,
780-782, 790, 792, 793, 795, 797,
799, 801, 808, 822, 828, 833, 838,
840, 850, 862, 863, 872, 874-876,
878, 883, 895, 904, 909, 911, 912,
919, 926; IV, 14, 22, 34, 42, 43, 46,
57, 59, 61, 66, 73, 87, 88, 90, 91,
95, 127, 133, 142 n., 150, 162, 163,
169, 174, 182, 183, 185, 187, 191,
194, 200, 201, 203, 213, 238, 246,
248, 251, 253, 257-259, 264, 267,
271, 281, 322, 325, 327, 331, 334,
337, 340-342, 344, 345, 352, 365,
369, 371, 374, 378, 380, 386, 388,
397, 401, 405, 408, 409, 413, 415,
417, 419, 421, 423, 424, 426, 427,
430, 431, 434, 436, 438, 440, 442-
445, 449, 451, 454, 456, 465, 472,
473, 475-478, 487, 491, 502, 503,
505, 507, 508, 512, 515-518, 520,

523, 524, 525, 526, 528, 529, 530,
531, 536, 539, 550, 552, 565, 568,
582, 584, 592, 599, 603, 606, 607,
610, 618, 619, 621, 622, 624, 640,
644, 647, 654, 657, 664, 666, 669,
679, 687, 692, 693, 695, 700, 708,
724, 733, 734, 737, 741, 743, 746,
749, 750, 751, 754, 757, 759, 760,
761, 762, 763, 767, 774, 778, 783,
803, 806, 814, 815, 816, 817, 821,
825, 829, 831, 832, 833, 844, 846,
875; V, 502, 505-508, 510, 511,
513, 517, 520, 521, 528, 530, 535,
539, 542, 545, 549, 550, 552, 553,
557, 559, 569, 579-584, 587, 588,
591-593, 600-602, 604-611, 613,
616, 617, 625, 627, 628, 635, 638,
663, 686, 694-698.

ESPAGNE (Ambassadeur d') en Angleterre.
Voir MENDOZA (Don Bernardino DE).

—— (Ambassadeur d') en France, III, 539,
602, 641, 644, 654, 663, 675, 684,
719, 728, 731, 736, 778, 799, 800,
872, 874; IV, 30, 39, 82, 88, 90, 95,
122, 142 n., 145, 161, 167, 174,
185, 187, 254, 301, 313, 367, 378,
422.
Voir en outre TAXIS, TOLÈDE et VARGAS.

—— (Ambassadeur d') à Rome, V, 546,
559, 592. Voir en outre OLIVARÈS.

—— (Prince d'), fils du roi Philippe II,
III, 407, 516.

—— (Princesse d'), fille de Philippe II, IV,
463, 530, 544.

—— (Princesse D'), fille aînée du roi Philippe III, V, 581.

—— (Prince D'), fils de Philippe III, V,
586.

—— (Reine d'), femme de Philippe III, V,
604, 609.

ESPINAC (Pierre D'), archevêque de Lyon,
IV, 102, 104, 264, 512, 534, 553.

556, 562, 797, 798, 800, 804, 843,
849, 869, 870; V, 35, 43, 153, 167,
660.

Espinay (André d'), archevêque de Lyon,
puis de Bordeaux, cardinal, I, 241, 249,
259, 265, 288, 329, 338, 341, 386,
397, 640 n., 647.

—— (Jacques d'), évêque de Rennes, I,
117.

Espinoy (Le prince d'), IV, 375, 401, 408,
473.

Esquilly (M. d'), commandant de la compagnie du duc de Gueldre en 1524, II,
792.

Essex (Le comte d'), favori d'Élisabeth, IV,
163; V, 326, 327, 433.

Este, ville d'Italie, II, 361, 393, 411,
429.

Este (Alphonse Ier d'), duc de Ferrare, I,
267, 276, 427, 437, 456, 489, 499,
504, 516, 518, 533, 538, 553, 555 n.,
558, 563, 569, 584; II, 29, 33, 35,
209, 232, 302, 311, 312, 315, 333,
345, 349, 354, 358, 364, 384, 388,
390, 393, 415, 424, 429, 442, 448,
450, 452, 456, 458, 474, 486, 500,
510, 511, 512, 513, 516, 517, 525,
583, 637, 698, 713, 727, 731, 743,
805, 860, 864, 865, 867, 872, 877,
879, 880, 881, 886, 891, 894, 908,
912, 913, 929, 935, 1013, 1044,
1047, 1103, 1117, 1118.

—— (Alphonse II, d'), duc de Ferrare,
III, 263, 383, 402; IV, 23, 135, 189,
276, 330, 357, 424, 429, 435, 495,
534, 560, 575, 578, 587, 680, 837;
V, 64, 69, 83, 346, 347, 350, 651.

—— (Anne d'), duchesse de Guise, puis de
Nemours, III, 212 n., 407, 523, 524,
670, 697, 798, 808, 813, 837; IV,
242, 278, 283, 344 n., 358, 488,
518, 530, 534, 635, 680, 707, 769,

843, 860, 862, 868, 880; V, 316,
414, 425, 549, 697.

Este (Borso d'), duc de Modène, I, 106.

—— (César d'), duc de Modène et Reggio.
V, 347, 351, 469, 470, 536.

—— (Don François d'), capitaine italien,
III, 82, 86.

—— (Hercule II d'), duc de Ferrare, II,
860, 935, 1051; III, 20, 32, 51, 164
et n., 196, 197 et n., 212 et n., 223,
245, 257, 258, 264, 272-274, 276,
277, 299, 301, 302, 310, 311, 354,
357, 360, 363, 377, 400, 401, 578,
601, 663, 664, 665, 666, 667, 678,
684, 740, 746, 763, 789, 842.

—— (Hippolyte d'), cardinal de Ferrare,
III, 49, 50, 65, 70, 72, 73, 147, 245,
246, 270, 271, 273, 278, 311 et n.,
314, 316, 323, 335, 338, 350, 405,
466, 476, 521, 599, 644, 739, 748,
762, 775.

—— (Louis d'), dit le Cardinal d'Este,
III, 654, 663, 664, 670, 684, 696,
697, 706, 707, 710, 711, 715, 719,
739, 759, 888; IV, 14, 35, 75, 77,
85, 115, 463, 560, 569, 573, 578,
591; V, 12 et s., 20, 43, 225, 469,
480 n.

—— (La maison d'), III, 389; IV, 276,
377.

—— (Nicolas d'), seigneur de Ferrare en
1396, I, 32.

Estouteville (Guillaume d'), archevêque
de Rouen, cardinal, I, 189, 190.

Estrées (Gabrielle d'), maîtresse de Henri IV.
V, 294, 295, 300, 301, 310, 317,
319, 320, 321, 323, 326, 327, 328,
335, 336, 337, 344, 346, 351, 354,
355, 358, 361, 363, 365 n., 366,
571.

—— (M. d'), gouverneur de Boulogne, IV.
309, 794.

ÉTAMPES (Seine-et-Oise), II, 600, 658; III, 495; IV, 138, 585, 589.

ÉTAMPES (M. de Martigues, duc D'). Voir MARTIGUES (M. DE).

—— (Duchesse D'). Voir PISSELEU (Anne DE).

ÉTAPLES (Pas-de-Calais), II, 631, 632.

ÉTATS DE FLANDRE ou des PAYS-BAS, IV, 122, 126, 127, 132, 133, 136, 142, 151, 153, 156, 159, 160, 162, 164, 166, 168, 169, 175, 185, 186, 191-194, 196, 200, 203, 204, 207, 210, 211, 233, 239, 246, 249, 257, 259, 262-264, 266, 271, 286, 295, 308, 321, 322, 337, 417, 419, 457, 458, 460, 463, 466, 470, 478, 494, 499, 529, 531, 543, 551, 582, 584, 603,

746, 771; V, 320, 507, 549, 569, 578, 581, 582, 583, 584, 610, 634. 642, 659, 660.

ÉTIENNE BATHORI, roi de Pologne, IV, 80, 207.

ÉTRURIE, pays, I, 207.

EUGÈNE IV, pape, I, 83.

ÉVREUX (Eure), V, 290.

—— (L'évêque d'). Voir DUPERRON.

ÉVREUX (Louis, comte D'), fils de Philippe le Bel, I, 13.

EXÉCUTEUR des ordonnances de justice. Magistrature créée à Florence en 1306. I, introduction, LI.

EXTERBIENSIS (?), duché d'Allemagne, II, 648.

F

FABIANO (Il signor), III, 318.

FABRICA, village sur le Pô, III, 107.

FABRIZIO, serviteur de Laurent de Médicis, II, 746, 747.

FACCHINETTO (Giovannantonio), cardinal de Santi-Quattro, puis pape sous le nom d'Innocent IX.

FAENZA, ville d'Italie, I, 470, 472, 493, 645, 693; II, 53, 257, 312.

FAGNANI (Les), banquiers milanais, III, 68.

FALCONERA, ville du duché de Modène, II, 709.

FAMAGOUSTE, ville de l'île de Chypre, III, 383.

FANTUZZI (Francesco et Gasparre), Bolonais, II, 567.

FARFA (L'abbé DE). Voir ORSINI (Napoleone).

FARGIS (M. DE), frère du cardinal de Rambouillet, IV, 128, 352, 389.

FARNÈSE (LES), FARNÈSE (La maison DE), III, 252, 335, 372, 637, 668, 717, 776; IV, 570.

FARNÈSE (Alexandre), cardinal, III, 61. 210, 253, 260, 269, 282, 285, 308. 329, 654, 684; IV, 435, 502, 569. 570; V, 209, 264.

—— (Alexandre), prince, puis duc de Parme, IV, 133, 175, 203, 210, 211. 233, 235, 239, 244, 248, 250, 253. 254, 258, 262, 264, 266, 311, 324. 326, 365, 369, 370, 378, 382, 384. 388-391, 395, 396, 399, 401, 403. 405, 408, 414, 418, 423, 424, 425. 429, 430, 440, 445, 446, 448, 460. 465, 466, 473, 474, 476, 493, 496. 499, 500, 503, 511, 513, 516, 517. 523, 529, 531, 544, 550, 582, 584. 653, 679, 705, 709, 712, 746, 754. 759, 762, 767, 770, 771, 806, 810. 814, 815, 816, 817, 821, 825, 844. 865; V, 32, 33, 64, 83, 116, 126. 128, 153, 156, 157, 356, 660.

—— (Le cardinal), depuis pape sous le nom de Paul III. Voir ce nom.

FARNÈSE (Orazio), duc de Castro, III, 111, 112, 135, 204, 209, 269, 273, 276; IV, 667.

—— (Ottavio), duc de Parme et de Plaisance, III, 52, 210, 252, 253, 254, 255, 257-262, 265-272, 274, 281, 283, 285, 289, 298, 309, 329, 342, 354, 355, 380, 654; IV, 257, 259, 269, 337.

—— (Pier-Luigi), fils du pape Paul III, III, 209.

—— (Pietro), duc de Camerino, III, 70.

—— (Rinuccio), prince de Parme, IV, 757, 810.

—— (Vittoria), petite-fille du pape Paul III, III, 50.

FARO (Le) de Messine, III, 46.

FAVAS (M. DE), IV, 326, 729.

FÉCAMP (Seine-Inférieure), abbaye, V, 125.

FEDERICO, FEDERIGO. Voir FRÉDÉRIC.

FÉDOR Iᵉʳ, tzar de Russie, IV, 549.

FÉLIX (Le comte), III, 122.

FELTRO, ville de Vénétie, II, 403.

FENARI, ville de Lombardie, II, 238.

FERA (Camillo), de Mantoue, IV, 87, 245, 249.

FERDINAND Iᵉʳ, empereur d'Allemagne, connu sous le titre de Roi des Romains, pendant le règne de Charles-Quint, son frère, II, 590, 594, 600, 601, 602, 811, 826, 858, 1081, 1091; III, 8, 35, 38, 44, 47, 48, 54, 55, 59-61, 92, 139, 206, 219, 316, 361, 370, 407.

—— LE CATHOLIQUE, souvent appelé roi d'Espagne, I, 232, 250, 251, 254, 255, 256, 273, 331, 341, 342, 348, 351, 353, 381, 399, 401, 452 n., 469, 516, 521, 586, 614 n., 645, 658, 676, 683, 700 n., 701, 703; II, 61 n. 1, 77, 79, 82, 86, 107, 112, 115, 126, 127, 128, 132, 133 et s., 139, 142, 143, 144, 146, 147, 148, 149, 153, 154, 158, 159, 172, 176, 177, 178, 189, 191, 193, 194, 197, 200, 201, 202, 203, 204, 205, 208, 209, 210, 211, 212, 215, 217, 218, 219, 221, 224, 225, 226, 227, 233, 234, 235, 236, 244, 257, 260, 261, 268, 277, 278, 283, 287, 292, 294, 296, 297, 298, 312, 338, 342, 364, 371, 381, 387, 388, 390, 392, 400, 401, 406, 407, 416, 421, 422, 426, 430, 433, 446, 457, 466, 467, 468, 469, 470, 471, 472, 476, 477, 478, 479, 480, 482, 483, 486, 488, 492, 493, 494, 512, 513, 516, 517, 536, 550, 551, 566, 568, 570, 573, 574, 577, 581, 590, 591 et s., 596, 598, 599, 600, 602, 606, 607, 612, 619, 620, 621, 622, 623, 624, 625, 626, 627, 628, 630, 637, 638, 639, 642, 644, 645, 646, 649, 651, 654, 655, 658, 659, 660, 661, 662, 663, 664, 670, 703, 734, 761, 764, 765, 766, 767, 770, 772.

FERDINAND Iᵉʳ, roi de Naples, I, 83, 90, 92, 93, 97, 146, 147, 153, 161, 163, 164, 165, 173, 175, 206, 214, 219, 242, 247, 250, 253, 255, 256, 262, 263, 267, 268, 275, 277, 327, 328, 330, 332, 338, 340, 341, 342, 345, 353, 356, 357, 359, 360, 412, 418, 422, 425, 426, 428, 429, 433, 448, 485, 533, 538, 539, 540, 541, 542, 543, 544, 545, 546, 549, 550, 551, 552, 553, 555 n., 562.

FERDINAND II, roi de Naples, d'abord duc de Calabre, I, 452, 453, 454, 455, 456, 463, 472, 473, 478, 479, 480, 481, 503, 515, 522, 590, 632, 636, 647, 696; II, 23, 43.

FERDINAND Iᵉʳ DE MÉDICIS, appelé d'abord le cardinal de Médicis, puis grand-duc de Toscane après la mort de son frère François Iᵉʳ, III, 547, 687, 738, 762, 789;

IV, 155, 442, 591, 597, de 727 à 885;
V, de 12 à 594, 608.

FÈRE (La) [Aisne], II, 1111; III, 573; IV,
132, 177, 272, 287, 292, 297, 300,
306, 307, 309, 312, 314, 317, 318,
320-325, 327, 331-335, 338, 381,
467-469, 471, 535, 778; V, 330, 335.

FERIA (Le duc DE), agent de Philippe II en
France, V, 185, 695, 696, 698.

FERMO, ville d'Italie, III, 28, 52.

FERRANDO (Don). FERDINAND II, roi de Naples,
alors duc de Calabre.

FERRANTE (Don). Voir GONZAGUE (Don Fernand DE).

FERRARAIS (Le), pays d'Italie, III, 314,
354, 357.

FERRARE I, 190, 269, 499, 501, 529,
572; II, 29, 33, 35, 69 n., 190, 257,
354, 369, 450, 452, 486, 563, 564,
566, 571 n., 806, 807, 887, 1047,
1050, 1078, 1080, 1083, 1094, 1103,
1104; III, 32, 51, 52, 55, 56, 58, 60,
61, 65, 66, 70, 151, 170, 255, 257,
259, 265, 271-273, 281, 284, 286,
300, 302, 305, 309-314, 316, 357,
360, 374, 379, 380, 523, 568, 656,
665, 670, 671, 711, 715, 736, 747,
762, 810, 895; IV, 274, 349, 530,
534; V, 353, 446 n.

—— (Ambassadeur de) en France, III,
164 n., 212 n., 711, 747, 810; IV,
235, 274, 277, 278, 279, 280, 472,
499, 570, 577, 578, 581.

—— (Ambassadeur de), à Venise, III, 360.

—— (Le chevalier DE), III, 166.

—— (Capitaine Jacomo DE), IV, 552.

—— (Cardinaux et duc DE). Voir ESTE.

FERRATINO (Bartolommeo), secrétaire du
pape Clément VII, II, 783, 785, 786,
837.

FERRIER (Du), ambassadeur de France à
Venise, IV, 463, 471, 473.

FERRIÈRE (Jean DE), vidame de Chartres,
III, 424, 426, 474, 494, 648, 673,
809, 818, 824, 831, 845, 846.

FERRIÈRES (Loiret), abbaye, I, 152.

FERRIERI (Sebastiano), II, 734.

FERTÉ (M. DE LA), IV, 168.

FERTÉ-BERNARD (La) [Sarthe], III, 819.

FERVACQUES (M. DE), IV, 56, 68, 249,
318, 327, 344, 352, 354, 356, 364,
392, 396, 401, 403, 409, 421, 458,
463, 470, 476, 482, 491, 515.

FERVACQUES (Mlle DE), fille du précédent, IV.
470, 476.

FEUILLANTS (Les), ordre religieux, V, 620.

FEZ (Le roi de), III, 772; IV, 531, 864.

FICAROLO, aujourd'hui FICHERUOLO, ville
des États de l'Église, II, 727.

FICIN (Marsile), II, 79.

FIERAMOSCA (Cesare), condottiere, II, 707,
859, 895, 901, 922.

FIESCHI, famille génoise, II, 653, 654,
662; III, 266.

—— (Le cardinal), II, 748.

—— (Gianluigi), condottiere, 195, 207,
213, 216, 231.

FIESCO (Giovanni-Filippo DEL), I, 84.

—— (Luigi DEL), I, 462.

—— ou FIESQUE (Comte Scipion DE), chevalier d'honneur de la reine Louise de
Vaudemont, III, 69; IV, 19, 43 et n.,
233, 277, 878.

—— (Comtesse DE), dame d'honneur de
la reine Catherine de Médicis, fille de
Roberto Strozzi, IV, 643.

FIGEAC (Lot), IV, 270.

FIGHERRA (Don Giovanni DI), III, 363.

FIGUGLIELMO. Voir FITZ-WILLIAM.

FILARGO (Pietro). Voir ALEXANDRE V, pape.

FILIZANO, localité du Piémont, III, 112,
124.

FILLEUL (Pierre), archevêque d'Aix, II, 400.

FINALE, ville de Ligurie, II, 802.

Finale, ville du duché de Modène, II, 727.

Finale (Le cardinal de), II, 348, 352, 409, 410.

Finale (Le marquis de), I, 84, 662.

Fiobine, dans le Montferrat, III, 124.

Fitte (M. La), IV, 873.

Fitz-William, trésorier de Henri VIII, II, 869, 879.

Fiume, ville d'Istrie, III, 54.

Fivizzano, ville de Toscane, I, 594.

Flaminio (Il signor), III, 72.

Flandres (Les), pays, I, 232, 311, 343, 345, 353, 502, 658, 661; II, 106, 131, 149, 152, 178, 189, 192, 207, 215, 217, 285, 296, 602, 628, 635, 659, 663, 767, 775, 879, 889, 890, 909, 1081, 1086, 1090; III, 26, 27, 32, 33, 35, 37, 47, 48, 54, 59, 60, 62, 69, 77, 80, 83, 86, 88, 93, 113, 142, 143, 199, 283, 311, 319, 320, 331, 337, 367, 375, 376, 402, 406, 477, 525, 526, 527, 530, 534, 538, 551, 570, 576, 584, 617, 620, 649, 651-656, 659-672, 683, 692, 693, 697, 702, 706, 719, 728, 730, 731, 735, 757, 767, 770, 773, 777, 778, 781, 782, 784, 785, 787, 788, 794, 802, 803, 804, 806, 808, 828, 834, 869, 876, 888, 909, 910, 911, 913, 919, 928; IV, 14, 16, 46, 57, 59, 78, 82, 84, 88, 91-95, 98, 101, 121-123, 125-127, 132, 133, 135, 138, 155, 156, 159, 160, 162, 163, 166-170, 173-175, 179, 181-184, 186-188, 192-194, 196, 203, 205, 206, 208, 211, 213, 233, 235, 237, 243-245, 248-250, 253, 254, 261-264, 266-269, 271, 285, 295, 302-304, 322, 324, 329, 336, 339, 355, 356, 359, 361, 369, 375, 377, 395, 401, 404, 406, 409, 414, 417, 419, 420, 422-426, 430, 434, 440, 441, 445, 446, 449, 453-456, 458, 460, 463, 465, 472, 474, 482, 484, 489, 491, 492, 498, 501, 507, 508, 511, 513-515, 519, 522, 523, 525, 526, 529, 537-539, 542, 545, 546, 549, 551, 552, 584, 588, 590, 592, 605, 611, 618, 637, 640, 645, 672, 679, 702, 708, 709, 746, 759, 760, 774, 806, 816, 817, 821, 836, 850; V, 91, 103, 105, 116, 126, 146, 148, 164, 189, 258, 321, 322, 325, 329, 343, 344, 349, 350, 362, 363, 400, 411, 433, 443, 484, 494, 505, 507, 517, 550, 557, 569, 571, 581, 583, 584, 586, 593, 599, 600, 607, 611, 617, 655, 696.

Flandres (Ambassadeur de), IV, 153, 483; V, 611, 621, 635.

—— (États de). Voir États de Flandre.

—— (Île de), IV, 616.

Flèche (La) [Sarthe], IV, 57.

Flessingue (Pays-Bas), III, 861; IV, 17, 382, 387, 454, 520, 524, 549, 592, 679.

Flisco. Voir Fiesco.

Florence (Le cardinal de), nom donné successivement à Piero Corsini, à Clément VII, à Léon X et à Léon XI, papes. Voir ces noms.

Floride (La), contrée d'Amérique, III, 773.

Foglietta (Agostino), conseiller de Clément VII, II, 815, 817, 910.

—— agent du duc de Ferrare, III, 361, 388, 389, 397.

Foix (Ariège), ville et comté, IV, 288, 487; V, 509.

Foix (Gaston IV, comte de), I, 117.

—— (Gaston de), capitaine français, II, 194, 492, 528, 530, 533, 534, 539, 542, 546, 567 n., 576, 578 et s., 582, 584, 585, 586.

Foix (Germaine DE), II, 107, 118, 123, 127, 136, 138, 140, 142, 516.

—— (Odet DE), vicomte de Lautrec, II, 539, 541, 693, 723, 732, 749, 769, 774, 776, 780, 888, 955, 956, 957, 959, 960, 961, 962, 963, 964, 965, 966, 968, 969, 970, 971, 972, 973, 974, 976 et s., 980, 981, 983, 985, 988, 991 et s., 1014, 1015, 1023, 1108.

—— (Marguerite DE), duchesse d'Épernon, comtesse de Candale, IV, 712.

—— (Paul DE), archevêque de Toulouse, ambassadeur de France à Venise et à Rome, III, 643, 690, 693, 752, 753, 910; IV, 76, 246, 442, 478, 510, 745.

—— (Thomas DE), seigneur de Lescun, II, 807.

Fondi, ville d'Italie, I, 456, 457, 463, 483.

Fontainebleau, château royal et ville du département de Seine-et-Marne, II, 859, 1118; III, 15, 140, 141, 143, 200, 212, 227, 281, 293, 423, 424, 455, 510, 768, 874; IV, 64, 192, 193, 196, 199, 205, 207, 210, 212, 245, 246, 283, 335, 337, 420, 422, 474, 521, 583; V, 316, 351, 354, 380, 381, 384, 414, 415, 418, 423, 426, 461, 463, 464, 465, 468, 486, 489, 494, 497, 506, 512, 515, 530, 539, 560, 568, 569, 572, 579, 580, 605.

Fontana, de Modène, IV, 716.

Fontanella (Le comte DE), III, 24, 261, 281.

Fontenac (M. DE). Voir Frontenac.

Fontenay (Vendée), III, 635, 638; IV, 12, 13, 26, 696.

Fontenay (M. DE), III, 584.

Fontpertuis (M. DE), envoyé du duc d'Anjou en Flandre, IV, 92, 150, 411.

Fontrailles, capitaine français, II, 318, 359.

Fora, envoyé de Laurent de Médicis, II, 746.

Forbin (Palamède), seigneur de Solliers, gouverneur de Provence, I, 191, 296, 386, 389, 391; II, 286, 389, 649, 668, 671, 672, 673.

Forcalquier (Basses-Alpes), III, 419.

Forest (M. DE LA), IV, 293.

Forez, province, I, 179; IV, 99, 302.

Forli, ville d'Italie, I, 526; II, 14, 33, 35, 581, 942.

—— (L'évêque de). Voir Médicis (Bernard DE).

—— (La marquise DE). Voir Sforza (Caterina).

Fornaro, sobriquet par lequel Paul Jove désigne un personnage de son temps, III, 48.

Fornovo ou Fornoue, ville du duché de Parme, I, 624-627; III, 46.

Fortebraccio (Carlo), condottiere au service de Venise, I, 184.

Fossano, ville du Piémont, II, 708; III, 33, 134.

Fourquevaux (M. DE), ambassadeur de France en Espagne, III, 736.

Fracassa. Voir San-Severino (Gaspard DE).

France (Anne DE), dame de Beaujeu, duchesse de Bourbon, fille de Louis XI, I, 222, 229, 231, 235, 261, 262, 264, 269, 274, 280, 282, 290, 297, 315, 324, 325, 344, 345, 350, 351, 387, 525; II, 130.

—— (Claude DE), fille de Louis XII, femme de François Iᵉʳ, II, 696.

—— (Claude DE), duchesse de Lorraine, seconde fille du roi Henri II, III, 223, 392, 799, 802, 803, 859, 902; IV, 35.

—— (Diane DE), fille naturelle du roi

Henri II, duchesse de Castro, puis de Montmorency, III, 829, 854; IV, 18, 26, 58, 201, 244, 422.

FRANCE (Élisabeth DE), fille du roi Henri II, reine d'Espagne, III, 263, 512, 659, 838; IV, 337, 545.

—— (Élisabeth DE), fille aînée de Henri IV, devenue reine d'Espagne, V, 506, 513, 528, 531, 534, 586, 632.

—— (Henriette DE), troisième fille de Henri IV, devenue reine d'Angleterre, V, 597.

—— (Marguerite DE), fille du roi François Ier, duchesse de Savoie, II, 915; III, 42, 142, 192, 204, 210, 745; IV, 24, 302.

—— (Marie-Élisabeth DE), fille du roi Charles IX, IV, 47, 149, 154, 160.

—— (Renée DE), fille du roi Louis XII, duchesse de Ferrare, II, 590, 594, 600, 601, 654, 935; III, 52, 263, 492, 507, 510, 535, 558, 601, 635, 735, 837; IV, 35.

FRANCE (Ambassadeur de), en Angleterre, IV, 362, 384, 385.

—— (Ambassadeur de), en Espagne, V, 559.

—— (Ambassadeur de), en Savoie, IV, 874.

—— (Ambassadeur de), à Venise, III, 30-32, 65, 67, 75, 80, 375. Voir GABRE (M. DE).

FRANCFORT, ville d'Allemagne, IV, 115, 303, 884.

FRANCHE-COMTÉ, province, I, 179, 226, 1094; III, 635; IV, 43, 200, 203, 208, 385, 695, 764, 844; V, 192, 253, 502.

FRANÇOIS Ier, roi de France, II, 110, 127, 130, 426, 597, 605, 606, 623, 667, 680-685 (précis historique), 686-1123, passim; III, 13-175, passim, 189-191,

220, 224, 484, 489; IV, 269, 289. 597; V, 520.

FRANÇOIS II, roi de France, III, 193, 401-405, 409, 410, 412 à 431, 454, 456, 457, 466, 473, 474, 474, 489; IV, 809; V. 541.

FRANÇOIS DE VALOIS, duc d'Alençon. Voir ALENÇON.

FRANÇOIS DE BOURBON-MONTPENSIER. Voir BOURBON.

FRANÇOIS DE GUISE. Voir GUISE.

FRANÇOIS Ier DE MÉDICIS, grand-duc de Toscane, III, 515 à 932, passim; IV, 1 à 738, passim; V, 12.

FRANCOURT (M. DE), chancelier de Navarre. III, 754, 759, 820.

FRANZINO (Bernardo), attaché à l'ambassade de Giovanbattista Ridolfi, I, 570, 571, 572, 573, 574, 579, 580, 581, 582. 583.

FRASCHI (Gerardo), III, 24.

FRAVIGI, localité près de Rovigo, I, 504.

FRÉDÉRIC Ier, empereur d'Allemagne, V, 659.

FRÉDÉRIC III, empereur, I, 106, 185, 230, 231, 232, 242, 265, 328.

FRÉDÉRIC III, roi de Naples, I, 189, 434, 439, 443, 445, 446, 447, 456, 457, 459, 462, 463, 465, 466, 468, 470, 481, 488, 553, 568, 606, 696, 719.

FRÉDÉRIC (Le comte), prince allemand, allié de François Ier, III, 23.

FRÉDÉRIC (Don), capitaine espagnol aux Pays-Bas, III, 800.

FRÉDÉRIC (Hans), capitaine allemand en France, IV, 341.

FREGOSI, famille génoise, II, 48, 802; III. 266.

FREGOSO (Battistino), I, 662, 664, 668, 671 n., 675, 685, 686, 689.

FREGOSO (Cesare), III, 77.

—— (Gian-Galeazzo), banni génois, agent diplomatique de la France, III, 648-

650, 652, 653, 655, 656, 658, 659, 661, 676, 678, 680-682, 684-686, 691, 692, 694-697, 710, 712, 713, 720, 721, 727, 733, 741, 746, 751, 760, 761, 776-779, 782, 800, 810, 827, 828, 835, 860, 862-864, 866, 873, 875, 877, 885-887, 896, 905, 906, 919, 920; IV, 18, 27, 33, 39, 43 et n., 48, 139, 182, 183, 337, 341, 342, 359.

FREGOSO (Ottaviano), doge de Gênes, II, 653, 654, 662, 695, 697.

FRESCO (Scipione DEL), III, 427.

FRESCOBALDI (Bartolommeo), marchand florentin, I, 205.

FRESNE, conseiller de Henri IV, V, 345, 347, 458, 463.

FRIGNANO, ville du duché de Modène, III, 15.

FRIOUL, pays, II, 180, 257, 337, 346, 354, 358, 363, 377, 379, 398, 403,

451, 459, 487, 489, 537, 538; III, 44, 47, 55, 61, 71.

FRISE, pays, III, 773; IV, 177, 259, 304, 306, 337, 474, 511, 539, 546, 679.

FRONSAC (Gironde), IV, 312.

FRONSBERG (Georges), colonel de lansquenets, II, 837, 846, 860.

FRONTENAC (M. DE), attaché à la maison de Henri IV, I, 415, 425, 461, 502.

FUCCECCHIO (Goro DA), III, 292.

FUENTÈS (Le comte DE), gouverneur du Milanais, V, 432, 443, 463, 497, 501, 517, 578, 629.

FUGGER (LES), banquiers d'Augsbourg; II, 532; III, 72.

FUGGER (Karl), capitaine allemand, IV, 91.

FUMÉE (Adam), chancelier de France, I, 292, 326, 330, 334.

FUSIÈRE (M. DE LA), conseiller du duc François d'Anjou, IV, 483.

FYSMURES, gentilhomme irlandais, IV, 156.

G

GABRE (Dominique DE), évêque de Lodève, ambassadeur de France à Venise, III, 315, 359, 360, 367, 374, 375, 378.

GABRIELLE D'ESTRÉES. Voir ESTRÉES.

GABRIELLO (Le capitaine), II, 326.

—— (Le protonotaire), II, 627, 662.

GACCO (Carlo), condottiere, II, 361.

GADDI (Francesco), ambassadeur de la République auprès de Louis XI, I, 104 (notice biographique), 188.

GAETANO. Voir CAETANI.

GAETE, ville du royaume de Naples, I, 696; II, 78, 881; III, 29.

GAGLIANO (Filippo DA), I, 240.

—— (Giuliano DA), frère du précédent, I, 240.

GAIAZZO (Comte DE). Voir CAJAZZO.

GAILLON (Eure), II, 414, 418, 419, 427, 437, 443, 446, 479, 482; III, 670, 676, 677; IV, 73, 173, 469, 471, 516, 552, 605, 631.

GALASSO, astrologue, I, 554.

GALEOTTO (Il signor), agent d'Alphonse II, roi de Naples, 562.

—— serviteur de Battista Spinola, III, 34.

GALICE, province d'Espagne, IV, 796, 816.

GALIGAÏ (Leonora), favorite de Marie de Médicis, V, 459, 460, 461, 462, 464, 467, 477, 588, 591, 635, 639.

GALLESINO (Monsignor), membre du tribunal de l'inquisition à Rome, V, 139.

GALLIERA et GALERA, ville d'Italie, II, 728, 732, 733, 734.

GALLIO (Tolomeo), cardinal de Côme, IV,
571; V, 23, 63, 78, 89, 94, 97, 98,
99, 110, 113, 118, 225, 239+264.

GAMA DEGA (?) [M. DE], ambassadeur du
roi de Pologne, III, 925.

GAMBACORTA (Piero), condottiere, II, 197,
204, 245.

GAMBARO (Le comte Brunoro DA), III, 38.

—— (Uberto) cardinal, légat en Angleterre
et en Italie, II, 725, 726, 727, 728,
729, 844, 851, 860, 916, 936, 962,
983; III, 38.

GAMBERO, aujourd'hui GAMBARA, ville de Vénétie, II, 340.

GANAI (Jean DE), grand chancelier de France
sous Louis XII, II, 288, 295, 456-
457, 508, 515.

GAND, ville de Belgique, III, 526; IV, 91,
206, 208, 254, 306, 307, 383, 409,
410, 419, 423, 424, 473, 499, 500,
503, 507, 511, 516, 529, 531.

GAND (Le vicomte DE), IV, 142 n., 266,
326.

GANDIA (Le duc DE), fils d'Alexandre VI, I,
399, 487.

GANI. Lisez GAVI.

GAP (Hautes-Alpes), IV, 385.

GARDA, ville d'Italie sur le lac du même
nom, II, 373, 377.

GARDA (Lago di), II, 257, 358.

GARDE (Le capitaine Paulin, baron DE LA).
Voir PAULIN (Le capitaine).

GARFAGNANA (La), région de Toscane, I,
578, 580; III, 354, 355, 357.

GARIGLIANO, fleuve d'Italie, I, 460; II,
167.

GARONNE (La), fleuve de France, IV, 325,
352, 472, 563, 567.

GARSA (M. DELLA), lieutenant de Léon Strozzi, III, 291.

GASCOGNE, GASCONS, I, 305, 309, 402,
629 n., 675; II, 239, 241, 301, 322;

III, 143, 355, 357, 394, 424, 459,
470, 493, 494, 500, 573, 577, 578,
603, 756, 772, 816, 864, 868, 884:
IV, 12, 59, 75, 99, 146, 149, 150 n.,
151 et n., 152 n., 154 n., 163 n., 217-
222, 239, 253, 304, 324, 331, 337,
361, 605, 663, 700, 756, 762-764,
788, 811.

GASSOTTO, premier commis de Villeroy, IV.
499, 502.

GAST (M. DU), favori du roi Henri III, IV.
20, 50, 51, 133.

GASTON DE FOIX. Voir FOIX.

GATTINARA (Bartolommeo DA), ambassadeur
de Charles-Quint, II, 839.

—— (Mercurino DA), président de Bourgogne, ambassadeur de Maximilien, II.
354 n., 364, 369, 426.

GATTOLA (Luigi), envoyé de Naples à Bologne, I, 454, 457, 459, 465, 477,
479.

GAUTIER DE BRIENNE, duc d'Athènes. Voir
BRIENNE.

GAVI, ville du duché de Gênes, I, 60; II.
238; III, 112.

GAZETTE DE ROME (La), IV, 300.

GAZZI (Cosimo DE'), envoyé de Florence auprès de Maximilien, I, 687 n.

GEMBLOURS (Bataille de), IV, 142 n.

GEMEL (M. DE). Voir GIMEL.

GÊNES, GÉNOIS, I, 13, 31, 33 et s., 38.
39, 53, 54, 59, 60, 77, 84, 85, 99.
114, 128, 135, 179, 189, 208, 238.
249, 283, 293, 297, 299, 301, 304,
305, 306, 309, 312, 331, 352, 358.
362, 363, 384, 389, 395, 400, 401.
404, 405, 407, 409, 418, 449-451 n.,
456, 460, 463, 465, 470, 474, 481.
487, 494, 495, 513, 529, 537, 540.
545, 549, 567, 569, 570, 571, 573.
578, 580, 581, 583, 603, 604, 613.
621 n., 623, 624, 625, 628, 630.

646, 649, 651, 657, 659, 662, 663. 664, 668, 695 n., 698; II, 26 n., 27 n., 36 n., 61, 87, 91, 97, 99, 115, 125, 126, 129, 131, 141, 146, 147, 152, 164, 168, 174, 186, 189, 192, 193, 195, 197, 198, 204, 205, 206, 207, 209, 210, 211, 213, 215, 216, 219, 220, 221, 222, 223, 225, 227, 230, 231, 232, 233, 234, 235, 236, 237, 238, 239, 240, 241, 243, 244, 245, 246, 247, 248, 249, 250, 256, 277, 278, 279, 281, 284, 285, 288, 291, 295, 297, 304, 308, 311, 313, 347, 358, 386, 406, 522, 523, 524, 536, 567, 599, 602, 615, 617, 639, 653, 654, 657, 659, 662, 694, 696, 706, 719, 784, 802, 1004, 1005, 1006, 1008, 1009, 1010, 1011, 1012, 1013, 1014, 1016, 1019, 1023, 1026, 1033, 1039, 1043, 1054, 1062, 1069, 1077, 1099, 1109, 1120, 1123; III, 19, 29, 38, 39, 45, 46, 61, 64, 69, 82, 91, 96, 98, 105, 114, 124, 132, 134, 174, 216, 225, 251, 287, 288, 290, 293, 301, 305, 310-312, 340, 357, 363, 390, 652, 653, 656, 658, 792; IV, 39, 40 et n., 41, 42, 43 et n., 46, 48, 65, 128, 131, 132, 154 n., 181-183, 434, 502, 791; V, 13, 33, 39, 75, 134 n., 193, 242, 284, 285, 312, 381, 579.

Gênes (Le cardinal de), I, 426, 640 n., 647.

Genève, I, 303, 304, 387; II, 762; III, 407, 409, 412, 419, 456, 460, 466, 467, 488, 574, 610, 628, 668, 835; IV, 14, 27, 43, 162, 261, 421, 422, 430, 530, 547, 601, 618, 740, 743, 760; V, 44, 659.

—— (Le cardinal de), III, 36.

Genève (M. de), l'évêque, IV, 242, 244, 528. Voir en outre Baume (Pierre de la).

Genèvre (Le mont), II, 230, 396, 413, 706.

Génissac (M. de), IV, 92, 372, 375.

Genlis (M. de), III, 498, 562, 778, 800. 803, 804, 862.

Gerino, agent de Giovanni Niccolini, V, 30, 31, 33, 41, 53, 54, 222.

Germaine de Foix. Voir Foix.

Germigny (Jacques de), ambassadeur français à Constantinople, IV, 301.

Gerona, ville de Catalogne, I, 685.

Gesualdo (Alfonso), cardinal, V, 80, 84, 85, 86, 89, 92, 93, 94, 95, 96, 98, 99, 109, 110, 111, 112, 113, 136, 149, 177, 220, 222, 223, 225, 243, 274.

Gesvre (M. de), secrétaire d'État sous Henri IV, V, 447.

Gévaudan, province de France, IV, 638.

Gherardis (Martinus de), I, 86.

Gheri (Goro), évêque de Fano, II, 567, 709, 710, 720, 725, 727.

Ghetto, capitaine d'Orléans, III, 532.

Ghiara d'Adda, Lombardie, II, 257, 343; III, 72.

Ghiberti (Giammatteo), évêque de Vérone, confident de Clément VII, II, 787, 789, 793, 797, 799, 801, 809-814, 825, 827, 831, 832, 834, 846, 855, 862, 866, 870, 876, 883, 886, 892-926, *passim*, 934, 937.

Ghimel. Voir Gimel.

Giacchinotti (Odoardo), IV, 48, 82 et n., 131, 138, 143, 149 n., 152 n., 182, 183, 196 n., 207, 219, 221.

Giacomini (Les frères), IV, 170.

Gianjacopo. Voir Trivulzio.

Giannella (Le chevalier), III, 684.

Giannin, serviteur de l'ambassadeur Saracini, IV, 303.

Giannisac (M.). Voir Génissac.

Gibelins ou *Blancs* à Florence, I, introduction, xix, xx, xxi, xxiii.

GIÉ (Le maréchal DE). Voir ROHAN (Pierre DE).

GIÉ (Le sénéchal DE), I, 254.

GIEN (Loiret), IV, 118, 578, 715, 722.

GILBERT de Bourbon-Montpensier. Voir BOURBON.

GIMEL (M. DE), ambassadeur de Charles VIII, I, 634 n., 643, 667, 701; II, 164.

GIORDANO (Paolo), IV, 158.

GIORGI (Girolamo), Vénitien, I, 503.

GIORGIO (Marino), provéditeur de Bergamo, II, 337.

GIOVACCHINO, II, 16.

—— (Messer Giovanni), agent de François Ier, II, 989, 1039, 1041.

GIOVANNI (Le capitaine), IV, 341.

—— (Don). Voir AUTRICHE (Don Juan D').

—— (Messer). Voir BENTIVOGLIO (Giovanni).

—— (Ser), secrétaire de Laurent de Médicis, II, 737.

GIOVANNI-FRANCESCO. Voir ALDOBRANDINI.

GIOVANNINI (Baccio), chanoine, ambassadeur florentin auprès de Henri IV, V, 374; notice biographique, légation, 375-563.

GIOVIO. Voir JOVE (Paul).

GIRALDI (Le chevalier), ambassadeur de Portugal en France, IV, 256, 360, 434, 435, 444.

GIRALLINO (?) [Jacques], gentilhomme irlandais, IV, 156, 157.

—— (Patrice), évêque irlandais, IV, 156.

GIRAULT (M.), V, 617.

GIROLAMI (Le capitaine Bernardo), banni florentin en France, IV, 133, 139, 149, 150 n., 152 n., 153 n., 154 n., 171, 213, 216-222, 225, 227, 230, 238.

—— (Giuliano), frère du précédent, IV, 150 n.

—— (Jacopo), envoyé du cardinal Salviati, II, 974, 990.

GIROLAMI (Raffaello), ambassadeur et dernier gonfalonier de Florence, II, 709, 720, 732, 1119 et s.; III, 5, 6, 7.

—— (Raffaello), petit-fils du précédent, banni florentin en France, IV, 138, 150 n., 170, 171, 213-217, 241, 335 n., 349, 359 n., 360 n., 361, 503, 550, 557, 811, 812, 817.

GIROLAMO (Messer), I, 471.

GIRONDE (La), fleuve de France, IV, 421.

GIUDECCA (Canal de la), à Venise, I, 524.

GIUDICI (Francesco DE'), I, 446.

GIUGNI (Il cavaliere), envoyé extraordinaire de Florence à Henri IV, V, 469, 470, 474, 475, 477, 499.

GIUGNI (Le docteur), III, 751, 778, 779.

GIULIANO, localité près de Rome, V, 277.

GIULIANO (?) [Le capitaine], IV, 453.

GIUNTI (Les), banquiers milanais, III, 68.

GIUSTI DELLA COLLE (Bernardo), secrétaire de Luigi Capponi, ambassadeur du duc Cosme Ier en France, III, 250, 259 et 262 (lettres à Cristiano Pagni), 279, 311 et n., 357.

GIUSTINIANI, jésuite, III, 464, 468.

—— (Girolamo), III, 592, 593.

GIUSTINIANO (Antonio), ambassadeur vénitien, II, 351, 354.

—— (Benedetto), cardinal, V, 115, 134, 135, 137, 141, 204, 209, 210, 211, 222, 235, 239, 241, 268, 269.

—— (Bernardo), Vénitien, fait chevalier par Louis XI, I, 126.

GIVRY (Le cardinal DE). Voir PEYRUSSE (Anne DE).

GLAGEON (département du Nord), IV, 399.

GLANTRICO (Vicomte DE). Voir ARPAJON (Guy, baron D').

GLANTRICUM, forme fautive pour Lautricum, Lautrec.

GLAS (M. DU), gouverneur de Soissons, IV, 306.

IMPRIMERIE NATIONALE.

GOBBIO (Malatesta DA), capitaine au service
du duc de Guise, IV, 359 n.

GOËS, ville de Zélande, IV, 383.

GOMBAULT, huguenot, III, 824.

GONDI (Albert DE), duc de Retz, ambassadeur en Angleterre, etc., IV, 161, 169,
170, 174, 188, 189, 223, 236, 238,
273, 278, 438, 442, 454, 471, 472,
481, 486, 492, 494, 501, 505, 507,
510, 515, 516, 522, 525, 533, 534,
537, 539, 541, 542, 545, 593, 838.

GONDI (Alfonso), maître de l'hôtel de la
reine Marguerite de Valois, IV, 31,
49.

—— (Antonio), capitaine, IV, 353, 453.

—— (Filippo), V, 379, 402, 432.

—— (Giambattista), III, 196.

—— (Girolamo), IV, 187, 232, 341,
330, 420, 875; V, 24, 161, 333,
335, 336, 337, 346, 347, 349, 350,
351, 353, 354, 358, 360, 363, 364,
375, 376, 379, 382, 384, 385, 388,
393, 395, 396, 397, 402, 405, 408,
410, 413, 421, 422, 424, 429, 440,
445, 463, 470, 572.

—— (Giuliano), III, 292.

—— (Pierre DE), évêque de Paris, puis
cardinal, III, 911; IV, 19, 72, 76, 107,
108, 112, 247. 462, 537, 597, 600,
697, 869, 881; V, 21 et s., 41, 158,
193, 206, 211, 217, 227, 230, 234,
244, 247, 252, 258, 289, 291, 292,
293, 294, 295, 297, 302, 305, 306,
308, 311, 313, 314, 315, 316, 317,
318, 321, 322, 324, 326, 327 n.,
330, 332, 339, 340, 341, 345, 354,
355, 363 n., 364, 373, 375, 377,
379, 382, 384, 386, 390, 392, 408,
413, 469, 474, 479, 489, 490, 496,
497, 506, 507, 509, 520, 529, 573,
606, 648.

—— (Henri DE), évêque de Paris, neveu

du cardinal Pierre de Gondi, V, 447,
469, 528.

GONDINO, agent florentin, III, 583, 800,
804, 828, 835, 860; IV, 90, 160.

GONFALONIER de justice, haute magistrature
à Florence, créée en 1293. Se joint aux
Prieurs, I, introd., XIII, LIV.

GONFALONIERS des compagnies, créés en
1250, I, introduction, XXIII, LI.

GONNORD (Maine-et-Loire), château, IV,
416.

GONNORD (M. DE). Voir COSSÉ (Artus DE).

GONSALVE DE CORDOUE, capitaine espagnol,
II, 87, 93, 95, 96, 99, 109, 127,
128, 130, 132, 133, 134, 135, 145,
146, 147, 148, 159, 171, 172, 176,
177, 198, 200, 221, 769.

GONY [?] (M. DE), IV, 142 n.

GONZAGUE (Louis DE), duc de Nevers, III,
23, 391, 392, 523, 546, 558, 559,
561, 569, 581, 662, 730, 731, 756,
771, 786, 792, 815, 816, 818, 821,
823, 830, 851, 855, 860, 861, 871,
873, 874, 879; IV, 38, 46, 47, 50,
54, 56, 75, 86, 99, 102, 108,
114, 115, 118, 119, 122, 126, 159,
292, 313, 321, 327, 345, 346, 363,
366, 470, 472, 488, 522, 558, 559,
567, 591, 593, 594, 633, 634, 649,
653, 654, 658, 659, 665, 682, 685,
686, 690, 694, 697, 714, 721-723,
735, 740, 742, 763, 764, 804, 808,
812, 813, 818, 819, 828, 834, 835,
841, 852, 855, 857, 859, 861, 862,
863, 866, 880; V, 33, 70, 141, 153,
173 et s., 176, 178, 181, 183, 192,
203, 217, 223, 245, 246, 255, 294,
304, 307, 308, 315, 322, 326, 330,
361, 365.

—— (Marquis DE), puis duc de Mantoue.
Voir MANTOUE.

—— (Catherine DE), duchesse de Lon-

gueville, IV, 636, 653; V, 403, 535, 536.

GONZAGUE (Charles DE), duc de Nevers, V, 483, 536, 553, 574, 631, 638, 643, 644, 664, 670, 673, 694.

—— (Don Fernand DE), lieutenant de Charles-Quint, III, 5, 6, 47-49, 76, 78-81, 120, 270, 283, 284, 286, 322, 369; IV, 729.

—— (Francesco-Giovanni), cardinal, IV, 591; V, 112.

—— (Ottavio), III, 530; IV, 88, 168, 214, 248.

—— (Rodolfo), III, 23, 24.

—— (Scipione), cardinal, V, 112 n., 114.

GONZALVE DE CORDOUE. Voir HERNANDEZ (Gonçalo).

GORDON (M. DE), gouverneur de Calais, IV, 160, 352, 416, 439.

GORGONA (La), île en face de Livourne, III, 593.

GORITZ, ville d'Autriche, II, 279.

GORO-GHERI, chancelier de Laurent de Médicis, évêque de Fano, etc., II, 567 et n. 1.

GOUFFIER (Artus), grand maître de France, II, 693, 723, 765, 776.

—— (Claude), grand écuyer de France, III, 578.

—— (François DE), fils aîné de l'amiral Bonnivet, III, 225, 266.

—— (François DE), seigneur de Crèvecœur, gouverneur de Picardie, III, 599; IV, 91, 92, 297, 309, 312, 314, 319, 320, 326, 331, 332, 344, 377, 389, 400, 405, 421, 792.

—— (Guillaume), seigneur de Bonnivet, amiral de France, II, 741, 743, 748, 749, 771, 804, 805, 807, 828, 830.

—— (Pierre), seigneur de Boisy, II, 404, 411.

GOWRIE (Lord Ruthven, comte DE), IV, 520.

GOZZADINI, prélat, II, 748.

GRADISCA, ville de Frioul, III, 299.

GRAMONT (Gabriel DE), évêque de Tarbes, puis cardinal, II, 884, 894, 949, 954, 1066, 1074, 1075.

—— (Philibert DE), gentilhomme de la cour de Charles IX et de Henri III, III, 501, 502, 820, 875, 888; IV, 135. 289, 535.

GRAND (M. le). M. le grand écuyer de France. Voir GOUFFIER (Claude), SAINT-LARY (Roger DE) et URFÉ (Pierre D').

GRANDCHAMP (M.), III, 671.

GRAND PRÉVÔT de l'hôtel, IV, 293.

GRAND PRIEUR (M. le). Voir ANGOULÊME (Henri D').

GRANDS JOURS de Poitiers, IV, 307.

GRANDSELVE (Tarn-et-Garonne), abbaye, IV, 502.

GRANVELLE (Antoine Perrenot DE), évêque d'Arras, puis cardinal, gouverneur des Pays-Bas, III, 85, 87, 300, 307, 308, 309, 380, 390; IV, 127, 259, 313, 431, 473.

—— (Nicolas Perrenot DE), ministre, grand chancelier de l'empereur Charles-Quint, père du précédent, III, 27, 38, 39, 49, 84, 86, 170, 171, 213, 217, 794, 841.

GRANZAY ou GRANZAIS (Deux-Sèvres), IV, 857.

GRANZY (M.), III, 922. Voir GRONZY.

GRATTEINS (M. DE), chancelier de Henri de Bourbon, roi de Navarre, IV, 344.

GRAVELINES (Nord), III, 384; IV, 149, 160, 256, 288, 414, 466, 516, 538.

—— (Le gouverneur de), IV, 211.

GRAVILLE (Le seigneur DE). Voir MALET (Louis).

Gravina (Pierre, duc de), fils de Charles le Boiteux, roi de Naples, I, 16.

Grèce, pays, I, 177; IV, 812.

Grechetto (Le capitaine), III, 592.

Greenwich, ville d'Angleterre, IV, 265.

Grégoire VII, pape, V, 659, 690, 691.

Grégoire IX, pape, V, 656, 657.

Grégoire XII, pape, I, 52-53, 178.

Grégoire XIII, pape, III, 892, 897, 932; IV, 18, 36, 40, 51, 57, 69, 71, 72, 76, 81, 188, 239, 275, 283, 300, 337, 343, 344, 345, 356, 362, 370, 418, 431, 436, 438, 442, 446, 452, 463, 465, 475, 476, 478, 481, 492, 493, 499, 502, 505, 512, 522, 547, 548, 557, 559, 560, 568, 570, 571; V, 20, 23, 370.

Grégoire XIV, pape, V, 151 et s., 660.

Grenade, ville d'Espagne, I, 427, 547; IV, 42.

Grenoble (Isère), II, 183, 220, 230, 231, 299, 401, 413, 698, 699, 700, 702, 718, 719; III, 892; IV, 43, 259, 261, 264, 265, 295, 296, 411, 417.

—— (Le Parlement de), IV, 296.

Grève (Place de), à Paris, IV, 427, 430; V, 620, 630.

Grey (Lord), III, 396.

Griffi (Piero), Pisan, ambassadeur, I, 649 n., 651; II, 269, 273, 277.

Grignan (M. de), III, 148.

Grimaldi (Domenico), archevêque d'Avignon, V, 54, 67, 119.

Grimano (Le patriarche), nonce du pape Paul III en Écosse, III, 54.

Grisons (Les), canton suisse, II, 789, 796, 799, 847; III, 77, 95, 128, 354, 355, 358; V, 119 n.

Gritti (Andrea), provéditeur vénitien, II, 324, 329, 331, 336, 351, 450.

Grolaye (François-Jean de la), abbé de Saint-Denis, cardinal, I, 644, 645.

Groningue, ville des Pays-Bas, IV, 306.

Gronzy (M. de), III, 916. Voir Granzy.

Grosseto, ville de Toscane, III, 332.

Guadagni (Bernardo), envoyé de Florence en France, I, 39, 42.

—— (L'abbé), III, 686, 738, 752, 783, 807, 810, 865, 920; IV, 12, 143, 180, 184, 185, 272, 300, 303, 405, 468.

Gualterotti (Benedetto d'Antonio), Florentin, II, 1104.

—— (Francesco), ambassadeur florentin auprès de Louis XII, I, 646; II, 23 (notice sur lui) et s., 42, 70 n.

Guardamiglio, localité près de Plaisance, III, 110.

Guascone [?] (Le capitaine), IV, 790.

Guasconi (Giovacchino), ambassadeur de Florence en France, I, 640 (notice biographique), 640-679 (intructions et correspondance).

—— (Niccolo), ambassadeur de Florence auprès du roi de France Charles VI, I, 35-36.

—— (Pier-Antonio), négociant florentin établi à Rome, III, 344.

Guast (Alfonse d'Avalos, marquis du), lieutenant de l'empereur Charles-Quint, III, 32, 33, 36, 37, 38, 48, 64, 65, 67, 72, 87, 90, 92, 95, 96, 100, 102, 105-108, 110, 111, 113, 119 et n., 120, 126, 128-130, 132, 135.

—— (M. du). Voir Gast.

Guastalla, ville d'Italie, III, 374.

Gueldre, pays, II, 178, 190, 217, 648; III, 850, 856; IV, 233, 259, 474, 539, 545.

—— (Le duc de). Voir Egmont (Charles d').

Guelfe (Capitaine du parti), créé en 1267, I, introduction, xxii et n. 2, xxiii, li.

Guelfes à Florence et Noirs, I, introduction, xix, xx.

GUERCHE (M. DE LA), III, 744.

GUERCUI, serviteur de l'amiral de Coligny, III, 817.

GUESLE (M. DE LA), procureur du roi, IV, 884, 885.

GUET (Le chevalier du), IV, 468.

GUGLIELMO, condottiere, I, 474.

—— envoyé du marquis de Mantoue auprès de Louis XII, II, 101.

GUICCIARDINI (Camilla), femme d'Orazio Ruccellaï, banquier florentin établi en France, IV, 881.

—— (Le chevalier), IV, 581, 879, 880; V, 328, 329, 375.

—— (Francesco), historien et homme d'État, II, 786, 843, 860, 890, 942.

—— (Francesco), de la même famille, IV, 881, 882, 883.

—— (Girolamo), III, 32, 39.

—— (Luigi), ambassadeur de Florence à Milan, I, 30 n.

—— (Pietro), ambassadeur de Florence auprès de Ludovic le More, I, 321.

—— (Pietro), ambassadeur florentin en France, V, 591, 592, 593, 594.

GUICHE (Claude DE LA), évêque de Mirepoix, III, 266, 323.

—— (M. DE LA), grand maître de l'artillerie sous Henri III, IV, 760, 766, 801.

—— (La comtesse DE LA), maîtresse de Henri IV, femme de Philibert de Gramont, IV, 535, 546 n.

—— (Gabriel DE LA), chevalier des ordres du roi, III, 193.

—— (Philibert DE LA), seigneur de Chaumont, gouverneur de Lyon, IV, 365, 407, 750, 760, 766; V, 505.

—— (Pierre DE LA), ambassadeur français, II, 233, 364, 762, 770.

GUIDACCI (Thommaso), III, 345.

GUIDI (Camillo), ambassadeur florentin en France, V, 564 (notice biographique); légation de 565 à 602, 606.

GUIDO (Messer), envoyé de Florence à Milan, I, 646.

GUILLAUME (Le comte), seigneur allemand allié de François Ier, III, 23, 41.

GUILLAUME IV, landgrave de Hesse, IV, 627.

GUINES (Pas-de-Calais), III, 396.

GUISE (Aisne), III, 417; IV, 314, 382, 563, 574.

—— (M. DE), capitaine de la flotte de Charles VIII, I, 309. Peut-être le même que Louis d'Armagnac, plus tard duc de Nemours.

—— (La Maison DE), III, 220, 225, 229, 250, 256, 263, 266, 277, 278, 375, 377, 401, 402, 404, 405, 409, 413, 416, 418, 422-424, 428, 430, 445, 453, 454, 463, 464, 468, 472, 475, 477-479, 481, 489, 494, 498, 505-509, 520-524, 526, 528, 531, 532, 535, 545, 556, 559, 569, 570, 598, 603, 615, 637, 664, 665, 670, 678, 708, 714, 717, 719, 720, 726, 729, 735, 742-744, 749, 774, 784, 787, 822, 838, 842-844, 851, 855, 856, 860, 869, 885, 886, 888, 890, 893, 895, 896, 904, 906, 907, 909; IV, 35, 36, 38, 43, 66, 77, 81, 82, 86, 87, 93, 94, 108, 110, 132, 145, 166, 169, 175, 176, 238, 243, 272, 277, 280, 283, 307, 344, 346, 452, 418, 421, 428, 431, 437, 442, 443, 445, 446, 448, 449, 451, 465, 476, 545, 552, 555, 560, 561, 564, 565, 568, 572, 573, 575, 578, 579, 581, 583, 590, 592, 594, 603, 605, 606, 609, 611, 613, 615, 616, 617, 618, 620, 621, 622, 624, 625, 632, 634, 636, 637, 645, 647, 648, 649, 650, 660, 664, 670, 673, 685, 686, 687, 688, 689, 690, 691, 693, 694, 698,

700, 702, 706, 707, 716, 717, 755,
757, 759. 760, 795, 819, 827, 862,
868; IV, 875, 876, 877, 878, 879; V,
16, 21, 23, 29, 45, 47, 54, 515,
536, 553, 555, 556, 566, 568, 588,
590, 637, 643-645, 647, 651, 652,
653, 659.

Guise (Charles de Lorraine, duc de), fils
de Henri le Balafré, prince de Joinville,
IV, 534, 680, 759, 829, 843, 860,
874, 878; V, 160, 161, 165, 185,
186, 187, 197, 293, 319 n., 323,
326, 332, 333, 341, 365, 409, 413,
437, 445, 494.

—— (Charles de Lorraine, cardinal de),
second cardinal de Lorraine, archevêque
de Reims, III, 202, 204, 211 et n.,
221-223, 227-231, 264, 273, 276,
278, 387, 401, 402, 404, 405, 413,
416, 422, 423, 429-432, 445, 450,
456, 460, 462-464, 472, 473, 482,
488, 490, 492, 496, 507, 510, 519,
520, 522-524, 528, 564, 568, 575,
581, 583, 587, 588, 595, 596, 601,
612, 620, 623, 624, 629-633, 638,
639, 642, 647, 654, 661 et n., 696,
701, 702, 705, 706, 718, 736, 756,
774, 785, 799, 807, 808, 813, 834,
841-843, 855, 860, 862, 872, 885,
886, 895, 896, 900-903, 905-907,
910, 911, 913, 925, 926; IV, 14, 16,
22, 25, 34, 35.

—— (Claude de Lorraine, duc de), II,
369, 866, 1054, 1073; III, 82, 196,
197, 201, 237, 248, 507.

—— (François de Lorraine, duc de), fils
aîné du duc Claude de Guise, d'abord
duc d'Aumale, III, 198, 201, 203,
212 et n., 220, 223, 229, 264, 278,
284, 285, 288, 290, 367, 369, 371,
373, 374, 394, 395, 398, 401-403,
406, 416, 417, 422, 429, 431, 432,

445, 449, 450, 460, 463, 464, 467-
469, 472-476, 482, 484-486, 489,
491, 492, 497, 500-504, 507-509,
519, 525, 535, 735.

Guise (Henri Ier de Lorraine, duc de), fils
aîné du duc François de Guise, III,
524, 528, 532, 534, 536, 553, 557,
561, 564, 578, 584, 585, 596, 600,
602, 631, 639, 657, 676, 702, 718.
738, 741, 742, 749, 771, 774, 786.
799, 807-809, 813, 815, 816, 818,
823, 824, 829, 830, 835, 836, 841,
842, 845, 851, 855, 870, 874, 879.
885, 900-902, 904, 905, 907, 911,
912, 925, 930; IV, 38, 43, 46, 47,
62, 66, 72, 76, 77, 99, 114, 115,
118, 121, 123 n., 132, 133 n., 151,
155, 162, 166, 169, 179, 182, 189.
250, 252, 255, 256, 278, 292, 301,
304, 309, 311, 312, 314, 322, 342.
344 n., 358, 359 n., 365, 379, 392-
394, 402, 437, 438, 446, 454, 464.
471, 493, 505, 507-509, 518, 522,
530, 534, 542-557, 560, 562, 564,
566, 569, 571-575, 578-580, 582-
593, 599, 603, 604, 607, 608, 610-
613, 616-618, 622-624, 630, 633,
634, 636-640, 642, 646, 653, 654.
658, 659, 662-665, 668, 672, 675,
678-681, 683, 684, 686, 687, 689-
696, 698; IV, 699, 701-706, 708,
712, 713, 715-717, 719, 720, 731-
734, 736-738, 740, 741, 744, 748,
751, 753, 759, 760, 762-764, 766,
768, 771-777, 779, 780, 784-805,
808, 810-814, 818-820, 824, 825,
829, 830, 833, 836, 840, 842, 844-
852, 855, 856, 860, 868, 874-878;
V, 24, 33, 35, 695.

—— (Jean de Lorraine, premier cardinal
de), II, 975, 1044; III, 201, 211 et n. 4.
215, 220, 221, 223, 387-393, 401-

402, 404, 416, 445, 462-464, 496,
510, 528, 568, 575, 583-586, 587,
620, 622, 632, 633, 642, 662, 701·
785, 807, 813, 842, 885, 900, 903;
IV, 22, 25, 34, 35 et n. 1.
GUISE (Louis Ier de Lorraine, cardinal DE),
archevêque de Sens, III, 243, 343,
346, 506, 520, 528, 583, 584, 596,
620, 634, 867; IV, 75, 151, 169.
—— (Louis II de Lorraine, cardinal DE),
IV, 152, 250, 252, 277, 283, 442,
463, 530, 552, 556, 569, 581, 588,
589, 662, 734, 767, 787, 829, 843,
846, 849, 869, 871, 876; V, 25 et s.,
30, 31, 33, 35, 108, 117, 153.
—— (Louis III de Lorraine, cardinal DE),
V, 33, 57 n., 153.
—— (Louise-Marguerite, Mademoiselle
DE), fille de Henri de Guise, épouse le
prince de Conti, V, 459, 465, 560,
561, 588.
GUITRY (M. DE), III, 904, 905, 907-909;
IV, 16.

GURCK (L'évêque de). Voir PÉRAULD (Raymond).
GUYENNE, province, I, 125; II, 590, 603,
770, 898; III, 91, 413, 421, 447,
470, 494, 495, 531, 569, 756, 864,
908; IV, 25, 56, 61, 95, 109, 118,
121, 130, 132, 187, 192, 209, 233,
247, 256, 285, 288, 294, 300, 307,
309, 316, 318, 322, 325, 326, 328,
334, 339, 340, 341, 344, 346, 351,
352, 375, 378, 381, 387, 391, 404,
405, 408, 411, 412, 418, 422, 463,
471-473, 478, 482, 490, 496, 505,
509, 516, 526, 575, 580, 581, 587,
593, 596, 599, 613, 614, 618, 624,
625, 630, 639, 643, 644, 682, 725,
739, 744, 745, 752, 773, 839.
GUZMAN (Alonzo DE), duc de Medina-Sidonia, IV, 806, 807, 814, 815, 816,
821.
—— (Frère), agent de Charles-Quint, III,
146, 159.

H

HAINAUT, province des Pays-Bas, II, 588,
618, 628; IV, 165, 168, 184, 186,
206, 211, 213, 235, 239, 244, 257,
267, 304, 311, 382, 399, 511, 526.
HALLUIN (Charles D'), seigneur de Piennes,
III, 868, 900; IV, 729, 792.
HAMBOURG, ville d'Allemagne, IV, 253,
472.
HANGEST (Jean DE), évêque de Noyon, III,
555, 562.
HARLAY (Achille DE), premier président du
Parlement de Paris, IV, 431, 446, 576;
V, 629.
HARLEM, ville des Pays-Bas, III, 869, 884.
HAUCOURT (Nord), IV, 473.

HAUTEFORT (M. DE), premier président au
Parlement de Grenoble, III, 816; IV,
301, 417.
HAVRE (Le marquis DE), ambassadeur des
États de Flandre, IV, 127, 156, 233.
HAVRE-DE-GRÂCE (Le) [Seine-Inférieure],
III, 154, 155, 166, 168, 494-497,
505; IV, 387, 402, 512, 563, 567,
755, 756, 793; V, 697.
HAYE (La), ville de Hollande, III, 600; IV,
388.
HÉBERT (Philippe), archevêque d'Aix, ambassadeur français, I, 678, 680, 681,
691, 692; II, 172, 173, 215, 216,
231, 232.

HENRI IV, empereur d'Allemagne, V, 659, 689, 690, 691.

HENRI VII, empereur d'Allemagne, I, 13, 15.

HENRI II, roi de France, d'abord duc d'Orléans, puis dauphin, II, 913, 925, 926, 954; III, 11 n. 2, 17, 35, 79, 136, 140, 145, 149, 150, 165, 168, 169, 170, 184-402, 404 n., 424, 473, 496, 532, 534; IV, 150 n., 570, 809, 810.

HENRI III, roi de France et de Pologne, d'abord duc d'Orléans, puis duc d'Anjou, III, 430, 461, 467, 469, 476, 506, 524, 533, 536, 548, 554, 555, 560, 572, 578, 580, 582, 584-587, 589, 590, 592, 594, 596, 600, 602, 603, 606, 613, 616, 618, 620, 622, 624, 628, 630, 636, 637, 639-641, 644-646, 653, 656, 657, 664, 665, 672-674, 676, 677, 679, 681, 688-690, 693, 696, 697, 699, 704, 712, 713, 715, 720, 722, 726, 737, 741, 744, 745, 748, 749, 752, 761, 762, 773, 780, 785, 786, 788, 799, 802, 806, 807, 809, 813, 815, 818, 820, 823, 827, 832, 836, 839-841, 845, 848, 851, 855, 856, 861, 864-866, 868, 870-874, 876, 878, 879, 881-886, 888, 890-892, 895, 897, 898, 909, 914, 919, 920, 925, 927, 929, 930; IV, 14-883, *passim*; V, 24 et s., 668, 676, 677, 684.

HENRI IV, roi de France, d'abord roi de Navarre, III, 445, 461, 535, 577, 578, 583, 607, 623, 625, 627, 633, 640, 648, 649, 667, 672, 689, 695, 696, 701, 705, 707, 708, 711, 719, 724, 726-728, 730, 733, 735, 737, 740, 742, 743, 748, 753, 754, 756, 758, 760, 762, 764, 768, 771, 774, 781, 786, 789, 792, 793, 799, 802-806, 811, 815-818, 820, 823, 824, 830,

834, 835, 837, 838, 842, 866, 875, 883, 887, 906, 907, 914, 916-918, 924, 926, 928, 930, 931; IV, 12, 19, 20, 25, 36, 38, 42, 56-61, 66, 68, 75, 76, 78, 81-86, 89, 90, 94, 96, 101, 106, 109, 110, 111, 114, 117-126, 130, 131, 133, 134, 136, 147, 175, 176, 181-184, 186, 187, 192, 195, 197, 199, 202-204, 209, 212, 214, 235, 237, 238, 240, 243, 247, 253-255, 264, 269, 270, 272, 282, 284, 288, 289, 296, 298, 304-307, 309-313, 316, 318-323, 325, 327, 328, 330, 334, 336, 337, 339-341, 344, 345, 350-352, 361, 363-366, 372, 383, 384, 389, 391, 397, 411, 418-420, 422, 429-431, 438, 439, 441, 449, 462, 464, 466, 472, 475-478, 482, 485, 487, 496, 500, 504-506, 508, 509, 512, 513, 515, 516, 518-520, 526, 527, 529, 535, 538, 540, 543-546, 546 n., 549, 552, 553, 559, 562, 563, 572, 574, 577, 583, 586, 587, 588, 590-594, 597, 603-606, 608-611, 613-616, 619, 623, 625, 628, 629, 632, 647, 648, 650, 653, 654, 660-665, 667-671, 675, 680, 683, 684, 686, 687, 689, 690, 696, 698, 700, 702, 703, 706, 708, 709, 713-715, 717-719, 724-730, 733, 735, 737, 738, 740, 741, 745, 748-750, 752, 753, 759, 760, 778, 785, 790, 792, 804, 805, 809, 811, 812, 819, 820, 826, 828, 835, 837, 852, 855-857, 863, 866, 870, 874, 880; V, 12 à 694, *passim*.

HENRI VII, roi d'Angleterre, II, 108, 122, 126, 131, 153, 158, 190, 257, 259, 260, 319.

HENRI VIII, roi d'Angleterre, II, 365, 396, 416, 443, 454, 477, 573, 588, 590, 593, 595, 597, 598, 599, 614, 615,

618, 629, 631, 632, 634, 635, 638,
639, 640, 641, 642, 643, 648, 650,
651, 654, 655, 670, 759, 761, 762,
763, 766, 772, 810, 811, 813, 814,
815, 819, 821, 844, 845, 848, 850,
851, 852, 853, 855, 856, 857, 861,
869, 875, 879, 882, 884, 885, 886,
889, 890, 894, 896, 900, 902, 907,
908, 909, 912, 916, 923, 924, 925,
926, 930, 933, 938, 939, 940, 948,
953, 954, 957, 962, 965, 968, 980,
981, 984, 1025, 1044, 1050, 1054,
1065, 1073; III, 26, 49, 59, 72, 78,
80, 85, 91, 125, 127, 139, 151, 156,
158, 159, 173, 175; V, 678, 683.

HENRI Ier D'ALBRET, roi de Navarre, II, 807,
875, 881, 884, 889; III, 193, 201,
211.

HENRI II D'ALBRET, roi de Navarre. Voir
HENRI IV, roi de France.

HENRI, chevalier d'Angoulême. Voir ANGOU-
LÊME.

HENRI (Le cardinal), roi de Portugal, IV,
201.

HENRI Ier, prince de Condé. Voir CONDÉ.

HENRI II, prince de Condé. Voir CONDÉ.

HENRI DE GUISE. Voir GUISE.

HENRI, duc de Lorraine. Voir LORRAINE.

— (Cardinal) de Bourbon-Montpensier.
Voir BOURBON.

— duc de Guise (le Balafré). Voir
GUISE.

— duc de Lorraine et de Bar. Voir LOR-
RAINE.

HENRIETTE DE FRANCE, fille de Henri IV, reine
d'Angleterre. Voir FRANCE.

HERCULE II, duc de Ferrare. Voir ESTE.

HERFORD (Le comte DE). Voir SEYMOUR
(Édouard).

HERMES (Le marquis), I, 434, 444.

HESDIN (Pas-de-Calais), III, 86, 154, 161,
330, 332; IV, 156, 411.

HESSE (Le landgrave de), III, 44, 47,
522.

HIPPOLYTE, marin, III, 167.

— cardinal de Ferrare. Voir ESTE.

HIZERA (Juan), dominicain, ambassadeur
espagnol en France, II, 104, 108, 135,
139.

HOLLANDE, province des Pays-Bas, III, 47,
850, 869; IV, 123 n., 262, 311, 331,
337, 358, 360, 375, 383, 388, 454,
463, 474, 478, 485, 502, 511, 520,
522, 523, 524, 526, 529, 545, 549,
582, 599, 657, 774, 815, 816; V,
146, 482, 502, 517, 583, 617, 628,
655.

HONGRIE, pays, I, 177, 433, 504, 545,
553; II, 171, 175, 432, 434, 483,
628, 648, 670, 813, 940; III, 32, 53,
54, 57, 59, 62, 89, 92, 146, 172,
199, 361, 524, 527; V, 329, 369.

HONNECOURT (Nord), IV, 379.

HONNESTEIN (Comte DE), capitaine allemand
au service des États de Flandres, IV, 90,
91.

HONORIUS III, pape, V, 691.

HORACE FARNÈSE, duc de Castro. Voir FAR-
NÈSE.

HOSPITAL (Michel DE L'), grand chancelier
de France, III, 424, 430, 464, 509,
518, 532, 533, 536, 538, 551, 643,
666.

HOSTEMAN (Giles), marchand établi à Anvers, IV, 355.

HOSTERLINI [?] (Palais des), à Anvers, IV,
91.

HÔTEL DE VILLE de Paris, IV, 427, 781,
880.

HUIT DE PRATIQUE. *Otto di pratica.* Magistrature exceptionnelle créée à Florence en
1376; les *huit* sont appelés aussi *Otto di
Guerra* ou *I Santi.*

— en 1480, substitués par Laurent le

Magnifique aux *Dix de la Guerre*, I, introduction, LVII-LIX.

HUMBERT, dauphin de Viennois, IV, 292.

HUMIÈRES (M. D'), gouverneur de Péronne, III, 531.

HUNS (Les), V, 689.

HURAULT (Jacques), évêque d'Autun, II, 526.

HURAULT (Philippe), comte de Cheverny, chancelier de France. Voir CHEVERNY.

HURTADO DE MENDOZA (Don Diego), ambassadeur de Charles-Quint à Rome, III, 317, 319, 322, 323, 337, 340, 342, 347.

HYÈRES (Îles d'), III, 69; IV, 202.

I

IF, île et fort en face de Marseille, V, 340, 344, 345, 346, 347, 348, 351, 353, 354, 357 n., 358, 375, 379, 381, 462.

ÎLE-ADAM (L') [Seine-et-Oise], III, 809, 824.

ÎLE-BOUCHARD (L') [Indre-et-Loire], III, 600.

ÎLE-DE-FRANCE, province, IV, 98, 256.

ÎLE-JOURDAIN (L') [Gers], IV, 209, 210, 212, 319.

ÎLES (Marie de Clèves, marquise D'). Voir CLÈVES (Marie DE).

IMBAULT (Le capitaine), II, 316, 318, 359.

IMOLA, ville d'Italie, I, 493, 568; II, 33, 74, 569.

INDES (Les), III, 91; IV, 146, 393, 516, 657, 693, 746; V, 507, 517.

INNOCENT Ier, pape, I, 208.

INNOCENT II, pape, I, 208.

INNOCENT III, pape, I, 208.

INNOCENT IV, pape, I, 208.

INNOCENT V, pape, I, 208.

INNOCENT VI, pape, I, 208.

INNOCENT VII, pape, I, 208.

INNOCENT VIII, pape, I, 205, 206, 207, 208, 214, 219, 485 n., 533, 534, 536, 538, 539, 540, 544, 545, 549, 550, 551, 552, 555 n., 562.

INNOCENT IX, pape, cardinal Facchinetti, V, 111, 113, 147, 155, 156, 659, 660, 661.

INNOCENTS (La place des), à Paris, V, 619.

INQUISITION (La sainte), V, 138, 139, 181, 227, 228, 261, 269.

INSPRÜCK, ville du Tyrol, I, 582; II, 171, 314, 317, 434, 465, 590, 599, 815.

IPPOLITA (Donna), fille de François Sforza, I, 130.

IRLANDE, pays, III, 195; IV, 150, 157, 158, 264, 267, 271, 345; V, 479.

ISABEAU DE BAVIÈRE, reine de France, I, 43.

ISABELLE LA CATHOLIQUE, reine d'Espagne, I, 433, 547, 703.

ISABELLE, veuve de Frédéric, roi de Naples, II, 251.

ISERNIA (L'évêque D'), II, 573.

ISOLA DELLA SCALA (L'), ville de Vénétie, II, 404.

ISSOUDUN (Indre), II, 280, 282; IV, 57.

IVRÉE, ville du Piémont, III, 88.

ISSOIRE (Puy-de-Dôme), IV, 120, 663.

J

Jacob, capitaine allemand à la bataille de Ravenne, II, 583.

Jacqueline d'Entremont offre sa main à l'amiral Coligny, III, 664 n. 1, 647 n. 2.

Jacques Ier, roi d'Angleterre et d'Écosse, IV, 138, 152, 161, 358, 360, 430, 460, 467, 474, 493, 518, 535, 542, 616, 683, 759, 807, 815; V, 454, 465, 471, 504, 510, 511, 516 n., 517, 537, 549, 628.

Jacques V, roi d'Écosse, III, 41.

Jacques VI, roi d'Écosse. Voir Jacques Ier, roi d'Angleterre et d'Écosse.

Jacques, seigneur de la cour de Savoie, ami du dauphin Louis, persécuté par le duc de Savoie, I, 106.

Jametz, près Sedan (Meuse), IV, 692, 700, 764, 770, 786, 796, 821, 833.

Janville (Eure-et-Loir), IV, 385.

Jarnac (La bataille de), III, 585; IV, 294.

Jarnac (M. de), III, 198, 199; IV, 382.

Jarretière (Ordre de la), IV, 167, 174, 513, 545, 547-549.

Jauréguy, assassin du prince d'Orange, IV, 439.

Jean Ier, pape, V, 688, 689.

Jean XXIII, pape, I, 53, 54.

Jean, roi d'Angleterre, V, 691.

Jean II, roi d'Aragon, I, 162, 164.

Jean II, le Bon, roi de France, I, 4, 5, 22, 25.

Jean de Médicis (Le cardinal). Voir Léon X.

—— des bandes noires. Voir Médicis, II, 786, 797, 805, 826, 831, 833, 838, 860, 867.

Jean de Guise, premier cardinal de Lorraine. Voir Guise.

Jean d'Albret, roi de Navarre, II, 761, 773.

Jeanne II, reine de Naples, I, 427, 430, 431.

Jeanne d'Albret, reine de Navarre, mère de Henri IV, IV, 152, 212, 214, 461, 463, 464, 468, 469, 471, 472, 476, 481, 489, 492, 506, 547, 569, 573, 577-579, 601, 604-607, 610, 611, 619, 620, 623, 628, 648, 701, 702, 706, 707, 710, 711, 721, 726, 728, 731, 734, 737, 741, 743, 745, 748-754, 756-759, 762, 764-766, 768, 773, 784, 792; V, 685.

Jeannin (Le président), V, 166, 167, 293, 544, 545 n., 546, 569, 588, 623.

Jeronimi. Voir Girolami.

Jeronimo (Fra). Voir Savonarola.

Jeronimo, camérier de Jules de Médicis, II, 723.

Jérusalem, I, 284, 287, 621, 622, 626, 635.

Jésuites (Les), III, 525, 748, 780, 867; V, 173, 181, 202, 203, 205, 295, 296, 300 et s., 304, 308, 313, 315, 437, 519.

Joachino. Voir Giovacchino.

Joinville (Haute-Marne), III, 701; IV, 81, 82, 93, 392, 713, 717.

Joinville (Claude de Lorraine, prince de), puis duc de Chevreuse, V, 506, 521.

—— (Prince de), fils aîné du duc Henri Ier de Guise. Voir Guise (Charles de Lorraine, duc de).

Jordan (M. de), gouverneur de Calais, IV, 309, 310.

Jove (Paul), évêque de Nocera, historien, III, 35, 44-50.

Joyeuse (Anne, duc de), amiral de France,

l'un des mignons du roi Henri III, IV, 25, 120-121, 137, 284, 289, 356, 377, 380, 391, 394, 396, 398, 400, 402, 406, 421-423, 430-434, 437, 438, 441-446, 459, 460, 462, 465, 474, 476-479, 481, 486, 487, 490, 492, 495, 498, 501, 506, 509, 510, 512, 515, 516, 518, 519, 528, 530, 533, 535, 541, 543, 545-547, 549, 550, 558, 559, 564, 568, 570, 571, 574, 585, 588, 593-596, 603-605, 618, 628, 634, 638, 646, 653, 658, 663, 666, 673, 681, 682, 686, 689; IV, 697, 698, 700, 703, 706, 708, 710, 714, 715, 724-729, 731, 734, 744, 752, 753, 761, 793, 801, 818, 820, 826, 842.

JOYEUSE (Antoine-Scipion DE), grand prieur de Toulouse, IV, 632.

—— (François DE), cardinal, IV, 465, 477, 484, 494, 499, 510, 515, 534, 568, 590, 598, 600, 604, 631, 648; V, 24, 29, 43, 68, 185, 186, 193, 209, 222, 225, 245, 260, 263, 266, 267, 293, 295, 298, 312, 367, 368, 370, 373, 504, 556, 638.

—— (Guillaume, vicomte DE), maréchal de France, IV, 25, 114, 120, 121, 416, 422, 473, 509, 528, 531, 593, 600, 632, 852.

—— (Henri, duc DE), comte du Bouchage, maréchal de France, IV, 464, 485, 486, 578, 598, 715; V, 312, 322.

—— (Henriette-Catherine DE), duchesse de Montpensier, V, 632, 633, 697.

JUDICIBUS (DE). Voir GIUDICI.

JUIFS (Les), III, 70.

JULES II, pape, d'abord cardinal de Saint-Pierre-ès-Liens, I, 297, 299, 303, 307, 310, 313, 316, 382, 392, 395, 398,

399, 404, 405, 459, 463, 466, 470, 475, 478, 494, 529, 554, 570, 573, 580, 640 n., 647, 662, 663, 664, 668, 669, 671, 672, 675; II, 14, 103, 104, 109, 142, 143, 154, 159, 164, 165, 166, 167, 168, 170, 172, 173, 175, 176, 179, 180, 181, 182, 183, 184, 185, 189, 190, 191, 193, 195, 198, 200, 206, 207, 209, 211, 212, 215, 216, 220, 222, 227, 230, 231, 247, 252, 257, 261, 263, 267, 269, 273, 285, 286, 292, 298, 299, 302, 304, 311, 312, 315, 324, 326, 327, 328, 342, 354, 365, 369, 370, 383, 385, 387, 388, 389, 391, 392, 396, 397, 399, 400, 401, 403, 405, 406, 407, 411, 412, 415, 416, 417, 418, 419, 421, 423, 433, 434, 438, 441, 443, 446, 457, 459, 460, 461, 462, 463, 465, 466, 467, 468, 469, 470, 471, 472, 474, 475, 476, 477, 478, 479, 480, 482, 483, 485, 486, 488, 490, 492, 494, 496, 497, 499, 500, 501, 510, 511, 512, 513, 516, 517, 526, 529, 530, 532, 535, 536, 539, 546, 547, 548-576.

JULES III, pape, III, 234 et n., 241, 242-252, 254, 256-260, 262, 270, 271, 274-275, 280, 282, 285, 286, 288, 289, 295, 297-299, 301-305, 308, 309, 317, 318, 323-325, 332, 338, 340-342, 345-352, 354, 355, 358.

JULES DE MÉDICIS (Le cardinal). Voir CLÉMENT VII.

JULIEN (L'empereur), V, 683.

JULIERS, duché en Allemagne, III, 56; IV, 339.

JUSTIN, empereur de Constantinople, V, 688.

JUSTINIANO, serviteur du pape Clément VIII, V, 367.

L

Lacoste (Le capitaine), IV, 291.

Ladislas, roi de Hongrie, I, 434, 437, 446.

—— roi de Naples, I, 53, 54, 208.

Lafin (M. de), conseiller de François, duc d'Anjou, secrétaire de Biron, IV, 76, 83, 181, 182, 251, 252, 300, 303, 322, 327, 350; V, 493, 497, 502.

Lagny (Seine-et-Marne), IV, 334, 552, 583, 585, 587.

Lago (Le capitaine), III, 817.

Laigle (Orne), IV, 353.

Lalaing (Le colonel, comte de), IV, 127, 142, 143 n., 175, 184, 185, 187, 188, 200, 206, 213, 238, 239, 266, 345.

Lamona, rivière d'Italie, II, 300.

Lamothe-Gagnon, envoyé de François Iᵉʳ en Italie, II, 785.

Lamothe (Le vicomte de), II, 803 et n. 1, 806-807.

Lancillotto (Scipione), cardinal, V, 28, 29, 33, 34, 59, 61, 63, 99, 114, 151, 152, 154, 155, 218, 225, 243.

Lancosme (M. de), IV, 290, 299.

Landau, ville d'Allemagne, I, 682.

Lande (M. de la), III, 79.

Landereau (M. de), IV, 417.

Landgrave (Le). Voir Hesse (Landgrave de).

Landi (Pietro), de Florence, IV, 414.

Lando (Le comte Agostino di), III, 24.

Landrecies (Nord), III, 79; IV, 267; V, 599, 600.

Landriani (Le comte Francesco), III, 110, 118, 124.

Landriano (Monsignor), V, 152, 154, 155.

Langey (Le seigneur de). Voir Bellay (Guillaume du).

Langhette, conseiller du duc de Saxe, IV, 318.

Langon (Gironde), IV, 325, 326.

Langoran (M. de), IV, 372, 375.

Langres (Haute-Marne), II, 995; III, 583.

Langres (M. de). Voir Boudet et Peyrusse des Cars.

Languedoc, province, I, 167, 179, 395, 398, 403, 660; II, 1025; III, 91, 157, 159, 395, 424, 459, 470, 561, 577, 631, 863-865, 871, 874, 881, 884, 888, 889, 891, 892, 896, 897, 905, 908, 924, 926, 927; IV, 16, 18, 20, 23, 28-34, 37, 43, 55, 59, 62, 68, 95, 97, 99, 109, 118, 120, 126, 130, 132, 133, 150, 166, 177, 178, 192, 205, 209, 237, 252, 255, 256, 282, 285, 291, 293, 295, 300, 311, 333, 340, 396, 397, 418, 421, 422, 430, 437, 451, 459, 462, 478, 482, 487, 490, 491, 495, 506, 509, 513, 520, 543, 564, 565, 599, 600, 604, 609, 629, 631, 632, 638, 667, 672, 717-719, 753, 796, 852; V, 196, 415, 502, 652.

—— (Les États de), I, 167, 303, 398.

—— (Le général de), II, 700, 759, 760, 762.

Lannoy (Charles de), vice-roi de Naples. II, 785, 787, 795, 796, 802, 809, 820, 826, 833 n., 860, 864, 865, 880, 881, 884, 887, 904, 919, 924, 926, 943.

—— (Raoul de), bailli d'Amiens, II. 373, 387, 509, 513, 515.

Lansac (M. de). Voir Saint-Gelais (Louis de).

Lansquenets, II, 638, 645, 659, 695, 701, 702, 705, 708, 719, 733, 790.

792, 802, 811, 816, 837, 846, 860, 864, 865, 877, 880, 881, 890, 908, 933, 1077, 1078, 1079, 1088.

LAODICÉE (L'évêque de), II, 1081, 1086.

LAONNAIS (Le), diocèse de France, IV, 372.

LASCARIS, ambassadeur et humaniste, II, 889.

LASKI, ambassadeur de Ferdinand d'Autriche auprès de Soliman.II, III, 35.

LAU (Le baron DU), IV, 563.

LAUBESPINE (M.). Voir AUBESPINE (M. DE L').

LAUR (Jean DE), évêque de Bayonne, I, 117.

LAURENT DE MÉDICIS (le Magnifique). Voir MÉDICIS.

LAURENT II DE MÉDICIS. Voir MÉDICIS.

LAUREO (Vincenzio), cardinal de Mondovi, V, 52 et s., 111, 114.

LAURO, notaire romain, V, 273.

LAUSANNE, ville de Suisse, I, 303.

LAUTREC. Voir FOIX et ARPAJON.

LAVAL (Charlotte DE), première femme de l'amiral Coligny, III, 644.

—— (M. DE). Voir COLIGNY (Paul DE).

LAVARDIN (De), capitaine des gardes de François de Valois, duc d'Anjou, IV, 36, 326, 365, 367, 372, 389, 471, 568, 572-575.

LAVENZA, ville du duché de Modène, I, 578; II, 37, 48.

LECTOURE (Gers), IV, 319.

—— (Évêque de). Voir ABZAC (Pierre D').

LÉGAT apostolique en France, I, 126; III, 468, 748, 749, 752; V, 645, 646, 647, 648. Voir en outre CAETANI, MOROSINI, etc.

LEMAITRE (Jean), premier président du Parlement de Paris, III, 459, 460.

LENCOURT (M. DE), gentilhomme huguenot de Picardie, IV, 297.

LENONCOURT (Philippe DE), archevêque de Reims, cardinal, IV, 189, 225, 226,

232, 234, 237, 244, 246, 247, 250, 259, 264, 273, 277, 282, 283, 497, 501, 544, 546 n., 547, 556, 590, 623, 881; V, 67, 71, 105, 117, 121, 648, 676.

LENONCOURT (Le comte DE), IV, 884.

LENZI (Antonio), de Marseille, IV, 826.

—— (Bartolomeo DE'), I, 86.

—— (Lorenzo DE'), ambassadeur florentin auprès de Louis XII, II, 24 et s., 42.

LÉON X, pape (Jean de Médicis), I, 190, 214, 428, 489, 552, 593, 619 n.; II, 50. 79, 548-576 (sa correspondance comme légat du Saint-Siège à Bologne), 586, 590-781, passim; IV, 597.

LÉON XI, pape, d'abord appelé le cardinal de Florence, V, 40 n. 1 et suiv., 205, 209, 210, 214, 215, 222, 236, 238, 243, 250, 251, 259, 263, 319, 320, 321, 322, 323, 325, 328, 335, 336, 338, 340, 341, 343, 344, 345, 350, 352, 355, 360, 361, 368, 369, 406, 417, 552.

LEONELLI (Rodolfo Pio), cardinal de Carpi. III, 353.

LEONINI (Cammillo), évêque de Tivoli, nonce apostolique, III, 387, 390, 391, 397, 441, 459, 471, 474, 476, 553.

LEONORA. Voir GALIGAÏ.

LÉOPOLD (L'archiduc), V, 628.

LÉPANTE (Bataille de), III, 729.

LERICI, ville de Ligurie, III, 46.

LERMA (Le duc DE), ministre de Philippe III d'Espagne, V, 443, 455, 458, 464, 508, 517, 587, 608, 609, 628.

LEROY (André), secrétaire de Louis XII, II, 324 n.

—— trésorier de Henri III, IV, 533.

LESDIGUIÈRES (François de Bonne, duc DE), devenu maréchal, puis connétable de France, IV, 334, 358, 374, 711, 712, 831; V, 44, 270, 322, 406, 426, 435,

439, 441, 454, 488, 596, 611, 616, 617, 618, 628.

LESLEY (Le duc DE), seigneur anglais, V, 542.

LEUVILLE (François Olivier DE), grand chancelier de France, III, 84, 201, 402.

LÈVA (Antonio DA), gouverneur de Milan pour Charles-Quint, II, 1054.

LIANCOURT (M. DE), premier écuyer du roi Henri III, IV, 407, 556, 563.

—— (Madame DE). Voir ESTRÉES (Gabrielle D').

LIBOURNE (Dordogne), IV, 195.

LIBRAFRATTA. Voir RIPAFRATTA.

LIÉGE, ville de Belgique, IV, 70, 87, 126, 538; V, 599.

—— (L'évêque de), II, 379, 382, 408, 409; IV, 375.

LIÉGEOIS (Le), province, III, 222.

LIERS (Milon DE), doyen de Chartres, ambassadeur de Charles VII à Florence, I, 82-89.

LIÉTARD, secrétaire du maréchal de Retz, IV, 353.

LIGNAGO, ville de Vénétie, I, 505; II, 399, 404, 429, 439, 507, 509, 510, 517.

LIGNERAC (M. DE), bailli de la haute Auvergne, IV, 294, 298, 301, 311.

LIGNEROLLES (M. DE), III, 536, 743-745.

LIGNERY (M. DE), IV, 290, 296, 299.

LIGNY (Meuse), III, 76-80, 124, 127, 128.

LIGNY (M. DE), I, 623, 649, 652, 668; II, 23 n., 29.

LIGUE (La sainte), IV, 107, 307, 554, 557, 559, 560, 564, 567, 569-571, 573, 576, 593, 600, 613, 614, 619-621, 626, 628, 635, 636, 639-641, 643, 644, 647, 649-655, 657, 660, 666, 673, 677, 680-687, 695, 696, 700, 708-711, 713-716, 718-722, 724, 725, 729-738, 741-746, 748-750, 752,

753, 759, 761, 763-765, 767, 768, 770, 774-778, 785, 786, 789, 791-798, 801, 804, 810, 811, 820, 829, 831, 833, 837, 839, 843, 849-852. 854, 855, 865, 877, 878, 881; V, 28, 49, 635, 643, 644, 646, 647, 649, 659, 660, 663, 671, 680, 681, 682, 695, 696, 698.

LILLE (Nord), III, 82; IV, 369, 401, 520, 525, 680; V, 356.

LILLE (M. DE), envoyé de Charles VIII, I, 268, 633, 641.

LIMBOURG, province des Pays-Bas, IV, 175, 339.

LIMEUIL (Mademoiselle DE), III, 512.

LIMOGES (Haute-Vienne), III, 590.

LIMOGES (M. DE). Voir AUBESPINE (Sébastien DE L').

LIMOUSIN, province, III, 908; IV, 53, 596, 628.

LIPARI (Îles), I, 382.

LIPPI (Mariotto), I, 86.

LISBONNE, ville du Portugal, IV, 156, 360, 454, 796.

LISBONNE (Le cardinal DE), I, 550.

LISFELT (M. DE), IV, 92.

LISIEUX (L'évêque de). Voir PEYRUSSE.

LITHUANIE (Grand-duché de), III, 807.

LIVAROT (Jean d'Arces, baron DE), l'un des mignons de Henri III, IV, 165, 311, 313, 316, 319.

LIVIA, dame d'honneur de la reine de France, III, 663.

LIVOURNE, ville de Toscane, I, 55, 67, 312, 384, 402, 403, 431, 453, 466, 527, 529, 576, 583, 598 n., 603, 620, 621 n., 627, 630, 633 n., 641, 659, 660, 677, 695 n., 697, 698, 699; II, 36, 69, 82, 193, 537, 922; III, 592, 792, 882; V, 437, 446 n., 453.

LIVRON (Drôme), IV, 26, 34, 366, 385.

LOCARNO, ville de la Suisse italienne, II, 546.

Loches (Indre-et-Loire), II, 342; IV, 50, 688, 867.

Lodève (Hérault), III, 888; IV, 525.

Lodève (Monseigneur de). Voir Gabre (Dominique de) et Briçonnet (Guillaume II).

Lodi, ville de Lombardie, I, 88, 89, 90, 91, 93, 95, 97, 99, 107; II, 301, 305, 312, 314, 317, 335, 802, 804, 805, 854, 858, 1007, 1111; III, 64, 314.

Lodovico (Ser), chancelier du signor Ridolfo, I, 572.

Lodrone, ville de Lombardie, II, 364.

Lodrone (Le comte de), capitaine allemand, V, 81.

Loges (M. de), commandant de la compagnie du duc de Longueville en 1524, II, 792.

Loire (La), fleuve, IV, 12, 47, 59, 60, 521, 562, 593, 594, 626, 628, 642, 661, 713-715, 721, 725, 733, 738, 791, 794, 819, 859, 863, 866; V, 528.

Lombardie, pays, I, 465, 476, 504, 512, 628, 698; III, 30, 31, 33, 63, 66, 68, 69, 72, 75, 275, 314, 324, 331, 335, 363, 675.

Lombardie (Le Prieur de). Voir Sforza (Carlo).

Lomelline (La), région de la Lombardie, III, 124.

Lomellino (Monsignor), V, 227, 228, 235, 236, 242, 284, 285, 286, 287, 288, 479, 480, 490, 641.

Loménie (Antoine de), secrétaire d'État, V, 404, 502.

Londres, ville d'Angleterre, II, 590, 631, 632, 643, 649, 656, 1081; IV, 211, 266, 328, 335 n., 361, 362, 410, 414, 430, 472, 487, 489, 505, 529, 551, 656, 807, 814.

Longnac (M. de Montpezat, seigneur de),

favori du roi Henri III, IV, 858, 861, 867, 880, 881.

Longoborgo (Marquis de), I, 446.

Longueville (François III d'Orléans, duc de), III, 147.

—— (Henri Ier d'Orléans, duc de), IV, 346, 348, 621 n., 641, 650-657, 662, 697, 786, 801, 819, 854; V, 153.

—— (Henri II d'Orléans, duc de), fils du précédent, V, 535, 536.

—— (Léonor d'Orléans, duc de), III, 534, 559, 731, 786, 836, 868.

—— (Madame de). Voir Bourbon (Marie de) et Gonzague (Catherine de).

Longueville (Hôtel de), à Paris, IV, 547.

Lons-le-Saunier (Jura), IV, 201.

Lopez (Jean), dataire d'Alexandre VI, I, 488.

Loredan (Leonardo), doge de Venise, II, 551.

Lorenzino. Voir Médicis (Laurent de).

Lorenzone, envoyé de Florence en France, I, 238.

Loreto, ville d'Italie, IV, 465, 530; V, 43, 88, 90, 97, 174, 175.

Lorges (M. de), III, 153, 154, 167.

Loria, agent diplomatique, III, 47.

Lorini (Pellegrino), ambassadeur florentin, I, 461, 574, 577; II, 28.

Lorraine, province, I, 298; III, 95, 97, 120, 197, 538, 561, 620, 629, 631, 639, 640, 662, 869, 882, 892, 912; IV, 46, 55, 122, 193, 195, 441, 483, 534, 574, 580, 584, 585, 590, 598, 609, 613, 615, 627, 708, 709, 711, 713, 719, 736, 765, 786, 796, 804, 833, 852.

Lorraine (Maison de), III, 193, 194; IV, 428, 488, 576, 583, 588, 599, 613, 616, 698, 717, 718, 724, 749, 862; V, 574. Voir aussi Guise (La Maison de).

—— cardinaux de Guise. Voir Guise.

LORRAINE (Maison DE). Ducs de Guise. Voir GUISE.

—— Ducs de Mayenne. Voir MAYENNE.

—— Ducs de Mercœur. Voir MERCŒUR.

—— (Antoine, duc DE), II, 719, 789; III, 62.

—— (Catherine-Marie DE), duchesse de Montpensier, IV, 540, 559, 581-583, 598, 603, 708, 720, 776, 851, 878.

—— (Charles II ou III, duc DE), III, 393, 487, 533, 553, 561, 657, 665, 735, 741, 799, 904, 906; IV, 25, 35, 74, 82, 134, 135, 137, 145, 152, 154, 161, 166, 177, 193, 238, 255, 282, 312, 394, 402, 407, 425, 438, 445, 446, 464, 468, 476, 483, 530, 534, 538, 556, 557, 562, 563, 565, 572, 575, 579, 580, 585, 588, 589, 609, 612, 618, 632, 636, 662, 688, 695, 702, 707-709, 719, 731, 734, 736, 757, 758, 760, 765-768, 770, 786, 796, 821, 823, 843, 852, 867, 874, 878-880; V, 41, 52 et s., 67 et s., 74-76, 135, 136, 140, 154, 159, 196, 344, 345, 362, 465, 659, 695.

—— (Charles II DE), cardinal de Bar, évêque de Metz, IV, 538; V, 136.

—— (Christine DE), grande-duchesse de Toscane, femme du grand-duc Ferdinand Ier, IV, 138, 255, 257, 264, 272, 273, 376, 387, 461, 467, 475, 478, 490, 518, 525, 530, 535, 546, 636, 639, 662, 664, 707, 756, 758, 760, 769, 832, 833, 846, 852, 853, 854, 874, 877-881; V, 574, 606, 608, 636.

—— (Françoise DE), fille du duc de Mercœur, duchesse de Vendôme, V, 567, 568, 573, 618, 637.

—— (Henri, duc de Bar, puis DE), IV, 152, 345, 438, 662, 664; V, 362, 366, 367.

LORRAINE (Louis DE), seigneur de Vaudemont, II, 807, 928, 972, 985, 989.

—— (Louise-Marguerite DE), seconde femme du prince de Conti, V, 470, 555, 560, 561, 588, 632, 637.

—— (Marguerite DE), duchesse de Joyeuse, IV, 402, 417, 437, 509, 518.

—— (Philippe-Emmanuel DE), duc de Mercœur. Voir MERCŒUR.

—— (Prince DE), fils aîné du duc Charles II de Lorraine. Voir LORRAINE (Henri, duc DE).

—— (Princesse DE). Voir LORRAINE (Christine DE).

—— (René II, duc DE), I, 216, 236, 243, 265, 298; II, 17, 19.

LORRAINE-VAUDEMONT (Éric DE), évêque de Verdun, V, 568.

LOSSE (M. DE), III, 502, 515, 586.

LOT (Le), rivière, IV, 325.

LOTASA (Gracian), général des Cordeliers, cardinal de Santa-Croce, II, 863 n., 879, 912, 1005, 1033, 1037.

LOUIS (SAINT), roi de France, V, 684.

LOUIS XI, roi de France, d'abord dauphin, I, 8-11 (notice historique), 60, 77, 100-202, passim, 325, 419; III, 489.

LOUIS XII, roi de France, d'abord duc d'Orléans, I, 230, 231, 259, 265, 278, 281, 282, 283, 286, 301, 304, 306, 309, 314, 316, 324, 330, 331, 333, 337, 339, 340, 343, 386, 395, 404, 407, 408, 414, 451 n., 460, 461, 494, 573-575, 579, 583, 586, 640 n., 647, 650, 652, 659, 662, 663, 666, 667, 668, 671, 672, 674, 675, 676, 677, 680, 681, 682, 683, 685, 686, 687, 688, 689, 691, 692, 693, 694; II, 3-679, passim, 1051, 1088, 1090; IV, 55, 175, 543.

LOUIS XIII, dauphin, V, 466 et s., 470, 500, 502, 507, 511-520, 522-524,

529, 531-535, 537, 538, 540-542, 544, 553-555, 560, 568, 581, 591, 610, 636.

Louis II d'Anjou, prétendant au royaume de Naples, I, 53, 54.

Louis, duc de Savoie, I, 66, 69, 74, 75, 77, 105, 107.

Louis (Comte). Voir NASSAU (Louis DE).

Louis, prince de Condé. Voir CONDÉ.

Louis I DE GUISE, cardinal-archevêque de Sens. Voir GUISE.

Louis II, cardinal de Lorraine. Voir GUISE.

Louis III, cardinal de Lorraine. Voir GUISE.

Louis DE BOURBON (Cardinal). Voir BOURBON.

Louis DE BOURBON-MONTPENSIER, prince de la Roche-sur-Yon. Voir BOURBON.

Louise DE BOURBON-MONTPENSIER. Voir BOURBON.

Louise DE GUISE, princesse de Conti. Voir GUISE.

Louise DE SAVOIE, mère de François Ier. Voir SAVOIE.

Louise DE VAUDEMONT, reine de France, femme du roi Henri III, IV, 35, 36, 38, 42, 75, 78, 94, 95, 102, 108, 121, 122, 134, 173, 186, 240, 257, 284, 307, 322, 367, 386, 402, 420, 422, 437, 463, 474, 504, 509, 518, 521, 531, 538, 548, 601, 651, 652, 669, 698, 784, 878, 879; V, 406.

Louvain, ville des Pays-Bas, III, 803; IV, 143 n., 145, 181, 186, 266, 308.

Louviers (Eure), III, 675, 676, 677, 678.

Louvre (Le), à Paris, III, 446, 451, 508, 509, 510, 812, 814, 815, 816, 823; IV, 224, 225, 298, 386, 400, 404-407, 548, 553, 571, 577, 580, 583, 586, 587, 589, 590, 641, 677, 678, 780, 781, 783; V, 619, 620, 621, 624, 635, 636, 637, 695, 696.

Lovembourg (Le duc François DE), IV, 291.

Lucignano, ville de Toscane, III, 336.

Lucius III, pape, V, 657.

Lucques, ville de Toscane, I, 13, 15, 16, 32, 52, 482, 530, 578, 580, 613, 621 n., 628, 649 n., 691, 692, 697; II, 37, 69 n., 86, 95, 96, 99, 103, 115, 124, 125, 126, 131, 159, 162, 174, 185, 186, 187, 198, 207, 224, 226, 235, 240, 256, 273, 277, 278, 288, 297, 306, 313, 364, 386, 443, 523, 541, 614; III, 355, 672; IV, 112, 423, 457, 859, 880; V, 153, 155, 193, 411.

Lucques (Le capitaine Pardino DE), IV, 360.

—— (Salvestro DE), III, 605.

Lucquois (Le), territoire de Lucques, III, 357.

Lude (M. DE), III, 613; IV, 580.

Ludovic le More, duc de Milan. Voir SFORZA (Lodovico).

Lugano, ville de la Suisse italienne, II, 546.

Luglio (Antonio), I, 462.

Lum (?) (M. DE), III, 222.

Luna, ville de Ligurie. I, 467; II, 348, 350, 352.

Luna (Jean DE), III, 94, 356, 357.

Lunebourg (Duc Otto DE), IV, 695.

Lunigiane, région d'Italie, autour de Luna, 403, 462, 473, 479, 612, 620, 628, 664; II, 27 n., 533.

Lusasco (Paolo), III, 24.

Lusignan (Vienne), III, 594, 595, 596, 603, 903; IV, 13, 26, 638, 642, 645, 654.

Lutozzo (Piero DI), I, 440, 442.

Luthériens (Les). Voir PROTESTANTS (Les).

Luxembourg, ville et duché des Pays-Bas, III, 34, 50, 91, 384, 393, 396; IV, 88, 123, 127, 370, 378, 709, 760; V, 611.

Luxembourg (François DE), ambassadeur de Henri IV à Rome, V, 72, 73, 74, 75,

77, 78, 81, 82, 86, 88, 90, 91, 92, 93, 95, 96, 97, 98, 99, 101, 103, 104, 107, 109, 116, 117, 119 n., 122, 123, 124, 125, 126, 137, 128, 129, 131, 132, 133, 134, 138, 140, 142, 155, 162, 244, 318, 325, 341 et s., 351, 652.

Luxembourg (Le duc de), IV, 66; V, 553, 568,643.

—— (Madame de), V, 573.

—— (M. de), accompagne le duc d'Orléans, I, 407.

—— (Philippe de), évêque du Mans, cardinal, I, 659.

—— (Louis de). Voir Saint-Pol.

—— (Waleran de), comte de Saint-Pol, gouverneur de Gênes, I, 33.

Luynes (Honoré d'Albert, capitaine de), IV, 97, 100.

Luz (M. le baron de), III, 773; V, 505, 506.

Luzzara, ville de Lombardie, III, 74.

Lyon (Rhône), I, 75, 125, 178, 179, 185, 222, 232, 240, 247, 248, 250, 270-275, 279, 280, 282, 285, 286, 288, 290, 295, 298, 300, 305, 308, 310, 313, 326, 328, 356, 360, 361, 363, 379, 380, 383, 389, 394, 396, 398, 400, 404, 406, 407, 408, 417, 451 n., 494, 554, 563, 605 n., 635, 649, 654, 657, 659, 660, 662, 663, 665, 666, 670, 675, 678, 680, 683, 684, 687, 688, 689; II, 20, 32, 53, 60, 63, 66, 75, 76, 79, 80, 108, 121, 123, 134, 136, 138, 145, 163, 173, 180, 183, 211, 229, 230, 232, 252, 258, 259, 260, 272, 278, 280, 295, 313, 413, 420, 430, 437, 450, 463, 474, 476, 478, 484, 488, 489, 493, 495, 498, 503, 505, 509, 510, 511, 512, 514, 515, 523, 524, 532, 656, 696, 697, 700, 701, 720, 722, 759, 760, 762, 765, 766, 770, 771,

776, 812, 817, 818, 848, 861, 862, 866, 867, 868, 869, 871, 873, 877, 881, 883, 887, 903, 952, 954, 966, 969, 1020, 1038, 1055, 1062, 1067, 1070, 1071, 1073, 1085, 1088, 1094, 1112, 1116; III, 14, 16, 24, 34, 40, 55, 77, 78, 125, 144, 146, 167, 218, 219, 221, 254, 255, 266, 280, 365, 376-378, 381, 386, 397, 398, 404, 406, 425, 427, 453, 454, 473, 474, 482, 488, 491, 493, 495-498, 507, 515, 518, 543, 547, 573, 590, 594, 617, 626, 631, 667, 706, 725, 847, 864, 874, 897; IV, 18, 22, 23, 26, 27, 31, 34, 35, 55, 57, 59, 60, 67, 69, 74, 106, 108, 117, 136, 153 n., 154 n., 209, 225, 238, 255, 258, 260, 302, 306, 307, 328, 335 n., 353, 359, 359 n., 378, 382, 417, 423, 442, 466, 467, 473, 489, 491, 500, 501, 505, 507, 510, 516, 521, 522, 525, 526, 528, 531, 533, 536, 543 n., 549, 560, 563, 572, 573, 579-581, 632, 648, 650, 652, 673, 674, 680, 717, 844, 862, 864, 874, 878, 881, 884; V, 13, 18, 32, 40, 47, 52, 54, 146, 194, 201, 204, 245, 264, 271, 276, 298, 305, 310, 312, 314, 315, 316, 325, 330, 352, 381, 408, 410, 411, 412, 414, 428, 431, 437, 443, 446, 447, 452, 454, 460, 475, 505, 508, 590, 605, 613, 616, 623, 638.

Lyon (Archevêque de). Voir Espinac (Pierre d').

Lyon (Le cardinal de). Voir Espinay (André d').

Lyon (Gouverneur de). Voir Mandelot (M. de).

Lyonnais, province, I, 406; III, 25, 494, 562, 609, 628; IV, 99, 302, 522, 650; V, 502.

M

MACINO (M.), I, 425.

MACHIAVELLI (Niccolò), ambassadeur florentin, I, introduction, LIX; II, 37, 42, 43,
45, 56, 64, 71 n., 79, 81, 518 et s.,
·522, 523, 524, 526, 527, 528, 529,
530, 531, 840, 841.

MÂCON (Saône-et-Loire), II, 77, 82; III,
495.

—— (L'évêque de). Voir ALAMANNI (G.-B.)
et DUCHÂTEL.

MADÈRE (L'île de), IV, 364.

MADRID, ville d'Espagne, II, 592, 593,
594, 925, 989, 1075; IV, 521; V, 161,
329, 569.

—— château royal, près de Paris, IV, 465,
467, 600.

MADRUCCIO (Lodovico), cardinal, V, 63, 98,
99, 110, 113, 114.

MADRUZZI (Christoforo), évêque de Trente,
cardinal, III, 93, 303, 369.

MAESTRICHT, ville des Pays-Bas, IV, 87,
149, 233, 244, 246, 248, 249, 250,
253, 254, 255, 257, 258, 259,
262.

MAGALOTTI (Alberto), ambassadeur de
Louis XI à Florence, I, 156-157.

MAGIONE (La) [Ombrie], II, 73.

MAGLIANA (La), villa des papes, aux environs de Rome, I, 549; II, 689.

MAGLIARÈS (Il cardinale di), I, 248, 249.
Contrairement à la note de la page 248,
nous pensons qu'il s'agit de Federigo da
San-Severino, cardinal-évêque de *Maillezais*. La forme *Maillerès* pour *Maillezais*
se trouve parfois au xv° et au xvi° siècle.

MAGRA (La), rivière d'Italie, I, 352, 462.

MAILLEZAIS (Vendée), IV, 665. Voir MA-
GLIARÈS.

MAINE, province, IV, 555, 574, 802.

MAINE (M. DU). Voir MAYENNE (Charles de
Lorraine, duc DE).

—— MAINE (Mme DU). Voir SAVOIE (Henriette DE).

MAINTENON (M. DE), IV, 233, 297, 497,
553, 555.

MAIOSTICA, localité de la Vénétie, II, 538.

MAISSE (M. DE), envoyé de Henri IV en
Angleterre, V, 345, 349, 404, 406,
430, 434, 436, 437, 484.

MALAGONELLA (Antonio), ambassadeur florentin, II, 56 et s.; 66.

MALASPINA (Alberigo), marquis de Massa,
II, 28 n., 37, 47, 48.

—— (Gabriello), II, 48, 49.

—— (Lodovico), neveu d'Alberigo, II, 37,
48.

—— (Le marquis DE), I, 594 n.

—— (Monsignor), nonce du pape en
France, IV, 417, 436; V, 445 n.

MALASSISE (M. DE). Voir MESME (Henri DE).

MALATESTA (Roberto), II, 1063 et n. 1,
1068; III, 72.

MALESHERBES (Loiret), I, 243.

MALET (Louis), seigneur de Graville et de
Marcoussis, amiral de France, I, 228,
231, 261, 265, 266, 268, 270, 297,
298, 300, 302, 307, 308, 311, 315,
316, 324, 330, 333, 339, 340, 341,
344, 348, 354, 386, 654, 656, 664,
665, 666, 672; II, 161.

MALFIORITA (Thomas), ambassadeur espagnol, II, 139.

MALIGNY (M. DE), Jean de Ferrières, vidame
de Chartres, III, 415, 447, 494, 673,
809, 818, 831, 845-846.

MALINES, ville de Belgique, II, 589; III,
160, 803, 836; IV, 143 n., 145, 186,
307, 311, 538.

MALLETA (Alberic), jurisconsulte, négocie la cession de Gênes au duc de Milan par Louis XI, I, 135.

MALTE (Île de), III, 292, 293, 554, 868; IV, 850; V, 436, 446 n.

MALTE (La croix de), IV, 707.

—— (Le grand maître de). Voir VERDALE (Hugues DE)..

—— (L'ordre de), IV, 276, 632.

MALVAGIA, agent du légat Caëtani, V, 159, 205, 206, 207.

MALVEZZI (Famille), I, 428, 477.

—— (Lucio), condottiere, II, 384, 388, 404.

MALVEZZI (Pirro), condottiere, V, 44.

MALVOISIE, île de Grèce, III, 75.

MANCINI (Battista), courrier, V, 377, 380, 382, 383.

MANDELOT (François DE), gouverneur de Lyon, IV, 258, 302, 305, 307, 417, 474, 500, 522, 531, 648, 674.

MANDEVILLE (Le président). Voir ESMANDRE-VILLE (Jean du Bosc d').

MANETTI (Angelo), ambassadeur de la République de Florence auprès de Louis XI, I, 103-104 (notice biographique), 167, 168.

MANFRED, roi de Sicile, I, 98, 118.

MANFREDI (Astorre), gouverneur de Faënza, I, 470, 493 n.

MANNELLI (Luca), proscrit florentin, III, 746, 747; IV, 119, 149.

MANNELLI, banquier florentin, II, 258.

MANRICQ (Don Georges), III, 362.

MANS (Le) (Sarthe), III, 819; IV, 714, 803.

—— (Le cardinal du). Voir LUXEMBOURG (Philippe DE).

—— (L'évêque du). Voir ANGENNES (Charles D').

MANSFELD (Charles, comte DE), IV, 132, 133, 151, 155.

MANSFELD (Pierre-Ernest, comte DE), III, 603, 744; IV, 127, 179, 203, 311, 321, 389, 523.

—— (Wolfrad, comte DE), lieutenant de Wolfgang de Bavière, duc de Deux-Ponts. III, 591.

MANTELLO (Antonio), I, 86.

MANTES (Seine-et-Oise), IV, 367, 370, 372, 373, 374, 376, 377, 407, 470, 772, 798-800; V, 104.

MANTOUE, ville d'Italie, I, 96, 558; II, 88, 97, 114, 190, 257, 344, 356, 378, 383, 399, 411, 412, 432, 434, 711, 859, 861; III, 38, 39, 52, 127, 301; IV, 429; V, 217, 512.

MANTOUE (François Ier, marquis DE), I, 32.

—— (François II, duc DE), III, 55, 84.

—— (Guillaume, duc DE), III, 391; IV, 167, 189, 429, 587, 591.

—— (Jean-François II, marquis DE), I, 453, 514, 530, 625; II, 33, 84, 88, 96, 97, 101, 103, 110, 114, 118, 120, 155, 157, 206, 209, 302, 304, 305, 311, 317, 321, 333, 345, 347, 348, 349, 350, 355, 356, 361, 363, 367, 384, 386, 393, 401, 402, 404, 408, 411, 442, 713, 813.

—— (Vincent, duc DE), fils de Guillaume, IV, 504, 873; V, 65, 173, 365, 387, 440, 445 n., 446 n.

MANTOUE (Ambassadeurs de), III, 80, 392; IV, 504, 539, 587.

MANTOUE (La duchesse DE), femme du duc Vincent. Voir MÉDICIS (Éléonore DE).

MANTOUE (L'évêque de), V, 321, 322, 325.

MANUZIO (Jacopo), de Florence, IV, 679.

MARANO, place de la Vénétie, III, 30-32. 55, 58, 60-62, 80.

MARANS (Charente-Inférieure), IV, 98, 333. 642, 654, 770.

MARCEL II, pape, III, 359.

MARCELLI, trésorier de la reine Catherine

de Médicis et du duc d'Anjou, III, 594;
IV, 309, 427, 553.

MARCHE D'ANCÔNE (La), région d'Italie, I,
379; II, 978; III, 28, 71, 371, 380;
IV, 386.

MARCHESI (Marcello), V, 63.

MARCK (Robert DE LA), II, 190, 648, 701;
III, 201, 203.

MAREMMA (La), région de Toscane, sur le
littoral, I, 620; III, 334.

MARENNES (Charente-Inférieure), III, 606,
613, 617, 619, 626, 637, 638; IV,
76.

MARGANO (Pietro), condottiere, II, 701,
707, 775, 777.

MARGUERITE D'ANGOULÊME, sœur de François Ier, reine de Navarre, II, 108 et n. 3,
112, 113, 126, 131, 213, 426 et n. 1,
875, 884, 1032; III, 149, 211; 212,
215, 229.

MARGUERITE DE FRANCE, fille de François Ier,
duchesse de Savoie. Voir FRANCE.

MARGUERITE DE LORRAINE, duchesse de
Joyeuse. Voir LORRAINE.

MARGUERITE DE VALOIS, fille du roi Henri II,
reine de Navarre, III, 445, 461, 627,
633, 653, 665, 689, 695, 701, 702,
707, 725, 730, 735, 740, 743, 744,
748, 749, 753, 754, 756-760, 762-
765, 770, 774, 793, 802, 803, 804,
859, 890, 909, 931; IV, 23, 31, 38,
44, 50, 51, 75, 81, 86, 92, 95, 98,
101, 123 n., 126, 132, 134, 166,
175, 176, 183, 187, 197, 199, 204,
208, 214, 233, 245, 255, 259, 288,
310, 312, 316, 320, 321, 336, 337,
346, 347, 372, 415, 419, 421, 445,
465, 466, 467, 468, 468 n., 469,
471, 473, 475, 478, 485, 487, 490,
504, 519, 546, 581, 609, 613, 624,
640, 660-665, 669, 674, 680, 778,
789; V, 293, 335, 354, 364, 370,

399, 406, 520, 548 n., 555, 557,
589.

MARIE D'ANGLETERRE, sœur de Henri VIII,
roi d'Angleterre, épouse de Louis XII,
II, 633, 638, 656, 657, 663, 668.

MARIE, reine de Hongrie, gouvernante des
Pays-Bas, III, 34, 46, 56, 57, 59, 80,
283, 337.

MARIE DE MÉDICIS, reine de France, deuxième
femme de Henri IV, V, 335, 358, 365,
368, 376, 388, 389, 398, 399, 402,
404, 406, 408, 409, 410, 411, 413,
414 et s., 454, 456, 458, 464, 465,
466, 469, 501 n., 502, 504-507,
509, 511, 512, 514-516, 518-541,
543, 545 n., 547, 548, 550-562,
562 n., 565-569, 573, 574, 576,
581, 584-586, 588-594, 596, 598,
601, 604, 606-610, 612-616, 618-
628, 630-632, 635-638, 638 n.,
639.

MARIE STUART, reine de France et d'É-
cosse, femme de François II, III, 213,
396, 403, 404, 428, 430, 432, 516,
517, 620, 742, 743; IV, 123, 160,
163, 169, 195, 493, 517, 551, 584,
592, 655, 656, 662, 666, 669, 674,
695.

MARIE TUDOR, fille de Henri VIII, reine
d'Angleterre, II, 848; III, 391.

MARIE-ÉLISABETH DE FRANCE, fille de Charles IX. Voir FRANCE.

MARIE DE BOURBON, duchesse de Longueville.
Voir BOURBON.

MARIGNANO, aujourd'hui Melegnano, ville de
Lombardie, II, 312, 314, 804, 805.

MARIGNANO (Marquis DE). Voir MÉDICIS (Gian
Giacomo DE).

MARIGNY, gentilhomme de Louis XII, II,
395, 396, 529, 530, 531.

MARILLAC (Charles DE), archevêque de Vienne,
ambassadeur, III, 392.

MARINI (Il cavaliere), conspirateur de Brescia, II, 410.

—— (Tommaso-DE), III, 34.

MARINO, village des environs de Rome, I,
464, 467; V, 277.

MARINO, abbé de Najara, commissaire impé-
rial, II, 801, 802.

—— (Messer), ambassadeur de Naples à
Florence, I, 229, 428, 451, 545, 589,
590.

MARMOUTIERS (Abbaye de), à Tours, IV,
510, 515; V, 635.

MARMOUTIERS (L'abbé de), IV, 465.

—— (M. DE), III, 605, 706.

MARNE (La), rivière, IV, 47, 552, 787.

MARNIX, seigneur de Sainte-Aldégonde, IV,
337.

MARQUION (Pas-de-Calais), IV, 378, 379.

MARRADI, localité de Toscane, I, 454.

MARRES (Charles DE), a retenu prisonnier à
Dieppe un marchand florentin, I, 115.

MARRETTI (Girolamo), III, 32.

—— attaché à la cour pontificale, V, 278.

MARSEILLE (Bouches-du-Rhône), II, 760,
1010; III, 62, 69, 75, 98, 139, 144,
155, 159, 249, 251, 255, 290, 291,
294, 317, 357, 360, 377, 420, 578,
882; IV, 39, 258, 504, 510, 515,
531, 567, 826, 834, 841; V, 33, 34,
71, 88, 105, 106, 117, 119, 126,
127, 134, 135, 282, 283, 284, 285,
286, 287, 288, 319 n., 332, 333,
339 n., 340, 341, 344, 345, 346,
347, 353, 358, 410, 413, 419, 429,
430, 436, 437, 438, 439, 440, 441,
442, 443, 462, 464, 494.

—— (L'évêque de). Voir BRANCAS (Nicolas DE).

MARSILIÈRE (M. DE LA), secrétaire du roi de
Navarre, IV, 384.

MARTELLI (Le capitaine Baccio), III, 249,
255, 283, 292.

MARTELLI (Braccio), envoyé au-devant de
Charles VIII, I, 594, 596 (notice biographique).

—— (Dandini), IV, 550.

—— (Gian Francesco), II, 137.

—— (Lorenzo), commissaire florentin au
camp français, II, 1017, 1019, 1046.

—— (Raffaello), banquier de Florence, IV,
420, 550.

—— (Ugolino), I, 86; II, 137, 149.

MARTIGUES (Bouches-du-Rhône), III, 575.

MARTIGUES (M. DE), duc d'Étampes, capitaine français, III, 532, 536, 560, 564,
570, 575, 578, 585, 590, 605.

MARTIN (Saint), patron du royaume de
France, I, 669, 673, 683.

MARTIN V, pape, I, 83.

MARTINENGO (Comte Ercole DA), III, 71.

—— (Comte Francesco), général du duc
de Savoie, V, 270, 617.

—— (Luigi), III, 382.

—— (Comte Serra), III, 926; IV, 108,
109, 111, 119.

—— (Comte Zorzi DA), III, 71, 118.

MARTYR (Pierre). Voir VERMIGLIO (Pierre).

MARULLO, agent diplomatique, I, 303.

MASSA, ville de Toscane, I, 578; II, 37.

MASSA (Le marquis DE). Voir MALASPINA (Alberigo DA).

MATHARON (Jean), ambassadeur de Charles VIII en Italie, I, 377, 410, 414-416.

MATHIEU DE BOURBON (Le bâtard). Voir BOUR-
BON.

MATIGNON (Jacques de Goyon, comte DE),
maréchal de France, IV, 121, 256,
259, 267, 269, 270, 271, 320, 321,
322, 326, 332, 334, 353, 357, 367,
378, 381, 391, 411, 421, 509, 566,
572, 632, 645, 697, 714; V, 643, 696.

MATRICE (La), localité des Abruzzes, II,
1023, 1042.

MATTEI (Girolamo), cardinal, V, 35, 43,

59, 60, 62, 63, 100, 101, 115, 154,
213, 224, 225.

Matteucci (Monsignor), V, 176, 277.

Matthias (L'archiduc), IV, 132, 133, 145,
258, 264, 337, 383, 452.

Maubeuge (Nord), IV, 185, 191.

Maugiron (M. de), l'un des mignons de
Henri III, IV, 165.

Maulevrier (Le comte de), IV, 355, 359,
381, 464, 485, 541.

Maures (Les), I, 298; II, 296, 941; III,
781; IV, 42.

Maurevel (M. de), assassin de l'amiral Coligny, IV, 293.

Maurice (Le comte). Voir Nassau (Maurice de).

Mauvissière (M. de la), ambassadeur de
France en Angleterre. Voir Castelnau
(Michel de).

Mauzé (Deux-Sèvres), IV, 834.

Maximilien Iᵉʳ, archiduc d'Autriche, roi des
Romains, empereur, I, 232, 238, 242,
257, 260, 265, 266, 273, 287, 290,
294, 295, 297, 298, 299, 302, 303,
304, 307, 308, 311, 341, 342, 343,
345, 348, 350, 353, 358, 387, 395,
399, 400, 403, 405, 433, 439, 444,
476, 494, 500, 504, 511, 547, 548,
558, 559, 560, 561, 562, 563, 564,
568, 579, 581, 582, 583, 614 n.,
645, 664, 667, 672, 677, 682, 683,
685, 687, 694, 695 n., 696 n., 697,
698, 701; II, 14, 100, 150, 155,
156, 157, 158, 160, 164, 166, 170,
173, 174, 175, 178, 179, 180, 181,
182, 183, 184, 185, 188, 190, 192,
195, 196, 209, 212, 214, 217, 218,
253, 256, 257, 259, 260, 263, 265,
266, 267, 271, 273, 276, 278, 279,
281, 285, 289, 290, 291, 294, 296,
297, 298, 299, 302, 304, 310, 312,
313, 314, 315, 317, 321, 331, 332,

333, 337, 340, 341, 344, 346, 347,
348, 349, 350, 351, 353, 354, 355,
356, 357, 358, 359, 360, 362, 363,
364, 368, 369, 370, 371, 372, 373,
374, 375, 376, 377, 379, 380, 381,
382, 383, 384, 385, 386, 387, 388,
390, 391, 392, 393, 394, 395, 396,
398, 399, 400, 401, 402, 403, 406,
407, 408, 410, 412, 413, 415, 416,
417, 419, 420, 421, 422, 423, 424,
425, 426, 427, 429, 430, 431, 432,
433, 434, 435, 436, 437, 438, 439,
440, 442, 444, 445, 446, 451, 452,
453, 455, 456, 457, 458, 459, 462,
465, 467, 472, 473, 476, 477, 478,
479, 480, 482, 483, 485, 486, 487,
488, 489, 490, 492, 493, 494, 495,
497, 501, 509, 510, 511, 512, 513,
517, 526, 531, 532, 534, 535, 536,
540, 550, 553, 573, 582, 590, 594,
598, 601, 602, 612, 613, 621, 623,
624, 625, 626, 627, 628, 638, 639,
642, 644, 645, 646, 648, 651, 655,
658, 659, 660, 661, 662, 663, 665,
670, 747, 761, 762, 763, 764, 766,
772, 774, 776, 777, 781.

Maximilien II, empereur d'Allemagne, III,
517, 619, 621, 646, 648, 650, 654,
656, 663, 666, 667, 674, 683, 688,
718, 722, 723, 745, 746, 748, 763,
776, 779, 787, 794, 807, 849, 873,
875, 888, 895; IV, 35, 39.

Maximilien (L'archiduc), second fils de
l'empereur Maximilien II, IV, 754.

May (Du), secrétaire de François de Valois,
duc d'Anjou, IV, 337.

Mayence, ville d'Allemagne, IV, 538.

Mayenne (Charles de Lorraine, marquis,
puis duc de), III, 596, 799, 873, 885;
IV, 57-59, 71, 76, 78, 99, 111, 118-
122, 125, 126, 166, 177, 201, 241,
250, 319, 321, 328, 334, 336, 338,

353, 357, 358, 363, 366, 370-372,
381, 385, 396, 411, 418, 421, 442,
470, 471, 489, 508, 509, 518, 530,
542, 545, 552-554, 556, 563, 566,
579, 580, 583, 585, 587, 589, 590,
593, 594, 596, 598, 599, 604, 613,
618, 621-624, 628-630, 632, 633,
637, 639, 643, 658, 659, 663, 670,
672, 673, 678, 681, 682, 686, 689,
719, 720, 731, 749, 752, 762, 768,
785, 805, 835, 844, 848, 850, 852,
854, 856, 858, 859, 861, 863, 865,
866, 874, 875, 878-881; V, 40, 41,
42, 47, 50, 51, 55, 57 n., 58, 60, 61,
69, 70, 74, 77, 103, 104, 109, 112,
113, 116, 118, 122, 123, 125, 127,
128, 143, 152, 154, 156, 157, 162,
163, 164, 165, 166, 167, 169, 184,
185, 186, 187, 188, 193, 198, 200,
230, 233, 245, 267, 268, 293, 315,
318, 322, 326, 330, 346, 351, 409,
506, 535, 568, 574, 588, 631, 646,
647, 661, 681, 697.

Mazzinghi (Jacopo), gonfalonier de justice
en 1460, I, 98.

Meaux (Seine-et-Marne), III, 436 n., 489,
490, 528 et n., 529 et n., 530, 531,
538, 567; IV, 154, 387, 392, 466,
575, 696, 701, 702, 703, 771, 787;
V, 57 n.
—— (L'évêque de). Voir Tillet (Jean du).

Médicis (Les), célèbre famille florentine, I,
273, 307, 313, 314, 390, 408, 416,
490, 568; II, 101, 111, 822, 958,
983, 1092; III, 8, 165 et n.; IV, 229,
276; V, 552.
—— (Alexandre de), duc de Toscane. Voir
Alexandre.
—— (Bernard de), ambassadeur de Florence à Milan en 1462, I, 86, 133.
—— (Bernard de), évêque de Forli, ambassadeur de Cosme Ier à la cour de

France, III, 137, de 138 à 169 (notice
biographique et correspondance avec
Cosme Ier).

Médicis (Blanche de), sœur de Laurent le
Magnifique, II, 14.
—— (Le cardinal de). Voir Ferdinand Ier
de Médicis.
—— (Catherine de). Voir Catherine.
—— (Cosme de), dit Cosme l'Ancien, I,
57, 584.
—— (Cosme Ier de), grand-duc de Toscane.
Voir Cosme Ier.
—— (Éléonore de), sœur de Marie de Mé-
dicis, mariée à Vincent, duc de Mantoue,
III, 547; IV, 439, 875; V, 473, 532,
562, 566, 574.
—— (François de), prince, puis grand-
duc de Toscane. Voir François.
—— (Galéas de), II, 904.
—— (Isabelle de), seconde fille de Cosme Ier,
femme de Giordano Orsini, duc de Brac-
ciano, IV, 82 n.
—— (Jean de), le Capitaine des bandes
noires, père du grand-duc Cosme Ier, II,
785, 786, 797, 805, 807, 816, 826,
831, 833, 838, 860, 864, 865, 867,
880, 908; III, 18, 165 et n.
—— (Jean de), cardinal, second fils de
Laurent le Magnifique; depuis, le pape
Léon X. Voir Léon X.
—— (Jean de), fils naturel du grand-duc
Cosme Ier, V, 341, 346, 347, 449,
553, 556, 557, 559, 565, 566, 567,
597.
—— (Jean, fils de Pierre-François de),
ennemi de Pierre de Médicis, au service
de Charles VIII, I, 296, 298, 300,
303, 359, 386, 389, 390, 391, 415,
416, 429, 479.
—— (Jean-Baptiste de), frère de Jean-Jacques de Médicis, marquis de Marignan,
III, 128.

IMPRIMERIE NATIONALE.

Médicis (Jean-Jacques de), marquis de Marignan, III, 39, 95, 97, 349, 356.

—— (Jules de), cardinal, depuis le pape Clément VII. Voir Clément VII.

—— (Jules de), III, 792.

—— (Julien de), frère de Laurent le Magnifique, I, 171, 172.

—— (Julien de), frère de Léon X, duc de Nemours, I, 593; II, 589 n., 600, 603, 647, 665, 690, 708.

—— (Julien de), frère de Lorenzino de Médicis, III, 258, 293.

—— (Laurent Ier de), dit Laurent le Magnifique, I, 155, 156, 161, 162, 163, 165, 167 et n., 173, 175, 182, 189, 190, 191, 214 et n., 215 n., 219, 224, 429, 434, 437, 438 n., 440, 442, 537, 547, 588; II. 79.

—— (Laurent II de), fils de Pierre II, duc d'Urbin, I, 436, 589; II, 589, 591, 621-625, 629, 636, 639, 646, 665, 692-745, passim.

—— (Laurent de), fils de Pierre-François, ambassadeur florentin, I, 198 (notice biographique). 200, 296, 298, 300, 303, 389, 390, 391, 420, 479, 490, 491, 601 n., 607, 609-611, 613; II, 15, 18, 51 et s., 57, 64, 65, 66.

—— (Laurent de), dit Lorenzino, meurtrier du duc Alexandre de Médicis, III, 15, 30.

—— (Lucrèce de), duchesse de Ferrare, fille aînée du grand-duc Cosme Ier, IV, 386.

—— (Madeleine de), fille de Laurent le Magnifique, I, 219.

—— (Marie de). Voir Marie.

—— (Philippe de), évêque d'Arezzo, puis archevêque de Pise, ambassadeur, I, 102, 109, 117-124, 132.

—— (Pierre Ier de), fils de Cosme l'Ancien, I, 107.

Médicis (Pierre de), fils de Laurent le Magnifique, I, 219-316, passim, 329, 384, 386, 392, 394, 417, 419, 428, 429, 432, 451, 452 n., 490, 491, 568, 587, 588, 589, 590, 593, 594 n., 601 n., 606, 618, 619 et n., 620, 642, 643, 644.

—— (Pierre de), troisième fils du grand-duc Cosme Ier, III, 546; IV, 81 n., 235, 238, 281. 335 n.; V, 81, 474, 505, 517, 535.

—— (Raphaël de), ambassadeur florentin, II, 589.

—— (Veri de), II, 715.

Médicis (Le palais de), à Florence, I, 601 n.

Medina-Celi (Le duc de), III, 719.

Medina-del-Campo, ville d'Espagne, II, 190.

Medina-Sidonia (Duc de). Voir Guzman (Alonzo de).

Méditerranée (La), IV, 679.

Medola, château du territoire de Bergame, II, 309.

Mehun-sur-Yèvre (Cher), I, 73.

Meingre (Jean Le), dit Boucicaut, lieutenant de Charles VI, à Gênes, I, 34, 36, 38, 40.

Meilleraie (M. de la), 309, 368, 369, 422.

Melfi (Antoine Caraccioli, prince de), évêque de Troyes. Voir Caraccioli (Antoine).

Melino, agent diplomatique, IV, 335 n.

Melle (Deux-Sèvres), IV, 308.

Mellini (Niccolo), V, 178 et s.

—— (Noffri), IV, 232.

Melun (Seine-et-Marne), I, 238, 239, 240, 241, 244; II, 484, 489; III, 209-211, 214, 215, 219, 220, 221, 223, 226, 228, 423, 424, 453, 507, 554, 582; IV, 199, 205, 269, 782, 795; V, 120 n.

Melzo, ville de Lombardie, II, 783.

Mende (Lozère), IV, 282, 284, 285, 294, 325, 327, 334, 350.

Mende (Évêque de). Voir Beaune (Regnaud de).

Mendoza (Don Bernardino de), ambassadeur d'Espagne en Angleterre, puis en France, IV, 16, 156, 162, 487, 493, 496, 498, 502, 529, 537-539, 542, 543, 545, 549, 551, 571, 599, 657, 687, 691, 698, 757, 758, 760, 806, 817, 825, 836, 837, 856, 862, 876, 878; V, 125, 126, 138, 143.

—— (Don Diego Hurtado de), ambassadeur de Charles-Quint à Rome, III, 73, 317, 319, 322, 323, 337, 340, 342, 346.

—— (Jean de), cardinal, V, 111, 114.

Menin, ville de Belgique, IV, 337.

Mercurio, capitaine de Stradiots, II, 360, 360; III, 77.

Mercoeur (Philippe-Emmanuel de Lorraine, duc de), IV, 94, 102, 121, 230, 294, 357, 422, 424, 448, 485, 486, 490, 494, 498, 509, 518, 522, 530, 533, 538, 563, 567, 572, 576, 579, 580, 583, 593, 609, 622, 624, 673, 692, 723, 874, 878; V, 326, 336, 343, 345, 346, 352, 353, 354, 358, 568.

—— (Marie de Luxembourg, duchesse de Penthièvre et de), IV, 417.

Méré (Poltrot de), III, 503.

Merenda (De), l'un des chefs de l'Armada espagnole, IV, 816.

Merle (Mathieu), capitaine huguenot, IV, 350, 372.

Mers-el-Kébir, port d'Oran, II, 144.

Méru (M. de), troisième fils du connétable Anne de Montmorency. Voir Montmorency (Charles de).

Mesme (Henri de), seigneur de Malassise et de Roissy, III, 625, 632, 634; IV, 417.

Mesnil (Le), château fort, IV, 401.

Messine, ville de Sicile, III, 727; V, 414, 439.

Mestre, petite ville en face de Venise, II, 379, 381.

Metz, III, 76, 79, 80, 124, 330, 331, 332, 403, 553, 584-586, 588, 617, 629, 637, 855, 856, 864, 891, 900; IV, 152, 284, 438, 459, 462, 518, 522, 528, 564, 566, 572, 573, 574, 580, 611, 612, 624, 631, 634, 640, 648, 745, 801, 812, 840, 858; V, 510, 567, 638.

Metz (Monseigneur de). Voir Lorraine (Charles de), évêque de Metz.

—— (Régiment de), IV, 566.

Meudon (Seine-et-Oise), IV, 78.

Meudon (Le cardinal de), frère de la duchesse d'Étampes, III, 86, 157, 407.

Meudon (Hôtel de), à Paris, III, 416.

Meulan (Seine-et-Oise), IV, 771, 772, 787.

Meuse (La), fleuve, IV, 136, 138, 142, 175, 177, 248, 250.

Mézières (Ardennes), III, 222, 691; IV, 52, 53, 352, 466, 469, 472, 495, 612, 665, 688.

Michel (Jean), évêque d'Angers, ambassadeur de Louis XI auprès du pape, I, 117, 125.

Micheli, ambassadeur vénitien en France, IV, 179, 180, 197, 210.

Michellozzi (Niccolo), ambassadeur de Laurent de Médicis à Naples; notice biographique, I, 422; trois lettres, 429-433.

Michieli (Giovanni), médecin de Charles VIII, I, 397.

Middelbourg, ville des Pays-Bas, IV, 91, 93.

Migeon, secrétaire du roi Henri III, IV, 822.

Migliori (Antonio), I, 86.

MIGNANELLI (Fabio), cardinal, III, 324, 350, 352.

MILAN, I, 15, 179, 185, 187, 189, 200, 222, 229, 230, 231, 247, 256, 261, 265, 273, 276, 277, 279, 280, 286, 296, 297, 300, 306, 313, 316, 331, 345, 358, 361, 362, 364, 372, 381, 387, 395, 401, 403, 405, 425, 426, 427, 434, 435, 437, 439, 440, 441, 444, 452, 461, 462, 477, 485, 489, 500, 504, 505, 506, 507, 509, 512, 513, 518, 519, 523, 532, 543, 545, 546, 552, 554, 564, 566, 569, 575, 577, 580, 581, 583, 584, 586, 614 n., 625, 651, 657, 662, 685, 687; II, 19, 23 et s., 29, 31 et s., 46, 53, 55, 65, 66, 68, 70 n., 75, 85, 88, 102, 110, 111, 118, 126, 129, 133, 134, 146, 147, 154, 155, 156, 161, 165, 168, 172, 173, 174, 180, 181, 185, 199, 209, 211, 213, 214, 215, 216, 222, 231, 232, 235, 236, 244, 246, 247, 255, 256, 296, 297, 298, 299, 301, 303, 304, 306, 310, 312, 313, 316, 318, 320, 321, 323, 325, 326, 327, 332, 334, 335, 337, 338, 341, 343, 357, 370, 376, 382, 387, 390, 392, 393, 397, 398, 402, 405, 411, 417, 422, 431, 432, 433, 436, 438, 459, 480, 485, 496, 497, 508, 528, 529, 535, 543, 544, 545, 546, 558, 559, 590, 596, 601, 602, 604, 605, 611, 613, 614, 615, 616, 622, 623, 637, 639, 641, 650, 652, 663, 673, 674, 718, 721, 730, 734, 737, 740, 743 n., 744, 746, 750, 760, 762, 763, 767, 768, 772, 777, 780, 784, 786, 789, 796, 798, 804, 805, 811, 813, 815, 819, 821, 836, 838, 839, 844, 848, 852, 856, 857, 865, 877, 878, 881, 886, 887, 894, 896, 903, 932, 933, 935, 980, 1005, 1011, 1016, 1017, 1018, 1023, 1026, 1035, 1047, 1051, 1053, 1054, 1055, 1060, 1066, 1067, 1069, 1071, 1076, 1083, 1092, 1094, 1098, 1103, 1108, 1112; III, 44, 47, 48, 51, 63, 64, 66, 67, 71, 74, 86, 88, 95, 97, 103, 110, 112, 123, 126, 128-130, 139, 141, 148-151, 153, 154, 161, 193, 218, 237, 302, 312-314, 316, 317, 319, 320, 354, 360, 366, 381, 386, 667, 724, 751, 780, 909; IV, 248, 258, 371, 502, 546, 601, 729; V, 13, 38, 187, 230, 411, 430, 432, 435, 437, 443, 449, 453, 494, 497, 504, 517, 588, 617.

MILAN (Le président de), II, 364, 376.

MILANESE (Giambattista DEL), III, 344.

MILHAU (Aveyron), III, 616.

MILON, IV, 420. Peut-être MIRON, voir le nom.

MINARD (Le président), III, 407, 408.

MINCIO, rivière d'Italie, II, 355, 452.

MINERBETTI, neveu de Bindo Altoviti, III, 344.

MINERVE, dans le Comtat Venaissin, IV, 69, 126.

MINIMES (Les), ordre religieux, V, 304, 308, 310, 316.

MINUCCI (Luigi), IV, 550, 552.

MIOLANS (M. DE), conseiller de Charles VIII, I, 330, 542.

MIOSSENS (M. DE), premier gentilhomme de la chambre du roi de Navarre, IV, 176, 350.

MIRAMBEAU (Charente-Inférieure), IV, 118.

MIRAMONT (L'abbaye de), IV, 521.

MIRANDOLE (La), ville d'Italie, II, 727; III, 31, 66, 68, 70-72, 74, 75, 77, 78, 86, 93, 103-107, 125, 130, 144, 261, 264, 269, 281, 283, 288-290, 299, 310, 314, 354-356, 660, 663, 664, 710; IV, 116, 246, 832, 876; V, 175.

MIRANDOLE (Alexandre DE LA), V, 469, 470, 471.

—— (Le comte DE LA), III, 24, 65, 125, 194, 196, 311 et n., 313, 314.

—— (La comtesse DE LA), III, 663.

—— (Jean-François DE LA), II, 37, 317, 564.

—— (Louis DE LA), II, 399, 401; autre, IV, 115.

—— (Le prince DE LA), frère d'Alexandre, V, 469, 470, 471, 472.

MIREPOIX (M. DE). Voir GUICHE (Claude DE LA).

MIRON, médecin du roi Henri III, IV, 301, 303, 420, 565, 573, 579, 581, 582, 772, 788.

MIRTO (Fabio), archevêque de Nazareth, nonce apostolique en France, III, 932; IV, 177, 179, 184, 187, 188, 197, 210, 478, 597; V, 13 et s., 23.

MOCACCINO. Voir MONCASSIN.

MODÈNE, ville d'Italie, II, 349, 384, 690, 729, 786, 795, 803, 807, 839, 860, 865, 872, 935, 1050, 1052; III, 35, 51, 354, 357, 664, 763; IV, 499.

MODÈNE (Ducs DE). Voir ESTE.

—— (L'évêque de), nonce en France, V, 366.

MODIGLIANA, ville de Toscane, I, 454.

MODON, lieu de résidence de Louis XII, en Touraine, II, 95, 124, 126, 131, 142, 143, 470.

MOLARD, capitaine français à la bataille de Ravenne, II, 583, 585.

MOLDAVO (Pietro), III, 47.

MOLE (M. DE LA), conspirateur, III, 901, 902, 909, 916, 920, 923, 926, 929.

MOLUQUES (Les), îles de l'Océanie, V, 356.

MOLVE (M. DE), III, 590.

MONACO, ville sur la Méditerranée, II, 174, 204, 216; III, 46, 311; V, 566.

MONACO (Le seigneur DE), II, 211.

MONALDI (Sandrino), Florentin, II, 305.

MONBALDONE, localité du Piémont, III, 132, 133.

MONCADE (Hugues DE), lieutenant de Charles-Quint en Italie, II, 842, 865, 974.

MONCAIRE (Don Ugo DE), l'un des chefs de l'Armada espagnole, IV, 816.

MONCALIERI, ville du Piémont, III, 120.

MONCASSIN (M. DE), cousin du duc d'Épernon, châtelain de Metz, IV, 526, 572, 574, 631.

MONCEAUX (Oise), III, 436 n., 461, 528 et n., 681, 682, 783, 880; IV, 420, 466, 475, 500, 501; V, 586.

MONCEAUX (Madame DE). Voir ESTRÉES (Gabrielle d').

MONCONTOUR (Vienne), IV, 718; V, 582.

MONDOVI, ville du Piémont, III, 24, 37, 90, 97, 134.

MONDOVI (Le cardinal DE). Voir LAUREO (Vincenzio).

MONETA, ville de Toscane, II, 37, 48.

MONGLAT (Madame DE), gouvernante du petit Louis XIII, V, 465, 483, 491, 624, 637.

MONIN, seigneur huguenot, III, 815, 816, 820.

MONOPOLI, ville du royaume de Naples, II, 1016.

MONREALE, possession des Farnèse, III, 253, 309.

MONS, ville des Pays-Bas, III, 782, 785, 799, 800, 801, 806, 862; IV, 151, 156, 160, 177, 180, 200, 210, 211, 214, 233, 238, 257, 267, 311, 319, 321, 325, 335, 337, 401, 483, 517.

MONSÉGUR (Lot-et-Garonne), IV, 341.

MONSEIGNEUR MONSIEUR. Voir ANJOU (François de Valois, duc d').

MONTA (La), village près d'Asti, III, 104.

MONTAIGU (Vendée), IV, 307, 340, 834, 841.

MONTAIGU (Milord), envoyé d'Angleterre en Flandre, IV, 16.

MONTALCINO, ville de Toscane, III, 350, 379, 384.

MONTALTO, ville des États de l'Église, III, 91.

MONTALTO (Cardinal). Voir PERETTI.

MONTANO (Orazio), archevêque d'Arles, V, 373.

MONTARGIS (Loiret), III, 145, 568, 635; IV, 78, 115, 468, 568, 572, 578, 583, 627, 715, 725, 865.

MONTARGIS (Madame DE). Voir FRANCE (Renée DE).

MONTAUBAN (Tarn-et-Garonne), III, 456, 495, 549, 616, 639, 640, 845, 850, 855, 856, 881-883, 892; IV, 114, 118, 129, 264, 269, 347, 365, 370, 371, 372, 530, 538, 596.

MONTAUBAN (L'évêque de). Voir PRÉS (Jacques DES).

MONTAUTI (La vigna dei), à Rome, III, 343, 346.

MONTAUTO (Benedetto), III, 344.

—— (Ottavio), III, 600.

—— (Zanobi), III, 345.

MONTBAZON (Louis VII de Rohan, duc DE), V, 619, 636, 643.

MONTBÉLIARD (Doubs), IV, 765.

MONTBÉLIARD (Le comte DE), frère du duc de Wurtemberg, IV, 765.

MONTBRUN (M. DE), capitaine huguenot du Dauphiné, III, 474, 476; IV, 20, 26, 28, 38, 43.

MONTBUISSON (Madame DE), IV, 345 n.

MONTDIDIER (Somme), V, 964.

MONTE (Baldovino DEL), frère du pape Jules III, III, 324, 340, 344, 346, 351.

—— (Fabiano DEL), neveu de Jules III, III, 318 n., 351, 600.

—— (Francesco-Maria DEL), cardinal, V,

74, 103, 104, 107 et s., 117, 142, 144, 157, 158, 176, 193 et s., 222, 225, 238, 242 et s., 660.

MONTE (Piero DEL), capitaine vénitien, II, 328, 330, 352.

MONTEBENICHI (Goro DE), capitaine florentin, III, 114.

MONTECHIARO, ville près de Brescia, II, 377.

MONTEFELTRO (Frédéric DE), duc d'Urbin, I, 159; II, 23.

—— (Guido DI), duc d'Urbin, I, 280, 487, 624, 626, 676, 693.

MONTEFIASONE, ville des États de l'Église, II, 739, 743.

MONTE-FOLLONICO, localité du Siennois, III, 336.

MONTEJEAN (René DE), maréchal de France, II, 1039, 1045.

MONTÉLIMART (Drôme), IV, 295, 711, 712.

MONTEMERLO, secrétaire d'Octave Farnèse, duc de Parme, III, 252, 253, 260, 285.

—— (Giovanni-Angiolo DA), capitaine italien au service de la France, III, 24.

MONTEPULCIANO, ville de Toscane, I, 631; II, 36, 61, 162, 386, 473, 497, 498, 501.

—— (Le théologien de), V, 74.

MONTERAPPOLI (?), III, 193.

MONTEREAU-FAUT-YONNE (Seine-et-Marne), III, 532, 557, 558, 568; IV, 60, 81, 175, 367, 378.

MONTERIO. Voir MONTORIO.

MONTFAUCON (Seine), III, 819, 826, 846.

MONTFERRAT, principauté d'Italie, I, 355, 358, 662; II, 157; III, 86, 104, 119 et n., 124, 127, 129, 132, 392; IV, 167, 429, 832.

MONTFERRAT (Blanche DE), duchesse de Savoie, I, 322, 373, 628 n., 640 n.

MONTFERRAT (Boniface IV, marquis DE), I, 201, 283, 322, 373, 548.
—— (Guillaume VI, marquis DE), I, 549.
—— (Guillaume VII, marquis DE), I, 648; II, 21 n., 243, 430, 734.
—— (Jean IV, marquis DE), I, 66, 69, 77.
—— (Marie, marquise DE), veuve de Boniface IV, tutrice de Guillaume VII, I, 322, 373, 548, 628 n., 648.
—— (Théodore II, marquis DE), I, 54.
MONTFORT (Le président), III, 668.
MONTFORT (Le comté de), en Bretagne (Ille-et-Vilaine), IV, 513, 540, 543.
MONTFORT-L'AMAURY (Seine-et-Oise), III, 818, 824.
MONTGIRON (M. DE), III, 420, 483, 896; IV, 190, 302.
MONTGLAT (Madame DE), V, 465.
MONTGOMMERY (Gabriel, comte DE), chef huguenot, III, 496, 497, 532, 586, 590, 616, 626, 634, 778, 809, 811, 818, 819, 824, 831, 838, 845, 854, 865, 868, 869, 872-874, 876, 877, 883, 889, 897, 902, 908, 929, 931; IV, 14.
—— (Jacques, comte DE), fils du précédent, IV, 352, 353, 540.
MONTHOLON (François DE), garde des sceaux sous François Iᵉʳ, III, 41.
—— (François DE), fils du précédent; garde des sceaux sous Henri III, IV, 823.
MONTI (Francesco DE), I, 446.
MONTIGNAC-LE-COMTE (Dordogne), IV, 310-639.
MONTIGNY (M. DE), frère du comte de Lalaing, IV, 206, 266, 369.
MONTIVILLIERS (Seine-Inférieure), III, 164, 166, 168.
MONTJOIE, héraut d'armes de Louis XII, II, 298, 334, 343.

MONTLUC (Blaise DE), gouverneur de Guyenne, III, 259, 354 n. 1, 358 n. 1 et 2, 378 n. 3, 479, 493, 494, 531, 536, 580, 598, 622, 628, 679, 772, 807, 864, 870; IV, 12, 23, 25, 119, 120, 130.
—— (Jean DE), frère du précédent, évêque de Valence, négociateur, III, 42, 259, 260, 269, 270, 273, 283, 288, 414, 464, 481, 482, 536, 806, 841, 870, 878; IV, 265.
—— (Jean DE), neveu du précédent, IV, 146, 150 n., 152 n., 164 n., 190, 201, 217.
MONTLUEL (Ain), IV, 270.
MONTMÉLIAN (Savoie), V, 435, 441.
MONTMORENCY (Seine-et-Oise), III, 554; IV, 450.
MONTMORENCY (LES). MONTMORENCY (La Maison DE), III, 555, 668, 678, 806, 844, 885, 896, 906, 926; IV, 13, 21, 33, 50, 123 n., 244, 528; V, 643.
MONTMORENCY (Anne, duc DE), grand maître, puis connétable de France, II, 1032, 1041, 1095, 1100, 1105, 1110, 1113, 1115; III, 13, 14, 18, 188, 189, 192, 201, 202, 219, 220, 224-226, 229, 231, 249, 292, 360, 369, 375, 386, 387, 392, 394, 395, 398, 401-406, 414, 416, 417, 421-423, 428-432, 445, 447, 449, 460, 461, 463, 464, 467, 468, 470-475, 477, 478, 480-482, 484-486, 489, 491, 492, 496-498, 500-502, 504, 506-509, 511, 517, 520-525, 529, 530, 532-534, 536, 537, 539, 543-545, 549, 550, 552, 554-556, 563, 570; IV, 84, 698; V, 643.
—— (Charles DE), troisième fils du connétable, seigneur de Méru, puis duc de Damville, amiral de France, III, 539, 825, 835, 926, 927; IV, 13, 133, 259, 285, 437.

88   NÉGOCIATIONS DIPLOMATIQUES

Montmorency (Charlotte de), femme de Henri II, prince de Condé, V, 323, 344, 546, 548, 592, 593, 600, 601, 611.

—— (La connétable de). Voir Savoie (Mademoiselle de).

—— (François, duc de), fils aîné du connétable Anne de Montmorency, maréchal de France, III, 290-292, 450, 506, 507, 519, 520, 523-525, 530, 534, 535, 537, 538, 549, 550, 557, 563, 571, 576, 578, 597, 622, 637-639, 661-663, 666, 668, 673, 676, 685, 691, 696, 697, 699, 710, 712, 729, 735, 742-745, 748, 751, 753, 756, 767-769, 771, 809, 824, 829, 835, 840. 845, 851, 854, 855, 859-861, 872, 878, 885, 886, 889, 890, 893-902, 904, 905, 907, 911, 913, 914, 916-919, 924, 926, 927, 929; IV, 11, 13, 15, 17, 20, 26, 33, 34, 38, 42, 46, 47, 48, 50, 52, 67, 68, 70, 71, 73, 76, 83, 95, 99, 132, 146, 149, 166, 168, 173, 175, 177, 182, 189, 201, 205, 225, 228, 232, 237, 242, 244, 248, 250, 252, 254, 255, 256, 422.

—— (Henri, duc de), deuxième fils du connétable Anne, d'abord comte de Damville, maréchal de France et connétable, III, 422, 447, 520, 524, 530, 533, 536, 553, 557, 561, 577, 578, 622, 626, 628, 629, 631, 647, 679, 685, 699, 731, 748, 786, 809, 830, 835, 836, 845, 864, 871, 891, 897, 926, 927; IV, 16, 18, 19, 22-26, 28-32, 34, 36, 38, 42, 44, 53, 55, 62, 84, 95-97, 100, 101, 107-109, 117-121, 123 n., 125, 126, 132, 133, 149, 177-179, 197, 198, 202, 209, 212, 256, 282, 288, 295, 319, 367, 381, 394, 396, 397, 421, 422, 430, 437, 450-452,

459, 461, 462, 464-466, 478, 489-497, 505, 506, 509, 513, 520, 525, 528, 543, 565, 576, 593, 600, 604, 610, 625, 628, 629, 632, 634, 644, 646, 667-670, 672, 675, 689, 698, 712, 741, 745, 753, 760, 796, 805, 812, 825, 833, 836, 840, 846, 852, 867, 874, 875; V, 68, 128, 201, 253, 254, 298, 318, 319, 322, 326, 347, 349, 360, 407, 408, 409 n., 412, 437, 445, 461, 485, 488, 492, 496, 497, 501, 505, 507, 518, 546, 568, 602, 611, 637, 643, 652, 661.

Montmorency (Henri II, duc de), fils du précédent, V, 568, 637.

—— (Madame de). Voir France (Diane de).

Montmorency-Thoré, quatrième fils du connétable, III, 905, 907; IV, 11, 36, 47, 97, 285.

Montmorin (M. de), premier écuyer de la reine de France, III, 920; IV, 538, 563.

Montone, rivière, II, 581, 582, 583.

Montone (Bernardino da), condottiere, II, 388.

Montorio (Le comte de), I, 671 n., 675; II, 1042.

—— (Le duc de). Voir Caraffa (Jean).

—— (Monsignor), V, 177, 184, 246.

Montpellier (Hérault), I, 31, 205; III, 845, 856; IV, 30, 32, 37, 120, 121, 126, 129, 305.

Montpensier (Charles de Bourbon), le connétable. Voir Bourbon.

—— (François de Bourbon). Voir Bourbon.

—— (Henri de Bourbon). Voir Bourbon.

—— (Louis de Bourbon), prince de la Roche-sur-Yon. Voir Bourbon.

—— (Charles de Bourbon), prince de la Roche-sur-Yon. Voir Bourbon.

MONTPENSIER (Catherine-Marie, duchesse DE). Voir LORRAINE.

—— (La duchesse DE). Voir JOYEUSE (Henriette-Catherine DE), et LORRAINE (Catherine-Marie DE).

—— (Le seigneur DE). Voir BOURBON (Gilbert DE).

MONTPEZAT (Gard), III, 871.

MONTPEZAT (M. DE), III, 596, 614; IV, 233, 858.

MONTREUIL (Pas-de-Calais), II, 588; III, 82; IV, 763.

MONTREUIL (M. DE), gouverneur d'Orléans, III, 642.

MONTRICHAD (Loir-et-Cher), II, 251.

MONTSOREAU (M. DE), IV, 264, 427.

MORANO, ville du Piémont, III, 126.

MORÉE (Jean, prince DE), huitième fils de Charles le Boiteux, I, 15.

MORELLI (Lorenzo), envoyé de Florence auprès de Charles VIII, 607, 609-611.

—— (Niccolo), ambassadeur florentin, II, 85 et s., 111.

MORET (Seine-et-Marne), III, 450, 472; IV, 199.

MORETTA (Monseigneur), envoyé du roi Henri VIII, II, 869.

MORETTE (Le seigneur DE), envoyé de Charles-Quint, III, 144, 148.

MORGAN, gentilhomme anglais, IV, 551, 552; V, 541, 542, 543.

MORILLON (M.), grand vicaire du cardinal Granvelle, IV, 127.

MORITTE, localité du Piémont, II, 702.

MORLHON (Antoine DE), président au Parlement de Toulouse, ambassadeur de Louis XI en Italie, I, 173.

MORONE (Le cardinal Jean), de Milan, III, 350, 351.

MOROSINO (Giovanni-Francesco), cardinal légat en France, IV, 826, 868, 875, 883; V, 27, 30, 31, 36, 41, 57, 73,

199, 218, 219, 222, 225, 236, 237, 238, 255, 263, 273, 274, 660.

MOROSIVO (Giustiniano), provéditeur de la république de Venise, II, 300, 305.

MORTARA, ville du Milanais, II, 411.

MORTON (Le comte DE), seigneur écossais, IV, 158, 193, 357.

MORVAN (Le), contrée de la France, IV, 627.

MORVILLIERS (M. DE), évêque d'Orléans, III, 293, 453, 464, 465, 475, 486, 549, 565, 636, 643, 717, 753, 815, 829, 851, 896, 917; IV, 110, 132.

MOSCA (Lodovico), secrétaire du pape Alexandre VI, II, 69 n.

MOSCENOUS [?] (M. DE), III, 867.

MOSCOVITE (LE), nom donné au tzar de Russie. Voir FÉDOR Ier.

MOTHE (Le vicomte DE LA), II, 806.

MOTHE-FÉNELON (M. DE LA), IV, 350, 385, 430, 553, 555, 556, 572.

MOTHE-SAINT-HÉRAYE (La), près Niort, (Deux-Sèvres), IV, 665.

MOTTE (M. DE LA), gouverneur de Gravelines, III, 867; IV, 288, 316, 318.

MOTTE-GONDRIN (M. DE LA), III, 476.

MOULINS (Allier), I, 272, 274, 276, 279, 324, 325, 652; II, 211, 273, 285, 695; III, 521, 619, 624, 784; IV, 57, 58, 59, 427, 525, 861, 864, 866, 880; V, 425.

MOUVANS (M. DE), III, 419.

MOZZANICA (Lorenzo DA), I, 435.

MUCCI (Agostino), IV, 151 n.

MUGELLO, région de la Toscane, I, 473.

MUNSTER (L'évêque de), III, 47.

MURATE (Couvent delle), à Florence, IV, 527.

MURE (La) [Isère], IV, 305, 306, 336, 338.

MURRAY (Jacques, comte DE), fils naturel de Jacques V, roi d'Écosse, III, 517.

IMPRIMERIE NATIONALE.

Mutrone, ville de Toscane, I, 620, 621 n., 633, 641, 649, 691; II, 37, 46.

Myolans (M. de). Voir Miolans.

Myrtus (Fabius). Voir Mirto (Fabio).

N

Najara (L'abbé de). Voir Marino.

Naldini (Ser Giovanni), secrétaire de légation, II, 991.

Naldo, condottiere, II, 729. Voir Bersighella.

Namur, ville de Belgique, IV, 123, 125, 127, 138, 142, 166, 174, 191, 200.

Nancy (Meurthe-et-Moselle), III, 639, 891; IV, 530, 572, 879, 884; V, 561.

Nantes (Loire-Inférieure), I, 356; III, 517, 605, 614, 616, 621, 625, 673, 755, 769, 883; IV, 157, 307, 330, 331, 335, 340, 360, 385, 530, 552, 558, 563, 567, 572, 573, 583; V, 358.

Naples, I, 207, 208, 219, 226, 229, 231, 236, 237, 238, 243, 248-250, 254, 256, 261, 265, 269, 272, 273, 276, 284, 288, 292, 301, 306, 309, 310, 328, 331, 332, 339, 342, 343, 347, 349, 352, 353, 354, 358, 360, 361, 362, 377, 378, 382, 386, 388, 389, 396, 397, 402, 407, 410, 411, 414, 425, 428, 429-435, 439, 442, 445, 447, 448, 450 n., 451, 472, 482, 486, 487 n., 498, 518, 531, 555 n., 558, 578, 583, 603, 605, 607 n., 609, 625, 630, 631, 647, 656, 660, 676, 677, 686, 687, 688, 695 n., 696, 700 n., 701; II, 19, 23, 26 n., 27 n., 58, 61, 63, 66, 69 n., 70 n., 75, 78, 79, 87, 107, 108, 123, 127, 136, 140, 141, 144, 147, 155, 171, 176, 184, 191, 198, 200, 202, 213, 215, 218, 219, 221, 233, 234, 236, 244, 265, 277, 295, 297, 339, 482, 494, 513, 576, 581, 602, 657,

734, 748, 765, 766, 767, 768, 770, 772, 774, 790, 795, 797, 798, 800, 804, 808, 812, 864, 865, 872, 880, 909, 912, 913, 914, 917, 918, 920, 922, 928, 929, 932, 933, 941, 955, 978, 984, 1003, 1005, 1006, 1010, 1013, 1014, 1015, 1016, 1017, 1022, 1024, 1025, 1029, 1033, 1035, 1037, 1041, 1043, 1051, 1066, 1077, 1093, 1105, 1108, 1118, 1122; III, 16, 19, 27, 31, 44, 60, 64, 70, 75, 88, 90, 95, 100, 104, 114, 237, 253, 267, 278, 288, 302, 307, 309, 311-313, 315, 316, 318 n., 331, 332, 338, 353, 360, 370, 372, 375, 667, 675, 841; IV, 187, 349, 386, 418, 679; V, 44, 46, 141, 174, 234, 284, 432, 494, 572, 695, 696.

Naples (Le cardinal de), I, 480.

Naples (Isabelle de), duchesse de Milan, I, 534, 586.

Narbonne (Aude), I, 685; II, 678, 687, 688, 835; III, 34; IV, 510, 629, 632.

Narbonne (L'archevêque de). Voir Amboise (Georges d'), Joyeuse (François de).

Narni, ville des États de l'Église, IV, 622.

Narni (L'évêque de), III, 567.

—— (Francesco da), II, 196.

Nasi (Alessandro), ambassadeur florentin, II, 72 et s. (instructions), 80, 254 (notice biographique), 306, 307, 401-515 (légation), 522, 523.

—— (Francesco), envoyé en France par la République, pour réclamer un navire de Laurent de Médicis, capturé par la marine du roi, I, 166.

Nasi, Florentin au service de Henri III, IV, 499, 505, 507, 533, 546, 557.

Nassau (Guillaume de), prince d'Orange, stathouder de Hollande, III, 131, 535, 577, 580-582, 584, 601, 643, 649, 650, 656, 659, 721, 733, 755, 767, 777, 778, 786, 787, 798, 801, 806, 836, 850, 856, 861, 869, 875-878, 883, 884, 890, 911, 912, 919, 927; IV, 16, 17, 82, 84, 88, 91-93, 122, 127, 132, 145, 148, 169, 181, 185, 186, 200, 201, 206, 211, 213, 239, 248, 251, 253, 258, 259, 262, 266, 271, 272, 273, 295, 306, 311, 321, 331, 335, 337, 355, 356, 358, 360, 361, 369, 375, 382, 388, 401, 405, 417, 419, 420, 426, 439, 445, 448, 452-457, 460, 470, 473, 478, 485, 507, 519, 520, 523, 524.

—— (Louis de), frère du prince d'Orange, III, 286, 649, 650, 658, 659, 660, 663, 711, 720, 729, 733, 734, 751, 753-755, 757, 759, 760, 761, 763, 770, 771, 773, 777, 778, 782, 784, 787, 799, 861, 862, 869, 875.

—— (Maurice de), prince d'Orange, IV, 524, 544; V, 478, 479, 480, 483, 487, 502, 507.

—— (Philippe-Auguste de), prince d'O-range, V, 482, 483.

Nati, envoyé des Siennois à Rome, III, 353.

Navagero, ambassadeur des Vénitiens à Rome, III, 359.

Navarra (Pietro), condottiere, II, 210, 584, 585, 695, 703, 881, 909, 922, 945, 952, 954, 975.

Navarre (Le grand chancelier de), III, 427.

—— (La Maison de), III, 212, 214.

—— (La princesse de). Voir Bourbon (Ca-therine de).

Navarre (Le royaume de), I, 69; II, 194, 197, 310, 492, 513, 821, 889, 909, 1011, 1018; III, 19, 149, 365, 385, 465, 496, 706, 710, 714, 717, 727, 737, 750, 875; IV, 133, 266, 330, 832; V, 20, 273, 430, 583, 685.

Nazareth (L'archevêque de), nonce aposto-lique en France. Voir Mirto (Fabio).

Negro (L'abbé di), III, 39.

Nemours (Seine-et-Marne), II, 742; IV, 64, 585, 588.

Nemours (Ducs de). Voir Foix (Gaston de). Savoie (Charles de) et Savoie (Jacques de).

—— (Duchesse de). Voir Este (Anne d').

Nepi (Giovanni da), III, 373.

Nérac (Lot-et-Garonne), IV, 78, 197, 237, 243, 245, 247, 249, 263, 266, 268, 304, 336, 339, 340, 372, 411, 504.

Nerli (Benedetto de'), ambassadeur floren-tin auprès de Louis XII, II, 50 (notice biographique), 51 et s. (instructions), 56 et s., 66.

—— (Tanai de'), envoyé de Florence à Charles VIII, I, 598, 599.

—— (Tanai de'), descendant du précédent, III, 55.

Nero (Francesco del), Florentin établi en Espagne, I, 645 n., 703-704.

Néron (L'empereur), V, 683.

Neroni (Dietisalvi), ambassadeur et homme politique florentin, I, 59, 60, 62, 133, 141, 142.

—— (Francesco), I, 86.

Nettoli (M. di), de Florence, IV, 303, 386.

Nettuno, ville des États de l'Église, I, 459, 460, 463, 464, 470, 474, 475, 483, 578.

Neufchâteau (Vosges), IV, 719.

Neufville (Charles de), fils du ministre Vil-leroy, V, 393, 399, 414, 415, 419, 422, 546, 549, 557, 569, 574, 576, 590, 697.

NEUILLY (Seine), V, 561.

NEVE (Stefano DI), I, 301.

NEVERS (Nièvre), II, 365; III, 503, 569, 640, 643; IV, 12, 60, 534, 627, 652.

NEVERS (Comte, duc, duchesse, marquise DE). Voir CLÈVES et GONZAGUE.

—— (Évêque de). Voir SORBIN DE SAINTE-FOY (Arnaud).

NEVEU, secrétaire du duc d'Anjou, IV, 388.

NEVIEUX (M. DE), favori du roi Henri III, IV, 728.

NICCOLINI (Agnolo), ambassadeur florentin, I, 424 (notice biographique), 441, 448, 450, 532, 554, 564, 565, 574, 583, 594.

—— (Agnolo), conseiller du duc Cosme Ier, archevêque de Pise et cardinal, III, 294, 521.

—— (Cesare), IV, 550, 552.

—— (Giovanni), ambassadeur florentin, V, 11 (notice biographique), 24-145 (légation), 196 et s., 366 et s., 593, 594, 596, 597.

—— (Otto), gonfalonier de Florence, I, 84, 85, 86, 88, 90, 91, 93, 95, 96.

—— (Spagnoletto), III, 61.

NICE (Alpes-Maritimes), I, 301; II, 1045; III, 89, 90, 155; IV, 112.

NICOLAS Ier, pape, V, 689.

NICOLAS V, pape, I, 68, 77.

NICOLAUS (M. DI), I, 271, 574.

NICOLO, localité, I, 591. Lire VICOLO(?).

NIMÈGUE, ville des Pays-Bas, IV, 177, 259, 263, 266.

NÎMES (Gard), III, 621, 622, 845, 864, 882, 883; IV, 32, 120, 121, 129.

NINOVE, ville de Belgique, IV, 306, 307.

NIORT (Deux-Sèvres), III, 591, 603, 608, 613, 906; IV, 53, 364, 665, 852, 855.

NIVELLES, ville de Belgique, IV, 151.

NIVERNAIS, province, III, 622.

NIZY-LE-CHÂTEAU, aujourd'hui NIZY-LE-COMTE (Aisne), III, 84; IV, 317.

NIZY-LE-COMTE. Voir NIZY-LE-CHÂTEAU.

NOAILLES (François DE), évêque de Dax, diplomate, III, 673, 835.

NOBILI (Bernardo DE'), citoyen de Florence, mort en France, I, 33.

—— (Cino DE'), neveu du précédent, I, 33.

—— (Le chevalier DE'), IV, 360 n.

—— (Vico DE'), III, 65.

—— (Vincenzo DE'), neveu du pape Jules III, III, 346.

NOCLE (M. DE LA). Voir BEAUVAIS-LA-NOCLE (M. DE).

NOINTELLES (Oise), III, 851.

NOISY, probablement NOISY-LE-ROI (Seine-et-Oise), IV, 252, 470; V, 119 n.

NOLE (M. DE LA), III, 870.

NOLI, ville de Ligurie, III, 46.

NONCE apostolique en France, III, 37; IV, 94, 195, 214, 229, 232, 242, 336, 337, 343, 420, 422, 431, 463, 464, 477; V, 510, 592, 594, 615, 618. Voir NAZARETH (M. DE), MALASPINA (Monseigneur DE), BERGAME (Évêque de) et TORRE (Michel DELLA).

NONE, ville du Piémont, I, 570, 583.

NONIO (M.), III, 924.

NORFOLCK (Le duc de), III, 91, 742, 743, 929.

—— (Le duché DE), IV, 257.

NORI (Francesco), ambassadeur de Florence auprès de Louis XI, I, 103 (notice biographique), 147-149.

—— (Francesco), Florentin établi en France, I, 232, 238, 244, 253, 333, 344.

NORMANDE (La nef), I, 698.

NORMANDIE, province, I, 286, 293, 401, 673, 685; II, 101, 105, 414, 465, 602, 770; III, 79, 91, 139, 144,

155, 413, 414, 421, 463, 485, 495, 569, 592, 596, 601, 662, 663, 723, 819, 854, 905, 908, 911; IV, 44, 77, 98, 105, 202, 212, 237, 239, 240, 242, 246, 248, 249, 250, 252, 254, 256, 258, 259, 263, 264, 265, 284, 304, 306, 309, 311, 320, 333, 350, 353, 360, 361, 365, 375, 378, 387, 407, 412, 415, 421, 422, 460, 462, 467, 472, 482, 492, 493, 501, 512-516, 530, 536, 544, 552, 564, 567, 571, 573, 574, 576, 596, 598, 648, 714, 719, 738, 744, 745, 755, 761, 762, 774-776, 787, 789, 793; V, 528, 623, 635, 638, 694.

NORMANDIE (Le général de), en 1483, I, 191; en 1505, II, 111.

—— (Le grand sénéchal de). Voir BREZÉ (Louis DE).

NORMANDS (Fantassins), I, 675.

NORT HOLLANDE (Pays de), IV, 127.

NORTHUMBERLAND (Le comte DE), IV, 592.

NOTABLES (Assemblée des), V, 320, 321, 322.

NOTRE-DAME (Église), à Anvers, IV, 419.

NOTRE-DAME D'AUXERRE, IV, 601.

NOTRE-DAME DE CHARTRES, IV, 462, 494, 521, 621, 801.

NOTRE-DAME DE CLÉRY (Loiret), I, 191; II, 163, 426; III, 489, 884; IV, 427, 462, 474, 494.

NOTRE-DAME-DU-JARDIN, à Crespy-en-Laonnois, III, 86.

NOTRE-DAME-DE-L'ÉPINE (Marne), IV, 563.

NOTRE-DAME-DE-LIESSE, en Picardie (Aisne), IV, 257, 422, 498.

NOTRE-DAME DE PARIS (Église), III, 764; IV, 462, 799, 863; V, 696.

NOTRE-DAME (Pont), à Paris, IV, 293.

NOTRE-DAME DU PUY (Haute-Loire), IV, 423.

NOUE (M. DE LA), capitaine calviniste, III, 604, 616, 626, 635, 676, 759, 760, 778, 782, 845, 846, 856, 864-867, 869-871, 880, 883, 906, 911, 931; IV, 12, 15, 19, 27, 46, 48, 82, 84, 94, 126, 177, 183, 185, 186, 200, 239, 249, 253, 256, 259, 262, 272, 285, 288, 294, 306, 307, 313, 316, 319, 321, 324, 339, 384, 395, 441, 474, 476, 576, 695, 761, 833; V, 129, 130.

—— (DE LA), fils du précédent, IV, 474.

NOVALESE, ville du Piémont, II, 615.

NOVARE, ville du Piémont, II, 30 n., 610, 694, 719, 720, 723, 866.

NOVARE (L'évêque de), V, 60.

NOVI, ville du Piémont, I, 60; II, 784.

NOYANT (Aisne), IV, 801.

NOYERS (Yonne), III, 599.

NOYON (Oise), I, 150; IV, 272.

NOYON (L'évêque de). Voir HANGEST (Jean DE).

NUREMBERG, ville d'Allemagne, III. 47; IV, 337, 884.

O

O (François, marquis D'), surintendant des finances, III, 870; IV, 232, 259, 278, 284, 303, 312, 342, 356, 358, 359, 371, 407, 413, 422, 505, 507, 512, 537, 568, 583, 785.

OBBA (Lionetto DELL'), III, 40.

OBIETTO (Messer), I, 462, 568, 580.

OCÉAN (L'), V, 528.

ODOARDO (Don), V, 33.

OGLIO, rivière d'Italie, II, 304, 336.

Oisy (Nord), IV, 288.

Oliva (L'abbé di), personnage polonais, IV, 212.

Olivares (Le comte d'), ambassadeur espagnol à Rome, III, 663; IV, 444; V, 38, 40, 44, 46, 55, 62, 63, 67, 69, 72, 78, 80, 81, 82, 83, 84, 85, 87, 88, 89, 92, 96, 97, 98, 99, 100, 101, 102, 103, 104, 105, 108, 110, 111, 116, 117, 118, 128, 135, 136, 137, 142, 143, 146, 147, 148, 152, 154.

Olivieri (Serafino), cardinal, V, 78, 80, 81, 88, 91, 93, 104, 107, 146, 153, 154, 161, 227.

Olivier de Leuville, chancelier de France sous Henri II, III, 201, 248, 402 et n. 1.

Oloron (Basses-Pyrénées), II, 14.

Ombrie, province d'Italie, III, 28.

Oneglia, ville de Ligurie, III, 34.

Onorio (Frate), religieux franciscain, confesseur du pape Clément VII, III, 11.

Oppiac (M. d'), IV, 669.

Oraison (M. d'), IV, 411.

Oran (Algérie), II, 144, 941.

Orange (Vaucluse), III, 647, 802; IV, 66, 508, 544, 545; V, 601.

Orange (Prince d'). Voir Châlon (Philibert de).

—— (Princes d'). Voir Chalon (Jean de), Chalon (Philibert de), Nassau (Guillaume de) et Nassau (Pilippe-Auguste de).

—— (Princesse d'). Voir Coligny (Louise de).

Orazio (Il signor). Voir Ruccellaï.

Orbitello, ville de Toscane, III, 321, 322, 328, 797, 850; IV, 123 n., 300.

Orcades (Iles), IV, 831.

Orival (M. d'), gentilhomme huguenot de Picardie, IV, 297.

Orléans (Loiret), I, 138, 232, 238, 244, 245, 248, 250, 252, 253, 254, 304,

334; II, 600; III, 35, 85, 144, 282, 403, 407, 408, 424, 425, 427, 443, 449, 474, 476, 478, 479, 484, 485, 487-495, 497, 498, 501-503, 507, 525, 532, 537, 548, 552, 554, 561, 563, 564, 568, 571, 573, 574, 576, 579, 592, 594, 599, 612, 624, 630, 642, 662, 738, 745, 767, 809, 821, 831, 847, 883, 894; IV, 49, 89, 270, 271, 290, 302, 329, 351, 416, 474, 519, 536, 538, 554, 561, 566, 568, 573, 612, 627, 659, 715, 839, 840, 850, 852, 854, 855, 858, 859, 861, 865, 879, 880; V, 28, 32, 246, 528, 539, 634, 694.

Orléans (Charles, duc d'), fils du duc Louis d'Orléans, frère de Charles VI, I, 61, 117, 130; II, 631, 632.

—— (Charles, duc d'), troisième fils de François Ier, III, 18, 33, 34, 37, 50, 76, 79, 85, 86, 139-141, 145, 148-151, 153, 155, 160, 161, 165.

—— (Charles d'), comte d'Angoulême, I, 283, 312.

—— (Claude d'), duc de Longueville, tué devant Pavie, II, 788, 792.

—— (Le duché d'), IV, 316.

—— (L'évêque d'). Voir Morvilliers.

—— (Françoise d'), seconde femme de Louis Ier, prince de Bourbon, IV, 18. 583, 827, 860.

—— (Gaston, duc d'), second fils de Henri IV, V, 637.

—— (Le gouverneur d'), IV, 576.

—— (Henri, duc d'). Voir Henri III.

—— (Louis, duc d'), frère de Charles VI, I, 36 n., 45.

—— (Louis, duc d'), fils du duc Charles d'Orléans. Voir Louis XII.

—— (Louis d'), duc de Longueville, II. 621, 641, 650, 656, 657, 660.

Ornano (Alfonso d'), colonel de l'infanterie

italienne, puis maréchal de France, IV, 442, 596, 711, 796, 844, 848, 878; V, 127, 596.

ORNANO (Sampiero). Voir SAMPIERO.

ORSINI (LES), famille romaine, I, 208, 218, 375, 494, 568, 644, 647, 696, 697, 701; II, 23, 73, 304, 768; III, 52, 336; IV, 407; V, 415, 445 n.

ORSINI (Alfonsina), belle-sœur du pape Léon X, I, 589, 590, 593, 606; II, 715, 716.

—— (Camillo), III, 269, 324.

—— (Le cardinal), en 1491, I, 484 n.; en 1572, III, 834, 840, 844; en 1581, IV, 386.

—— (Carlo), fils de Virginio, I, 472, 493, 494, 671 n., 674, 677, 689, 699.

—— (Clarice), femme de Laurent de Médicis, I, 219.

—— (Giordano), III, 410.

—— (Giovanni-Paolo), seigneur de Ceri, condottiere, III, 14, 24, 34.

—— (Giulio), I, 676.

—— (Lodovico), seigneur de Pitigliano, II, 114.

—— (Lorenzo), dit il signor Renzo, capitaine italien, II, 727, 729, 792, 800, 865, 872, 875, 878, 928, 935, 1022, 1025, 1043, 1055, 1110.

—— (Napoleone), cardinal de Saint-Adrien, I, 16, 17.

—— (Napoleone), abbé de Farfa, II, 1042, 1095, 1100.

—— (Niccolo), comte de Pitigliano, capitaine italien, I, 218, 481, 485 n,, 487, 549, 625; II, 304, 308, 321, 323, 327, 329, 331, 334, 336, 337, 338, 343, 351, 352, 361, 365, 384, 486, 388.

—— (Niccolo), comte de Pitigliano, descendant du précédent, III, 72, 112, 113, 118, 124, 340, 354.

ORSINI (Paolo), I, 463, 642.

—— (Paolo), autre de la même famille, III, 299, 324.

—— (Troilo), III, 324; IV, 132, 133 n., 134, 141 n., 153 n., 159, 222, 226, 238, 252, 335 n., 432, 433.

—— (Ulysse), II, 118.

—— (Valerio), écrit au grand-duc Cosme Iᵉʳ, III, 18, 22, 129.

—— (Virginio), sénéchal du roi de Naples, I, 218, 280, 416, 436, 438, 439, 444, 445, 446, 447, 448, 460, 463, 466, 469, 470, 471, 474, 480, 482, 483, 485 n., 487, 493, 494, 495, 549, 642, 676.

ORSO (Le comte), V, 625, 627.

ORTHÈS (L'abbé d'), envoyé du duc de Guise à Rome, V, 185, 196.

ORTONOVO, localité, I, 591.

ORVAL (Monseigneur d'), prétendant au comté de Nevers, II, 107.

ORVIETO, ville d'Italie, III, 349.

OSSAT (Arnaud, cardinal d'), diplomate, V, 205, 216, 225, 227, 228, 230, 237, 240, 246, 247, 249, 252, 260, 261, 267, 268, 269, 275, 277, 284, 287, 288, 295, 305, 307, 311, 313, 314, 323, 357, 361, 370, 379, 406, 414, 458, 470, 473.

OSTENDE, ville des Pays-Bas, IV, 524; V, 356, 465, 470, 478, 480, 487, 553.

OTTAVANTI (Domenico), lieutenant du grand-duc Cosme Iᵉʳ, III, 97, 99, 101, 105, 113.

OTTAVIO (Don). Voir FARNESE (Ottavio).

OSTIANO, petite ville près de Mantoue, II, 860.

OSTIE, ville des États de l'Église, I, 299, 310, 313, 388, 395, 402, 404, 459, 467, 468, 472, 475, 476, 477, 488, 517, 522, 529, 531, 554, 570, 578, 580; II, 471, 884, 1052.

Otrante, ville du royaume de Naples, I, 437; II, 1103.

Otrante (L'archevêque d'), III, 351.

Oudenarde, ville des Pays-Bas, IV, 303. 421, 445.

Ours-Blanc (L'), navire anglais, IV, 817.

Ourscamps (Oise), IV, 662.

Ovilans, peut-être Ouillon (Basses-Pyrénées), IV, 310.

Ozelles (Rigault d'), ambassadeur de Charles VIII en Italie, I, 657.

P

Pacaudière (La) [Loire], III, 538; IV, 57.

Pace (Messer Ricardo), II, 825.

Pacheco, agent de Philippe II, III, 373.

Padoue, ville d'Italie, I, 15, 504; II, 340, 351, 354, 356, 357, 358, 361, 363, 365, 369, 378, 384, 386, 391, 392, 393, 394, 395, 399, 408, 413, 414. 415, 418, 419, 422, 423, 424, 427, 439, 444, 451, 457, 488, 538, 573; III, 61.

Padoue (Saint-Antoine de), I, 529.

—— (Le seigneur de), I, 32.

Paglia (Tommaso della), III, 856.

Pagliano ou Paliano (Duc de). Voir Caraffa (Jean).

—— (Duchesse de), III, 373.

Pagni (Cristiano), agent du duc Cosme Ier auprès du marquis du Guast, lieutenant général de Charles-Quint dans le Milanais, III, 96 à 134 (correspondance avec Cosme Ier), 250, 259, 262, 280, 282, 287, 291.

—— (Lorenzo), secrétaire du duc Cosme Ier, III, 38, 121 n., 140, 151.

Paladino (Aloisi), I, 446.

Palais de justice, à Paris, III, 821; IV, 781, 806; V, 629.

Palatin (Le comte), sous Charles VIII et Louis XII, I, 265, 311, 343, 353; II, 166.

—— (Frédéric III, duc de Bavière, électeur), III, 535, 548, 558, 565, 583, 628, 643, 715, 716, 744, 776, 777, 778, 835, 849, 850, 855, 864, 926: IV, 18, 19, 53, 63, 89.

Palatin (Jean-Casimir, comte), quatrième fils de l'électeur Frédéric III, IV, 11, 13. 33, 53, 55, 59-63, 65-67, 69-72. 75, 99, 125, 145, 166, 167, 174, 175, 177, 179, 181, 185, 186, 203. 208, 233, 241, 246, 248, 253, 267, 270, 282, 291, 332, 337, 348, 464. 472, 573, 627, 708, 765, 786.

—— (Louis V, électeur), IV, 175, 254.

Palatinat (Le), V, 494.

Palavicino (Antonio-Maria), seigneur de Cassano, II, 273, 299, 335, 771.

—— (Galeazzo), condottiere, II, 330, 343, 730, 731.

—— (Il signor), alias monsignor di San Celso, III, 104.

Palavizzini (Les), famille, I, 48.

Palencia, ville d'Espagne, II, 1091, 1101.

Paleotto (Gabriele), cardinal, V, 99, 113, 209, 222, 224, 225, 232, 243, 263.

Palestrina, ville des États de l'Église, II, 1046.

Palisse (La) [Allier], II, 224, 227, 241; III, 628; IV, 57.

Palisse (Le maréchal de la). Voir Chabannes.

Pallotta (Giovanni), cardinal, V, 114, 210.

Palma, près de Fornoue (Italie), I, 626; II, 791.

PALMIERS (M. DE), IV, 353.

PAMPELUNE, ville d'Espagne, III, 365.

PANARO, rivière, I, 454, 463.

PANCALIERI (La comtesse DE), III, 744.

PANCARTE (La), impôt sous Henri IV, V, 481, 484, 485, 490.

PANCIATICHI (Les), banquiers florentins à Lyon, II, 887, 1010.

PANCIATICHI (Bartolommeo), Florentin, II, 173.

PANDOLFI (Filippo), envoyé de Florence à Rome en 1491, I, 484 n.

PANDOLFINI (Carlo), habitant de Florence en 1458, I, 85.

—— (Francesco), ambassadeur florentin, II, 89 (notice biographique), 90 et s., 297 et s., 323, 324, 325, 450, 528-546, 577, 579, 581 et s., 607, 608-679, 692-740, passim, 755.

—— (Giovanni), III, 344.

—— (Pierfilippo), ambassadeur florentin, I, 401, 424 (notice biographique), 438 n., 484, 448-450, 549, 687 n.

—— (Pierfilippo), ambassadeur de Cosme Ier auprès de Charles-Quint, III, 181, 297 à 338 (correspondance avec Cosme Ier).

PANDOLFO, légat apostolique en France, V, 691.

—— Voir PETRUCCI.

PANDONE, localité près d'Agnadel, II, 330.

—— (Camillo), envoyé de Naples auprès de Charles VIII, I, 281, 382.

PANFILIO, auditeur de rote, V, 370.

PAOLO, de Crémone, écuyer du duc Henri de Guise, IV, 555.

PAPPACODA (Artuso), envoyé du roi de Naples à Milan, I, 425, 426.

PAPPI, place située dans le Casentino, III, 20.

PARABEL, gouverneur de Beaucaire, IV, 178, 179, 192, 198, 202.

PARAVICINO (Le cardinal), V, 209, 222, 225, 233, 237, 243, 367.

PARDAILLAN (M. DE), III, 824.

PARDO (Cammillo), condottiere, II, 1042, 1049.

PARIS, I, 42, 48, 49, 51, 132, 221, 223, 233, 239, 267, 304, 308, 310, 312, 328, 356, 398, 654, 669, 676, 680, 681, 682, 683, 688; II, 111, 117, 131, 160, 192, 273, 414, 430, 466, 471, 472, 474, 476, 478, 479, 480, 481, 486, 597, 607, 608, 616, 617, 620, 621, 622, 624, 625, 627, 633, 634, 638, 658, 662, 663, 668, 695, 860, 862, 871, 873, 881, 887, 889, 936, 937, 941, 947, 950, 954, 958, 959, 964, 966, 967, 968, 970, 972, 976, 979, 1042, 1045, 1048, 1055, 1058, 1111, 1117; III, 15, 35, 41, 77, 79, 80, 125, 128, 131, 141, 142, 147, 153, 154, 157, 187, 188, 196, 197, 207, 209, 217, 218, 221, 224, 230, 231, 248, 257, 282, 377, 400-402, 408, 410, 413, 414, 416-418, 424, 426, 431, 436 n., 448, 453-463, 465-468, 470-472, 474-478, 480, 481, 483-485, 487, 488, 491, 494-496, 498, 499, 502-511, 519, 520, 525-532, 534, 542, 544, 545, 548, 549, 551, 554, 555, 557, 558, 560, 563, 565, 566, 568, 571-579, 581, 583, 584, 590, 591, 594, 606, 609, 612, 620, 624, 626-628, 633, 639, 641, 645, 648, 652, 655, 657, 661, 665, 669, 670, 674, 677, 679-681, 686, 694, 701, 726, 727, 729, 731, 732, 742, 743, 746, 750, 751, 755, 758, 772, 779, 785, 788, 792, 798, 800, 801, 803, 804, 808, 809, 811, 812, 814, 820-822, 824, 827, 829, 831, 832, 834, 837, 839-842, 844-846, 852, 856, 859, 860,

863, 866, 867, 869, 872, 875, 879, 884, 885, 888, 894, 902-908, 910, 912, 913, 915, 918, 920, 923, 925, 926, 928, 929, 931; IV, 12, 16, 19, 29, 33, 35, 36, 38, 39, 47, 48, 51, 54, 55, 57-61, 63, 66, 70-73, 75, 77, 80-83, 85-87, 93, 95, 107, 110-112, 115, 118, 119, 126, 128, 129, 131, 132, 134, 139 n., 140 n., 143, 145, 146, 148, 149, 152 n., 153, 155, 157, 161, 165, 170, 173, 175, 176, 181, 183, 190, 192, 193, 199, 201, 202, 204-205, 207, 209, 210, 212, 214, 215, 218, 219, 221, 238, 240, 242, 245 n., 247, 255, 258, 260, 267-271, 273, 281, 287, 299, 308, 321-323, 334-338, 341, 343, 350, 354, 365, 366, 373, 380, 394, 404, 409, 416, 418, 420, 423, 425, 429, 430, 432, 436, 440, 441, 443, 447, 449, 450, 452, 457, 459, 461, 462, 464, 467, 468, 470, 473, 474, 477, 478, 486, 487, 490, 495, 497, 503, 507, 509, 511, 514, 516, 523, 527, 528, 532, 537, 542, 544, 547, 554, 559, 562, 565, 570, 577, 585, 593, 595, 607, 608, 611, 612, 615-618, 623-627, 629, 631, 633, 634, 638, 642, 643, 651, 652, 654, 655, 661, 664, 667, 673, 676-678, 681-684, 687, 691, 697, 699, 704, 706, 708, 713, 715, 716, 719, 722, 725, 731, 732, 733, 738, 739, 742, 754, 761, 763, 764, 766, 771, 772, 773, 775-777, 779, 782-784, 786-788, 790-794, 797, 798, 801, 803, 805, 808-810, 818-820, 823, 825, 828, 829, 839, 841, 842, 844, 845, 848-852, 854-857, 859-863, 865, 867, 876, 879-881; V, 26, 28, 47, 51, 52, 57 n., 58, 59, 62, 65, 66, 77, 82, 85, 103, 104, 120 n., 123,

127, 129, 130, 133, 140, 141, 142, 143, 144, 145, 146, 147, 149, 156, 163, 187 n., 193, 195, 199, 203, 204, 205, 206, 207, 245, 289, 290, 292, 295, 296, 297, 299, 300, 304, 305, 315, 317, 318, 319, 320, 322, 324, 328, 337, 343, 361, 394, 410, 418, 424, 430, 433, 435, 453, 456, 457, 465, 466, 467, 469, 470, 475, 478, 481, 490, 492, 494, 508, 512, 518, 534, 535, 538, 539, 547, 548, 549, 551, 560, 561, 562, 566, 567, 568, 571, 572, 583, 591, 592, 596, 598, 601, 618, 620, 621, 624, 646, 663, 671, 681, 695, 696, 697, 698.

Paris (Le cardinal de). Voir Bellay (Guillaume du).

—— (Le chapitre de), IV, 543.

—— (L'évêque de). Voir Gondi (Pierre, cardinal de), et Poncher (Étienne).

—— (Le président de), II, 1007, 1081.

—— (Le prévôt de), IV, 133, 548.

Parlamento, parlement à Florence. Le peuple, convoqué sur la place au son de la cloche, est consulté par la *Seigneurie* dans le cas où elle juge à propos d'apporter des modifications à la Constitution, I, introduction, LIII.

Parlement (Le) de Grenoble, IV, 296.

—— (Le) de Paris, I, 33, 47, 242, 262, 284, 340; II, 641; III, 446, 447, 451, 467, 471, 472, 484, 497, 503, 505, 507, 526, 567, 571, 601, 640, 647, 825, 841, 888, 899, 902, 903, 930; IV, 13, 31, 64, 104, 130, 239, 514, 544, 546, 664, 781, 782; V, 202, 207, 294, 295, 302, 304, 306, 310, 317, 333, 334, 339, 497, 519, 595, 631, 636, 695.

—— (Le) de Rouen, IV, 462.

—— (Le) de Toulouse, I, 173; IV, 525, 600.

DE LA FRANCE AVEC LA TOSCANE.

PARME, ville d'Italie, I, 15, 528, 529,
530, 579; II, 87, 98, 133, 185, 247,
539, 540, 542, 543, 562, 564, 569,
690, 711, 723, 727, 748, 793, 806,
813, 823, 838, 900, 1009, 1010,
1016; III, 46, 51, 65, 152, 209,
210, 250-261, 264-271, 273, 274,
280, 283-285, 288-290, 298, 299,
305, 309, 310, 316, 328, 331, 335,
355; IV, 729, 754.

—— (Plaine de), près de Nola, dans la
terre de Labour (Italie), I, 429.

PARME (Duc, prince DE). Voir FARNÈSE (Ottavio) et (Alessandro).

—— (La duchesse DE). Voir AUTRICHE (Marguerite D').

PARME (L'évêque de), V, 265, 690.

PARMESAN (Le), territoire de Parme, I,
570, 578; III, 111, 354.

PAROLA, courrier, V, 300, 301, 303.

PARRI (Alamanno DE'), Florentin prisonnier
en France sous Charles VII, I, 70.

—— (Francesco DE'), III, 61.

PASQUALE (Messer), I, 430.

—— (M.), gentilhomme piémontais, IV,
208.

PASQUIER (Étienne), V, 491.

PASSAREDA, ville des Pays-Bas, près d'Anvers, IV, 262.

PASSERO (Cintio), neveu de Clément VIII,
cardinal de San Giorgio, V, 173, 201,
204, 213, 222, 225, 233, 235, 238,
240, 241, 242, 254, 256, 271, 451.

PASSITEA (La mère), religieuse en correspondance avec Marie de Médicis, V, 540.

PASSY, près Paris, IV, 467.

PASTORE (Franzino), capitaine de galère na-
politaine, I, 430, 431, 466, 540.

PATRIZI (Patrizio), noble romain, V, 216.

PAU (Basses-Pyrénées), V, 415.

PAUL II, pape, I, 137, 145, 149, 150.

PAUL III, pape (Alessandro Farnese), II,

415; III, 20, 21, 26-31, 35, 38, 41-
43, 46, 49, 52, 54, 56, 59-62, 67,
70, 105, 111, 112, 127, 134, 146,
155, 159, 165, 169, 170, 172-175,
204 n., 208-210, 212-216, 218,
220, 222, 223, 227, 232, 344, 347;
IV, 811.

PAUL IV, pape, III, 359, 360, 361, 362,
363, 367, 371, 372, 373, 375, 379,
383, 384, 394, 396, 397, 401, 404.

PAUL V, pape, V, 552, 560, 579-582,
592, 597, 608, 609, 614, 615, 630.

PAULIN (Le capitaine), baron de la Garde,
III, 22, 46, 47, 58, 69, 90, 148,
157, 159, 160, 198, 737, 755, 770,
772-774, 864, 865, 868.

PAVIE, ville d'Italie, I, 321, 528, 529,
530, 535, 541, 543, 549, 550, 576,
577, 580 n.; II, 384, 386, 387, 391,
400, 401, 725, 726, 728, 746, 783,
787, 789, 790, 796, 799, 810, 811,
812, 823, 824, 826, 827, 828, 829,
830, 1004, 1005, 1007, 1009, 1083,
1111; III, 38, 39, 64, 74, 79, 82,
105, 108, 111, 112, 115, 118, 124,
125, 132, 134, 314.

—— (Cardinal de). Francesco Alidorio
d'Imola, favori du pape Jules II, II,
385 n. 1, 391, 396-397, 400, 405-
407, 549 n. 2.

—— (L'évêque de), III, 143.

PAVIE (Théodore DE), médecin de Charles VIII, I, 330, 611.

PAYS-BAS (Les), I, 405; III, 56, 149,
150, 163, 649, 730, 767, 768, 770,
771, 778, 913, 919, 927; IV, 22, 95,
148, 149, 163, 173, 262, 267, 297,
300, 303, 306, 316, 317, 318, 325,
326, 333-335, 337, 339, 340, 344,
345, 350, 352-354, 356, 371, 378,
381, 385, 388, 392, 399, 402, 403,
409, 410, 413, 415, 421, 429, 434,

13.

454, 466, 506, 524, 537, 543, 657, 679, 762, 816; V, 322, 324, 325, 331, 335, 340, 341, 348, 352, 355, 358, 359, 362, 363, 433, 434, 457, 471, 478, 479, 482, 483, 484, 487, 490, 492, 493, 513, 569, 587, 588, 660, 698.

Pazzi, famille florentine, I, 169 et s., 182, 269, 614.

—— (Alessandro de'), II, 945.

—— (Andrea de'). ambassadeur auprès de Charles VIII, I, 614-620.

—— (Antonio de'), ambassadeur auprès du roi René, I, 61.

—— (Cosimo de'), ambassadeur auprès de Louis XII, II, 14 (notice biographique), 26 n.

—— (Guglielmo de'), I, 613.

—— (Pazzino de'), I, 15.

—— (Piero de'), ambassadeur auprès de Louis XI, I, 102 (notice biographique), 109, 126, 132.

Pedro (Don), frère de Philippe II, V, 45.

Pegna (Monsignor), auditeur de rote, V, 219, 220, 221, 222, 223, 224, 225, 231, 235, 241, 242, 250, 252, 259, 273.

Pelido (Pero), envoyé du duc Cosme Ier à Venise, III, 262, 264, 358 à 388 (correspondance avec Cosme Ier).

Pellegrino. Voir Lorini.

Pellevé (Nicolas de), cardinal de Sens, III, 813, 826; IV, 546 n.; V, 23, 50, 63, 67, 73, 78, 81, 111, 131 n., 139, 158.

Pelosa (La), passage des Alpes, II, 705.

Penna (Girolamo della), condottiere, II, 707.

Pepi (Francesco), ambassadeur florentin, II, 20, 28 n.

Pepoli, famille bolonaise, II, 746.

—— (Camillo), citoyen de Bologne, II, 554, 555.

Pepoli (Le cardinal), V, 209.

—— (Conte Cornelio), citoyen de Bologne, II, 567.

Pérauld (Raymond), évêque de Gurck, ambassadeur de l'empereur Maximilien, I, 230, 236, 242, 304, 305, 701; II, 273, 281, 364, 375, 377, 378, 379, 380, 382, 383, 384, 389, 434, 536, 553.

Perbenedetto (Mariano), cardinal de Camerino, V, 114, 209, 213, 214, 225, 283.

Perche, province de France, IV, 336, 352, 714, 858.

Peretti (Alessandro), petit-neveu de Sixte-Quint, dit le cardinal Montalto, V, 27, 36, 103, 104, 106, 111, 115, 125, 129, 130, 135, 137, 140, 194, 210, 222, 223, 224, 225, 264.

Perez (Antonio), ministre de Philippe II, réfugié en France, V, 318, 323, 326, 327, 466.

Perigny (Mme de), IV, 38.

Périgord (Le). province de France, IV, 99, 300.

Périgueux (Dordogne), III, 590; IV, 76, 120, 187, 383, 389.

Péron de Basche. Voir Basche (Péron de).

Péronne (Somme), II, 589; III, 531, 786; IV, 72, 73, 76, 91, 121, 272, 554, 683; V, 694.

—— (Le gouverneur de), IV, 408.

Pérou (Le), pays d'Amérique, III, 773; IV, 362, 654.

Pérouse, ville de l'Ombrie, I, 15, 21, 611, 647; II, 167, 1044, 1086, 1093; III, 28, 46, 52, 210, 322, 349, 354.

Pérouse (Zitolo de), capitaine vénitien. Voir Zitolo.

Perpignan (Pyrénées-Orientales), I, 254, 256, 258, 341, 660, 685; III, 27, 34, 37, 618.

Perpignan (Draps de), I, 166-167.

Persans (Les), III, 218.

Perse, pays d'Asie, IV, 435, 449.

—— (Le roi de), III, 338.

Pertinari (Tommaso), Florentin établi en Allemagne. I, 645 n.

Peruzzi, maison de marchands florentins, I, 25.

—— (Giovanni), fait partie de l'ambassade envoyée par Florence à Jean XXIII, I, 54 n.

—— (Filippo), IV, 359 n.

Perze (Le capitaine), IV, 214, 215.

Pesaro (Pietro), provéditeur vénitien, II, 847.

Pescaire (Le marquis de). Voir Avalos.

Peschiera, ville d'Italie, II, 337, 339, 340, 342, 343, 345, 346, 347, 348, 349, 350, 351, 352, 353, 355, 357, 360, 362, 365, 367, 368, 372, 379, 381, 389, 398, 401, 402, 407, 408, 425, 429, 444.

Pescia (Agostino da). Voir Castelvecchio.

Pescia (Le capitaine Michele da), IV, 343.

Pesciolini, commandant du château d'If, V, 339 et n. 1, 340.

Petigliano, ville de Toscane, III, 356; V, 176.

Petigliano (Le comte de). Voir Orsini.

Petite-Pierre (M. de la), capitaine huguenot, IV, 269.

Pétrarque, IV, 335.

Petrucci (Le commandeur Jean-Marie), ambassadeur du duc Cosme Ier en France, III, 436, 513, 514 (notice biographique), 515 à 856 (correspondance avec Cosme Ier et François Ier de Médicis), 645, 724-775 (correspondance avec Catherine de Médicis), 860, 862, 920; IV, 39.

—— (Le capitaine Muzio), III, 351, 352.

—— (Pandolfo), condottiere, I, 473;

II, 23, 86, 95, 96, 99, 100, 103, 114, 126, 129, 133, 145, 146, 161, 166, 167, 226, 235, 408, 473, 497, 499, 500, 551.

Petruccio (Le cardinal), II, 577.

Petruzzi (Achille), de Sienne, III, 816.

Pezénas (Hérault), IV, 28, 306.

Peyrusse (Anne de), évêque de Lisieux, cardinal des Cars et de Givry. V, 106, 119, 162, 322, 587.

Peyrusse des Cars (Charles de), évêque de Langres, IV, 467, 468.

Pfeffer ou Pfiffero (Le colonel), capitaine suisse, IV, 579, 590, 705, 865.

Philibert Ier, duc de Savoie, I, 161.

Philibert II, duc de Savoie, II, 21 n.

Philippe Ier le Beau, roi de Castille, I, 311, 387; II, 75, 100, 106, 109, 113, 131, 143, 144, 146, 148, 149, 150, 153, 155, 158, 160, 166, 170, 175.

Philippe II, roi d'Espagne, III, 193, 197, 359, 361, 362, 364, 369, 372, 373, 375-377, 379-381, 384-391, 393, 394, 396-398, 414, 468, 469, 477, 494, 496, 506, 512, 516, 583, 584, 619, 622, 625, 627, 636, 637, 646, 648, 650, 653, 654-656, 662-664, 666-672, 674-676, 678, 680, 682-685, 689-693, 712, 716, 717, 721, 729-731, 734-737, 741, 745, 757, 762, 767, 768, 770, 771, 772, 773, 777, 779, 780, 782, 784, 787, 788, 790-797, 801, 803, 805, 807, 814, 828, 829, 833, 834, 836, 838, 850, 875, 876, 878, 883, 888, 890, 895, 909, 910, 912, 926; IV, 6 n., 17, 24, 38, 40-43, 66, 78, 94, 98, 132, 135, 145, 151, 156, 159, 162, 167, 170, 173, 174, 187, 188, 191, 192, 200, 201, 205, 208, 211, 235, 239, 244, 257, 261-263, 271, 281, 286, 288, 298, 301, 302, 303, 306, 308,

313, 316, 318, 322, 325, 326, 330,
332-334, 337, 338, 340, 344, 345,
352, 355, 359, 361, 363, 370, 374,
375, 378, 379, 382, 384, 385, 386,
388, 390, 396, 397, 402, 403, 409,
411, 412, 414, 416, 417, 418, 419,
426, 429, 430, 434, 435, 436, 437,
441, 442, 444, 451, 454, 455, 463,
466, 471, 472, 476, 484, 489, 493,
496, 498, 502, 505, 506, 513, 520,
521, 522, 528, 529, 530, 535, 536,
537, 539, 543, 544, 545, 547, 557,
571, 578, 583, 590, 592, 599, 601,
603, 604, 605, 641, 653, 657, 664,
666, 669, 672, 675, 679, 681, 687,
688, 693, 701, 703, 705, 708, 724,
730, 732, 735, 736, 737, 741, 746,
749, 754, 757, 759, 761, 763, 764,
767, 769, 770, 771, 774, 786, 797,
806, 816, 817, 821, 825, 829, 831,
836, 837, 838, 839, 841, 844, 845,
850, 864, 867, 877, 880, 882; V, 13,
14, 22, 23, 33, 38, 45, 48, 53, 54,
64, 68, 71, 72, 73, 77, 81, 85, 86,
87, 89, 93, 94, 96, 98, 99, 101, 102,
108, 109, 110, 113, 117, 124, 125,
126, 128, 135, 138, 140, 142, 144,
146, 148, 152, 153, 154, 156, 161,
163, 164, 165, 167, 169, 172, 185,
187, 190, 194, 202, 206, 207, 224,
238, 241, 242, 257, 259, 273, 279,
280, 284, 285, 293, 313, 321, 323,
325, 327, 329, 331, 336, 341, 355,
356, 357, 362, 363, 448, 581, 584,
644, 650, 651, 653, 655, 659, 660,
680, 695, 696.

PHILIPPE III, roi d'Espagne, V, 403, 404,
411, 422, 423, 430, 432, 433, 437,
439, 443, 446, 447, 448, 449, 451,
455, 457, 458, 463, 475, 478, 479,
480, 483, 484, 486, 487, 489, 494,
495, 500, 521, 530, 542, 549, 550,

557, 569, 570, 571, 577, 580. 581,
582, 583, 586, 590, 601, 607, 608,
609, 611, 627, 628, 629, 639.

PHILIPPE IV, roi de France, I, 3-4, 12.

PHILIPPE VI, roi de France, I, 4-5, 16-21.

PHILIPPE II, duc de Savoie, I, 151, 152,
282, 294, 460, 462, 658, 663, 668,
672, 676, 687, 694.

PHILIPPE-EMMANUEL, duc de Mercœur. Voir
LORRAINE.

PHILIPPEVILLE, ville de Belgique, IV, 156,
160, 168, 400.

PIANCALDOLI, localité de Toscane, II, 53.

PIANORO, localité de Romagne, II, 749.

PIBRAC (Gui du Faur DE), chancelier du duc
d'Anjou, III, 825; IV, 35, 208, 344,
483, 510.

PICARDIE, province, I, 293, 354, 433, 654,
673; II, 609, 628, 650, 658, 659.
898, 957, 967; III, 54, 163, 200,
228, 365, 385, 413, 417, 421, 474,
504, 530, 531, 562, 573, 579, 601,
610, 614, 619, 639, 697, 720, 786,
836, 867, 868, 890, 891, 898, 910,
911, 916; IV, 13, 16, 59, 62, 72.
73, 77, 92, 98, 121, 159, 162, 165.
188, 201, 205, 210, 211, 250, 272,
284, 287, 292, 294, 297, 307, 309,
314, 315, 316, 317, 318, 320, 333,
344, 349, 364, 365, 382, 413, 415,
420, 424, 426, 465, 467, 472, 491,
498, 515, 517, 520, 528, 531, 536,
552, 556, 564, 568, 573, 579, 583,
600, 640, 683, 685, 688-690, 702,
703, 719, 729, 752, 753, 761-763,
766, 769, 770, 772, 797, 823, 825,
839, 852, 854; V, 32, 338, 352, 413,
465, 482, 505, 599, 623.

PICARDIE (Le régiment de), IV, 517, 553,
568, 574.

PICARDS (Fantassins), I, 675; II, 300, 302.

PIOCHENA (Curzio DA), secrétaire de Sinolfo

Saracini, ambassadeur florentin en France, IV, 113, 139 n., 148 n., 149 n., 151 n., 163 n., 182, 190 n., 195 n., 215, 222, 223, 224, 225, 227-232, 234-237, 244, 245 n., 361.

Picchena (Gemignano da), fils du secrétaire Curzio da Picchena, IV, 141 n.

Piccinino (Jacopo), ennemi du duc de Milan, I, 131.

Piccolomini (Alfonso), IV, 564, 604.

—— (Eneas), banni de Sienne, III, 339.

Picquigny (Somme), II, 982.

Piculi, ambassadeur vénitien en France, V, 566.

Pie II, pape, I, 83, 96, 97, 210.

Pie III, pape, II, 14.

Pie IV, pape, III, 411, 424, 462, 464, 469, 492, 496, 516, 779.

Pie V, pape, III, 539, 540, 550, 553, 577, 582, 583, 591, 601, 620, 622, 625, 627, 631, 636, 646, 648-650, 651, 654, 655, 658, 659, 662, 665, 666, 667, 669, 670, 672, 675, 684, 687-689, 691, 695, 696, 697, 703, 707, 710, 713-715, 717-719, 722-724, 727, 730-732, 735-740, 752; IV, 548.

Piémont (Le prince de), fils du duc de Savoie Emmanuel-Philibert, III, 742; IV, 167.

Piémont, pays, I, 276, 301, 304, 305, 311, 316, 343, 352, 354, 378, 475, 626; II, 543; III, 14, 23, 26, 31-33, 37, 40 n., 42, 45, 48, 51, 55, 66, 71, 75, 77, 80, 86, 87, 96, 105, 106, 109, 111, 112, 115, 118, 121, 127-129, 131, 133, 134, 150, 152, 194-196, 213, 216, 220, 257, 261, 264, 271, 284, 285, 288, 305, 311, 312, 314, 316, 319, 352, 362, 366, 370, 372, 378, 385, 398, 628, 645, 669, 816; IV, 20, 25, 258, 269, 335 n.,

434, 518, 530, 650; V, 187, 189, 406.

Piennes (M. de), chambellan de Charles VIII, I, 621, 629 n.; II, 659.

—— (M. de), sous Henri III. Voir Halluin.

Pienza (L'évêque de), III, 352.

Pierfilippo. Voir Pandolfini (Pierfilippo).

Pierfrancesco (Lorenzo di). Voir Médicis (Laurent de).

Piero (Il signor). Voir Médicis (Pierre de).

Pierre II, duc de Bourbon. Voir Bourbon.

Pierrepont, dans le Laonnais (Aisne), IV, 372, 382.

Pierres (M. de), gouverneur de Metz, IV, 284.

Pietra-Santa, ville de Toscane, I, 384, 527, 576, 578, 583, 590, 591, 592, 593, 598 n., 603, 621 n., 622, 627, 630, 633, 641, 646, 649, 692; II, 37, 46, 61, 386; III, 75, 355.

Pieve-San-Stefano, ville de Toscane, III, 20.

Piffero (Le colonel). Voir Pfeffer.

Pignerol, ville du Piémont, II, 704, 708; IV, 24, 25.

Pii (Enea de'), de Ferrare, condottiere, III, 568.

Piles (M. de), capitaine gascon, III, 773, 815-817, 820, 823, 824.

Pinart (M.), secrétaire du roi Henri III, III, 877, 878; IV, 286, 318, 349, 350, 386, 387, 407, 518, 545, 598, 822.

Pinelli (Domenico), cardinal, V, 37, 51, 62, 63, 74, 86, 95, 96, 114, 118, 119, 123, 126 n., 134, 141, 142, 147, 148, 152, 153, 154, 196, 213, 225, 239.

Pio (Alberto), comte de Carpi. Voir Carpi.

Piombino, ville de Toscane, I, 35, 65, 312; II, 36, 86, 87, 105, 109, 111, 114,

127. 141. 143, 193, 297, 443; III, 93. 245, 271, 341.

Piombino (Seigneur de). Voir Appiano.

Pirro da Colle, un des *bravi* soudoyés par le grand-duc François Ier de Toscane. IV, 113 n. 1, 114-116-117.

Pisano (Luca), Vénitien, I, 509.

Pisani (Le marquis de), Jean de Vivonne. Voir Saint-Goar.

—— (La marquise de). Voir Savelli (Giulia).

Pise, I, 13, 15, 33, 34, 52, 53, 54, 67, 380, 384, 388, 389, 400, 402, 418, 431. 450, 568, 572, 576-578, 583, 589. 590, 591, 592, 597, 598 n., 612, 613, 620, 621 n., 622, 627. 628, 629 n., 630, 631, 633, 634, 655 n., 641-643, 646, 649 n., 650 n., 651, 654, 655, 658 n., 661, 668, 677, 687 n., 691, 693, 695 n., 697-700 n., 702-704; II, 15, 16, 18, 23, 25, 27-29, 33 n., 34 et s., 38, 40, 42, 44, 45, 50, 55, 56, 57, 58, 59, 64, 65. 69 et s., 82, 87, 91, 93, 96, 99, 109, 111, 115, 117, 119, 122, 125, 126, 127, 129, 130. 131, 132, 133, 134, 135, 141. 142, 143, 145, 146. 147, 148, 151, 152, 156, 162, 164, 165. 172, 174, 177, 181, 185, 186, 187. 189, 192, 193, 194, 197, 198, 201, 202, 203, 205, 206, 207, 208, 209, 212, 213, 216, 218, 219, 221, 222. 223, 225, 226, 227, 228, 229, 233, 234, 235, 236, 237, 240, 241, 242, 243, 244, 245, 246, 248, 250, 252, 253, 256, 259, 261, 268, 271, 272, 276, 277, 278, 280, 281, 282, 283, 284, 285, 286, 287, 288, 292, 293, 295, 297, 303, 310, 311, 313, 315, 332, 341, 344, 345, 347, 355, 358, 359, 361, 362, 363, 364, 365, 366, 367, 369, 375, 376, 384, 414.

443, 449, 526, 529, 530. 531. 533, 536, 541, 735, 756, 757; III, 304. 318, 357, 932; V, 154.

Pise (L'archevêque de), V, 83, 445 n.. 446 n. Voir en outre Salviati (Francesco).

—— (Le concile de). I, 52, 53, 178.

Pisseleu (Anne de), duchesse d'Étampes, III, 15, 142, 144, 148, 149, 151, 154-156, 158, 224.

Pistoia, ville de Toscane, I, 479, 572, 578; II, 50, 78; V, 417.

—— (L'évêque de). Voir Pucci (Antonio).

Pithiviers (Loiret), III, 498, 599.

Pitigliano (Le comte de), I, 218. Voir Orsini.

Pitti (Bonacorso), ambassadeur de Florence auprès de Charles VI. I, 28-29 (notice biographique), 31 n., 32 n., 35, 39. 49-52.

—— (Bonacorso), petit-fils du précédent, ambassadeur auprès de Louis XI, I, 102 (notice biographique), 109, 132.

—— (Luca), seigneur florentin. I, 141-142.

Pizzighitone, ville du Crémonais. II. 312, 335, 343, 382.

Placentin (Le). territoire de Plaisance (Italie), I, 579; III, 111, 314.

Plaisance, ville d'Italie, I, 523, 528, 530. 572, 575, 576, 577, 579, 588; II. 68, 543, 564, 690, 710, 711, 718, 719, 720, 723, 725, 726, 727, 729, 730, 731, 785, 786, 791, 797. 803. 810, 813, 816, 823, 831, 837, 838, 865, 872, 900; III, 28, 38, 45, 46, 51, 110, 111, 112, 121, 135, 152, 209, 210, 266.

—— (Le cardinal de). Voir Sega.

Platina, historien italien, V, 689, 690.

Platta (Le cardinal), V. 213, 214, 225, 233, 243.

PLESSIS (M. DU), capitaine français, II, 542.

PLESSIS-LEZ-TOURS (Indre-et-Loire), I, 173, 174, 189, 190, 333, 339; II, 525; IV, 315.

PLESSIS-MORNAY (Philippe DU), conseiller du roi de Navarre, IV, 504.

PLUVIERS. Voir PITHIVIERS.

PLYMOUTH, port d'Angleterre, IV, 816.

Pô, fleuve, II, 442, 572, 707, 711, 725, 726, 785, 786, 791, 804, 823, 860, 864, 865; III, 38, 88, 107, 110-113, 115, 120, 122, 128, 376.

PODESTA, magistrat étranger, élu annuellement, exerçant la haute juridiction civile et criminelle à Florence, I, introduction, XXIII et n. 3, XXIV et n. 2, XLVIII, LI, LVII.

PODOLIE, province polonaise, III, 47.

POGGIO ou POGGIBONZI, petite ville de Toscane, I, 621 n.; III, 45.

POGGIO-IMPERIALE, localité près de Florence, II, 865.

POIGNY (M. DE), IV, 565, 721, 815; V, 676.

POIRINO, ville du Piémont, III, 120.

POISSY (Seine-et-Oise), II, 639, 640, 643, 646, 648, 651, 657, 660, 843, 846, 851, 855, 863, 864, 866, 868, 870, 876, 880, 883, 886, 890, 892, 896, 898, 899, 905, 912, 916, 919, 923, 926, 934; III, 188, 193, 461, 462, 464, 467, 551; IV, 327, 376; V, 470.

POITIERS (Vienne), III, 416, 424, 483, 494, 580, 594-602, 606, 631, 903; IV, 49, 50, 111, 120, 121, 124, 192, 307, 324, 325, 326, 416, 473, 563, 599, 853, 866; V, 485, 698.

POITIERS (Diane DE), duchesse de Valentinois, III, 401, 524.

POITIERS (L'évêque de). Voir BELLAY (Jean DU).

——— (Le lieutenant de), III, 896.

POITOU, province, III, 413, 626, 904, 905, 908; IV, 13, 15, 23, 27, 42, 51, 60, 99, 107, 132, 205, 307, 364, 382, 393, 416, 529, 564, 618, 633, 636, 638, 642, 645, 654, 658, 665, 672, 692, 696, 703, 706, 710, 713, 719, 722, 723, 731, 749, 768, 785, 796, 804, 805, 812, 813, 819, 823, 828, 834, 839, 841, 852, 853, 855, 859; V, 481, 482, 490, 519, 523.

POLESINE, pays d'Italie, II, 257, 313, 354, 358, 384, 491.

POLO (Le cardinal), III, 369, 373, 391.

POLOGNE, pays, I, 177; III, 722, 787, 806, 841, 870, 873, 875, 878, 880, 881, 887, 888, 890-893, 898, 925, 927, 929-931; IV, 23, 27, 35, 36, 39, 80, 207, 208, 212, 214, 342; V, 359.

——— (Rois de). Voir ÉTIENNE BATHORI, HENRI III, roi de France, SIGISMOND Ier et SIGISMOND III.

POLTROT DE MÉRÉ, assassin du duc de Guise, III, 503.

POMÉRANIE, région de l'Allemagne, IV, 695.

POMIÈRES (M. DE), envoyé de Henri III en Savoie, IV, 358.

POMMIER (Le capitaine), IV, 479.

POMPADOUR (M. DE), IV, 372, 375.

PONCET (P.), religieux bénédictin, IV, 462.

PONCHER (Étienne), évêque de Paris, garde des sceaux, ambassadeur, II, 106, 110, 259, 260, 273, 287, 296, 309, 310, 338, 364, 369, 376, 378, 509, 513, 515, 629, 630, 636, 678, 679, 688.

PONS (Charente-Inférieure), IV, 125, 837.

PONS (Mlle DE), IV, 283, 284.

PONT (Le marquis DU), fils du duc Charles II de Lorraine, IV, 767.

PONTANO (Jacopo), ambassadeur du roi de Naples à Florence et à Rome, I, 425, 426, 434, 439, 441, 445, 449, 458,

VI.   14

468, 473, 482, 485, 489, 490, 493, 508, 540.

Pont-de-Beauvoisin (Isère), I, 132.

Pont-de-l'Arche (Eure), IV, 173.

Pont-Dormy, sur la Somme, près d'Abbeville, IV, 400, 762.

Ponte-a-Valiano, localité sur les confins du Siennois, III, 331.

Pontecorvo, ville du royaume de Naples, I, 399.

Ponte-d'-Era, ville de Toscane, III, 130.

Ponte-di-Sacco, I, 629 n.

Ponte-di-Stura, ville du Piémont, III, 128.

Ponte-Molle, pont sur le Tibre au nord de Rome, V, 216.

Ponteza, lieu près de Gênes, III, 132.

Pontlevoy (Cher), II, 370, 472.

Pontoise (Oise), III, 496, 497.

—— (Les États de), III, 461.

—— (Le gouverneur de), fils de M. de Villeroy. Voir Neufville (Charles de).

Pontremoli, ville de Toscane, I, 585, 590; II, 37, 48, 225, 533.

Pontremoli (Simonetto da), II, 327, 345, 355.

Pont-Saint-Esprit (Gard), III, 617, 622, 626; IV, 31, 53, 97, 100, 192, 198, 464, 796.

Pont-Sainte-Maxence (Oise), IV, 322.

Popelinière (M. de la), IV, 308.

Popoleschi (Bartolommeo), ambassadeur florentin en France, I, 39, 42, 52 n., 53, 54 n.

Porcien (Le prince de). Voir Croy (Antoine de).

—— (La princesse de). Voir Clèves (Catherine de).

Porcile, localité sur la frontière du Véronais, II, 356.

Pordinone, ville du Frioul, III, 61.

Portercole, port de Toscane, III, 356, 672, 797, 850; IV, 123 n., 300.

Porto-Pisano, port de Toscane, II, 69.

Porto-Venere, lieu près de la Spezzia, I, 52.

Portugal, pays, I, 293, 381, 401, 495; III, 60, 729, 730, 746, 748, 749, 768, 770, 772, 773, 787; IV, 146, 150, 158, 201, 255, 256, 257, 258, 259, 271, 308, 330-332, 334, 335 et n., 340, 342, 343, 345, 351, 360, 364, 375, 376, 381, 387, 393, 408, 416, 435, 436, 449, 450, 456, 512, 515, 516, 526, 537, 545, 657, 661, 666, 771, 774, 806, 814-817, 846, 864; V, 453, 454, 457, 479, 484, 494, 507, 655.

—— (Ambassadeur de) en France, IV, 167.

Portugal (Antoine de), grand prieur de Crato, prétendant au trône de Portugal, IV, 267, 270, 329-331, 334, 335 n., 340, 360, 363, 375, 376, 381, 385, 387, 393, 402, 408, 413, 416, 421, 435, 436, 450, 456, 463, 464, 473, 475, 477, 485, 493, 505, 522, 529, 542, 544, 622, 864.

Possevino (Il padre), jésuite, V, 173, 181, 202, 245, 315.

Pougues, près Nevers (Nièvre), IV, 652.

Pouille, pays d'Italie, I, 256, 658; II, 69 n., 210, 222, 918, 929, 1012, 1014, 1016, 1017, 1018, 1022, 1025, 1043, 1048, 1055, 1062, 1103, 1110, 1117; III, 54, 307, 308.

Pouille (Le duc de), V, 691.

Pouet ou Pouet, capitaine en Dauphiné, IV, 711.

Poyet, chancelier de France, III, 41.

Prado (Francesco de), capitaine espagnol, III, 33.

Praet (Louis de), ambassadeur de Charles-Quint, II, 850 n.

Pragmatique Sanction, I, 125, 330, 451.

Pralion (M. de), IV, 332.

Praslin (M. de), capitaine des gardes
de Henri IV, V, 497, 599, 628, 633.

Prato, ville de Toscane, I, 21.

Pré aux Clercs (Le), à Paris, III, 818.

Préfet de Rome (Le). Voir Rovere (Giovanni della).

Pregati, Pregadi et Pregai (Conseil des), à
Venise, I, 499, 502, 504, 511, 512,
514, 530; III, 73, 385.

Prégent (L'amiral), II, 240, 649, 653,
659.

Pregianni (L'amiral). Voir Prégent.

Premier président (Le). Voir Thou (Christophe de) et Harlay (Achille de).

Prés (Jacques des), évêque de Montauban,
III, 549.

Presigny (M. de), conseiller de Louis XI, I,
127.

Prévôt de l'hôtel (Le), en 1529, II,
1080.

Prie (René de), cardinal, évêque de Bayeux,
II, 412.

Prieur (Grand) de France. Voir Angoulême
(Henri d').

Primaldoia [?], I, 301.

Priuli (Lorenzo), doge de Venise, III, 361,
365, 373, 374.

Protestants (Les), III, 59, 214, 358,
397, 400, 405, 408, 419; IV, 49, 57,
59, 213, 214, 358, 397, 400, 405,
408.

Provence, province, I, 179, 205, 236,
266, 270, 284, 293, 297, 298, 299,
301, 306, 377, 395, 403, 519, 581,
582, 658, 659, 662, 686; II, 415,
441, 649, 653, 659, 759; III, 19, 37,
90, 157, 159, 219, 283, 285, 290,
293, 381, 410, 415, 419, 424, 474,
507, 561-564, 569, 571, 577, 770,
884, 892, 906; IV, 18, 20, 23, 24,
29, 31, 42, 68, 107, 110, 112, 126,
138, 154 n., 202, 205, 209, 211,
212, 237, 239, 240, 244, 245, 248,
250, 252, 254, 256, 258, 291, 370,
380, 397, 416, 422, 449, 473, 496,
509, 510, 528, 563, 573, 618, 648,
650, 652, 653, 666, 673, 678, 682,
745, 774, 826, 835, 873; V, 88, 131,
133-135, 141, 142, 146, 264, 282,
347, 351, 494, 499, 502, 541, 571,
582, 583.

Provence (Le grand sénéchal de), I, 126.

Pruneaux (M. de), agent de François de
Valois, duc d'Anjou, IV, 295, 424,
426, 511, 526, 531.

Prusse (Le duc de), III, 807.

Pucci (Antonio), évêque de Pistoia, légat
apostolique en France et en Espagne, II,
665, 836, 838, 1050, 1059, 1076,
1096, 1104.

—— (Dionigi). Sa biographie, 423-424.
Ambassadeur de Florence à Naples. Sa
correspondance, 448-451.

—— (Puccio), ambassadeur de Florence à
Rome. Sa biographie, I, 484. Deux dé-
pêches, 487-495.

Puccini (Bartolomeo), I, 86.

Pugny (M. de), IV, 590.

Puy (Évêque du). Voir Saint-Nectaire (Antoine de).

Puygaillard (M. de), III, 619, 626, 632,
635; IV, 23, 115, 313, 382, 389,
393, 407, 429, 454, 465, 466, 471,
473, 514, 530, 534.

Pyrénées (Les), III, 506; IV, 345, 831.

Q

Quarante-Cinq (Les), gardes du corps du roi Henri III, IV, 545, 842.

Quarantesi (Andrea de Giovanni), représentant de Florence en Espagne, I, 703, 704.

—— (Castello), citoyen de Florence, I, 86.

Quercia (La), III, 279.

Quercy, province de France, IV, 301.

Quesnoy (Le) [Nord], IV, 267.

Quintana, ambassadeur espagnol, I, 594, 619.

R

Rabodanges, gentilhomme de François Iᵉʳ, II, 888, 906 et n. 1.

Radicofano (Guasta di Jacobini da), capitaine et défenseur de Florence en 1311, I, 13.

Raggazoni (Placido), IV, 498.

Raguse, ville de Dalmatie, I, 187; II, 667, 668; III, 44.

Raimondo, V, 219.

Ramazotto, condottiere, II, 729; III, 112.

Rambouillet (Seine-et-Oise), III, 502.

Rambouillet (Cardinal de). Voir Angennes (Charles d').

—— (Famille de), IV, 803.

—— (M. de). Voir Angennes (Nicolas d'), seigneur de Rambouillet.

Rametti (Sebastiano), banquier florentin, IV, 420, 486, 488, 494, 499, 502, 507, 508, 510, 515, 522, 532, 533, 542, 550, 572, 575, 593, 600.

Randan (M. de), gouverneur d'Auvergne, IV, 311, 573, 575, 580, 581, 674.

—— (Madame de), IV, 534, 575.

Rangone (Guido), condottiere, II, 786.

Ranté (Le vicomte de), IV, 453.

Ranty, capitaine huguenot, III, 607.

Rapuglia, ambassadeur de Naples à Milan, I, 533, 534, 539, 540, 541, 543, 545, 546, 548, 553.

Rasponi (Orazio), nom supposé de Filippo Eschini, assassin aux gages du grand-duc de Toscane, IV, 224, 227, 230.

Ratonneau, île près de Marseille, V, 333, 340.

Ravaillac, V, 619-620, 629-630.

Ravenne, ville d'Italie, I, 645; II, 257, 355, 581 et s., 1007, 1058, 1052; III, 27, 29, 214.

Ravenne (Guibert, archevêque de), V, 691.

—— (Le cardinal de). Voir Accolti (Benedetto).

Ravenstein (M. de), gouverneur de Gênes pour Louis XII, II, 36 n., 148, 152, 189, 206, 207, 215.

Ré (Ile de), IV, 576.

Reggiano (Le), territoire de Reggio, III, 196.

Reggio, ville d'Émilie, I, 15; II, 349, 384, 564, 577, 690, 724, 729, 748, 839, 1050, 1052; III, 763.

—— (L'archevêque de), II, 748.

Reims (Marne), III, 83, 193, 196, 200, 329, 404 et n., 448; IV, 33, 35, 36, 76, 193, 195, 386, 483, 552, 554, 608, 609, 688, 692, 867; V, 207.

Reims (Le collège de), IV, 421.

Reims (M. de). Voir Briçonnet (Robert) et Guise (Charles, cardinal de).

René d'Anjou, prétendant au royaume de Naples, I, 61, 62, 65, 67, 76, 77, 79, 80, 83, 87, 89, 90, 91, 97, 98, 99, 100 n., 112, 128, 162.

René II, duc de Lorraine. Voir Lorraine.

Renée (Madame) de France, épouse d'Hercule d'Este, duc de Ferrare, II, 590 et n. 2, 594, 600 et s., 618, 935 et n. 1; III, 510, 535, 558, 837.

Renieri (Enea), de Colle, dit le *Bellarmato*, ingénieur militaire au service de Henri III, agent du grand-duc de Toscane en France, IV, 141 n., 148, 150 n., 216, 287 à 409 (correspondance avec les secrétaires du grand-duc).

Rennes (Ille-et-Vilaine), III, 624; IV, 509, 567.

Rennes (L'évêque de). Voir Espinay (Jacques d').

Reno, localité sur le Pô, III, 107.

Renti (M. de), IV, 354.

Renty (Pas-de-Calais), IV, 400.

Renzo. Voir Orsini (Lorenzo).

Réole (La) [Gironde], IV, 202, 204, 304, 305, 307, 310, 339, 341.

Repenties (Les), maison de retraite de Catherine de Médicis à Paris, IV, 405.

Repole (Antonio del), chargé d'apporter des faucons à Charles VIII, de la part de Pierre de Médicis, I, 238, 239.

Resimo (L'évêque de), V, 179.

Retz (Albert de Gondi, duc de), maréchal de France, III, 441 n., 614, 634, 644, 678, 681, 686, 702, 709, 712, 717, 719, 726, 732, 739, 744, 751, 758, 759, 769, 783, 787, 789, 801, 808, 815, 828, 851, 855, 861, 864, 869, 880, 885, 886, 889, 909, 919; IV, 11, 23, 26, 28, 29, 30, 33, 38, 54, 55, 76, 107, 108, 110, 112, 126, 214, 232, 233, 246, 250, 252, 254, 258, 259, 277, 307, 349, 353, 485, 501, 515, 517, 529, 533, 545, 553, 557, 620, 625, 629, 636, 637, 642, 647, 656, 658, 666, 714, 764, 819, 861, 880; V, 296, 310, 318, 322, 351, 354, 620.

Retz (Le marquis de), fils du précédent, IV, 566.

—— (Le cardinal de). Voir Gondi (Pierre, cardinal de).

—— (La maréchale de). Voir Clermont (Claude-Catherine de).

Revello, place du marquisat de Saluces, IV, 349, 350, 831, 873.

Révol (M. de), secrétaire du roi Henri III, IV, 821, 822.

Rhin (Le), fleuve, I, 311; II, 178; III, 95, 583; IV, 48, 53, 321, 545, 683, 702, 704.

Rhingrave (Le), allié du roi de France, III, 493, 516, 877, 878; IV, 19.

Rhodes (L'île de), I, 187; II, 552.

Rhodes (Monseigneur de). Voir Paul III.

Rhône (Le), fleuve, I, 75, 179; II, 767; III, 814; IV, 31, 97, 154 n., 296, 302, 712, 768, 792; V, 430, 508.

Riario (Jeronimo), neveu de Sixte IV, I, 181, 182.

—— (Ottaviano), fils de Catherine Sforza, II, 34 n.

—— (Raffaello), cardinal de *San Giorgio in Velabro*, I, 182, 183.

Ribérac (M. de), IV, 164, 165.

Ricasoli (Giambattista), évêque de Cortone, ambassadeur du duc Cosme Ier en France, III, 179, 186 (notice biographique), 187 à 232 (correspondance avec Cosme Ier), 163, 264.

—— (Leone), ambassadeur du duc Cosme Ier en France, III, 182, 399 à 406 (notice biographique et extraits de sa correspondance avec Cosme Ier).

—— (Simone), I, 404.

Riccardi, rebelle florentin, IV, 164 n.

Ricci (Bernardo de'), II, 64.

—— (Giovanni de'), ambassadeur de Florence à Milan, I, 30 n.

—— (Giovanni de'), cardinal de San-Vitale, III, 350, 354.

Richebourg (Le marquis de), IV, 391, 401, 405, 412, 414.

Richelieu (M. de), IV, 364.

Richemond, ville d'Angleterre, IV, 211.

Richiesti à Florence, citoyens expérimentés, requis extraordinairement par la Seigneurie et les collèges dans les circonstances graves, I, introduction, lii, lviii; 86 et suiv.

Ridolfi (Antonio), ambassadeur à Rome en 1467, I, 144-147.

—— (Le cardinal), III, 14, 208.

—— (Giambattista), ambassadeur florentin à Venise, Milan, etc., I, 495-496 (notice biographique), 497-499, 564-565; II, 37, 50, 248 et s., 256 et s., 369.

—— (Lorenzo), envoyé de Florence auprès de l'antipape Benoît XIII, I, 52, 53.

—— (Luigi), I, 86.

—— (Ruberto), III, 758, IV, 584; V, 73.

Ridolfo (Il signor), I, 562, 572.

Rieti, ville d'Italie, V, 146.

Rieux (Jean de), capitaine français en Italie, II, 807.

—— (M. de), capitaine sous Henri III, IV, 761.

Riez (Basses-Alpes), III, 419.

Rigault, ambassadeur de Louis XII, II, 511, 512, 541.

Rimini, ville d'Italie, I, 32; II, 69 n., 267, 355.

Rimini (L'évêque de), IV, 552.

Rinaldaci, V, 57.

Rinieri (Bernardino), IV, 216.

—— (Enea). Voir Renieri.

Rinuccini, capitaine florentin, gouverneur du château d'If, V, 339, 340.

Riom (Puy-de-Dôme), IV, 674; V, 698.

Ripafratta, localité de Toscane, I, 691.

Riva-di-Chieri, ville du Piémont, III, 120, 188.

Riva di Trento, ville du Tyrol, II, 350, 351, 375.

Rivalta, ville de Lombardie, II, 301, 314, 315, 322, 323, 328.

Rivalto, agent de Louis XII en Italie, II, 426.

Rivarolo, ville du Piémont, II, 238, 239.

Rivière de Gênes (La), III, 105, 106, 132,

Rivière (M. de la), III, 635.

Rivolta, ville de la province d'Acqui (Italie), III, 132.

Roanne (Loire), III, 538, 628; IV, 717.

Robert, roi de Naples, I, 3-4, 14, 15, 16, 118.

—— (Milord). Voir Essex (Robert, comte d').

Robertet (Florimond), secrétaire de Charles VIII, trésorier de Louis XII, I, 680; II, 94, 95, 120, 121, 122, 123, 125, 130, 137, 146, 152, 156, 157, 161, 172, 178, 179, 180, 181, 193, 194, 201, 202, 203, 208, 216, 222, 223, 224, 226, 227, 229, 236, 237, 243, 245, 246, 247, 251, 258, 260, 262, 266, 269, 270 et s., 276 et s., 280, 283, 285, 287, 292, 294, 295, 310, 313, 314, 341, 344, 346, 347, 359, 364, 365, 366, 369, 370, 373, 376, 385, 389, 391, 393, 394, 401, 414, 415, 416, 418, 419, 422, 427, 429, 430, 432, 435, 440 n., 441, 442, 443, 444, 447, 449, 450, 451, 453, 455, 457, 460, 461, 462, 463, 464, 466, 470, 471, 474, 475, 479, 484, 488, 489, 491, 492, 493, 494, 495,

496, 497, 498, 500, 501, 502, 503, 504, 505, 506, 507, 508, 509, 511, 513, 515, 517, 524, 607, 610, 622, 624, 626, 627, 629, 630, 633, 636, 642, 658, 668, 671, 722, 723, 862, 871, 903, 936, 937, 955, 1041, 1044, 1060, 1063, 1102, 1112.

ROBERTET (Louis), frère du précédent, II, 506.

ROBUSTIERO (Monsignor), V, 143.

ROCCABERTIN, lieutenant de Ravenstein à Gênes, II, 152, 189.

ROCCA-PARVIERA, passage des Alpes, II, 703.

ROCHE (M. DE LA), agent du roi Henri de Navarre, IV, 146, 323, 493, 553.

—— (M. DE LA), premier écuyer de la reine Marie de Médicis, V, 566.

ROCHE-BERNARD (La), ville de Bretagne (Morbihan), IV, 340.

ROCHEBRUNE (M. DE), IV, 403.

ROCHE-DU-MAINE (M. DE LA), IV, 729.

ROCHEFORT (Gui DE), chancelier de France, II, 92, 95, 140, 142, 168, 513, 672.

—— (M. DE), maître d'hôtel du duc de Montpensier, III, 563; IV, 313, 553, 555, 556.

ROCHEFOUCAULD (François, comte DE LA), capitaine huguenot, III, 482, 498, 501, 511, 572, 577, 586, 605, 613, 616, 649, 809, 817, 821, 823.

—— (M. DE LA), favori de François, duc d'Anjou, IV, 66, 351, 381, 408, 413, 420, 424, 465.

ROCHEGUYON (M. DE LA), IV, 263, 264, 265, 269, 407.

ROCHELLE (La) [Charente-Inférieure], III, 41, 154, 565, 573, 576, 579-581, 584, 591, 598, 603-606, 608-612, 614, 616, 619-621, 623-628, 638-640, 643, 647, 649, 661, 662, 673, 676, 677, 679, 687, 696, 698, 718, 719, 729, 756, 761, 762, 770, 771,

774, 811, 821, 831, 838, 844, 848, 850, 855, 856, 861, 863, 866, 868, 870, 871, 873, 874, 877-884, 886, 887, 889, 896, 903-906; IV, 26, 27, 29, 33, 34, 37, 43, 58, 94, 97, 105, 110, 118, 122, 197, 253, 261, 307, 333, 413, 419, 422, 472, 485, 521, 545, 576, 596, 599, 609, 622, 633, 642, 647, 654, 671, 706, 740, 770, 841; V, 485, 523.

ROCHEPOT (M. DE LA), ambassadeur de Henri IV en Espagne, IV, 148, 159, 160, 162, 365, 453, 456; V, 458.

ROCHE-SUR-YON (Louis de Bourbon, prince DE LA), duc de Montpensier. Voir BOURBON (Louis DE).

ROCHETTE (La), serviteur du cardinal de Guise, IV, 556, 557.

ROCROY (Ardennes), IV, 665, 672, 833.

RODOLPHE Iᵉʳ, empereur d'Allemagne, V, 690.

RODOLPHE II, empereur d'Allemagne, IV, 166, 167, 174, 191, 239, 275, 281, 283, 337, 434, 454, 463, 465, 478, 536, 677, 775, 802; V, 504, 505.

ROGER, roi des Deux-Siciles, I, 208.

ROGGIO, abbé, I, 438 n., 447.

ROHAN (Françoise DE), III, 444.

—— (Pierre DE), sire de Gié, maréchal de France, I, 300, 302, 308, 315, 386, 389, 628 n., 640 n., 656; II, 21 n.

—— (René DE), III, 193, 447, 518; IV, 105, 595, 627.

ROISSY (Le seigneur DE). Voir MESMES (Henri DE).

ROMAGNE (La), pays d'Italie, I, 379, 468, 470, 473, 475, 481, 487, 488, 522, 531, 576, 601, 642, 657; II, 35, 53, 69 n., 75, 79, 81, 231, 354, 365, 493, 569, 576, 577, 864, 865, 939, 941, 978; III, 60, 71, 75, 90, 210, 354, 355, 380; IV, 827.

ROMANO (Cesare), médecin, IV, 191.

Romans (Isère), IV, 34, 295, 298, 302, 411.

Rome, I, 144-148, 187, 189, 229, 243, 249, 261, 270, 274, 305, 306, 330, 334, 338, 355, 364, 378, 382, 390, 395, 404, 426, 427, 428, 429, 432, 434, 435, 438, 445, 447, 448, 455, 457, 458, 460, 462, 465, 466, 468, 469, 471, 475, 476, 478, 483, 484, 488, 507, 516, 539, 540, 549, 554, 563, 568, 576, 583, 607 n., 612, 614 n., 615, 618, 627, 644, 653, 658, 694; II, 23, 36, 86, 124, 165, 171, 172, 195, 196, 216, 220, 224, 231, 232, 133, 257, 270, 279, 369, 370, 372, 386, 387, 389, 392, 399, 400, 405, 407, 411, 415, 421, 422, 428, 454, 462, 469, 470, 471, 472, 474, 477, 478, 480, 486, 487, 489, 496, 499, 500, 501, 502, 510, 511, 512, 513, 514, 532, 534, 535, 539, 548-576, 596, 629, 636, 644, 647, 649, 653, 656, 666, 667, 668, 670, 671, 674, 678, 686, 688, 690, 700, 709, 711, 718, 721, 724, 728, 731, 738, 741, 744, 794, 795, 800, 801, 803, 809, 810, 812, 814, 815, 817, 819, 820, 822, 825, 827, 828, 831, 832, 834, 835, 836, 838, 839, 840, 841, 842, 853, 861, 864, 865, 868, 878, 879, 881, 883, 884, 887, 902, 903, 913, 918, 919, 944, 945, 948, 949, 950, 951, 952, 953, 959, 966, 968, 969, 977, 978, 979, 983, 984, 986, 987, 1034, 1037, 1045, 1055, 1066, 1075, 1093, 1116; III, 5, 26, 28, 29, 38, 46, 52, 60, 68, 70, 72, 77, 78, 107, 146, 204 et n., 209, 213-215, 218, 222, 229, 231, 235, 252, 257, 260, 261, 266, 269, 271, 274, 275, 283, 288, 297, 303, 309, 313, 317, 331, 339, 346, 347, 350, 353, 354, 357-361, 363, 371, 372, 375, 378, 383-385, 396, 397, 401, 404, 405, 492, 517, 521, 538, 550, 553, 593, 622, 642, 644, 645, 662, 672, 679, 687, 688, 702, 703, 708, 715, 717, 724, 730, 731, 738, 739, 745, 748, 762, 763, 775, 776, 784, 785, 792, 794, 799, 806, 810, 834, 835, 842, 843, 853, 885, 932; IV, 36, 72, 76, 85, 130, 146, 156, 157, 212, 234, 300, 356, 360 n., 361, 386, 421, 444, 451, 463, 465, 473, 484, 499, 502, 503, 552, 621, 645, 649, 650, 653, 660, 681, 684, 696, 699, 710, 729, 735, 736, 744, 749, 751, 752, 754, 758, 759, 764, 768, 775, 778, 790, 796, 803, 807, 811, 814, 826, 827, 828, 833, 847, 849, 854, 856, 870, 871, 875; V, 12, 16, 18, 19, 20, 22, 24, 28, 35, 36, 503, 504, 546, 549, 552, 553, 556, 557, 574, 580, 591, 592, 593, 594, 646, 657, 662, 663, 678, 683, 691, 693.

Rome (Le prieur de), frère du cardinal Salviati, III, 207, 208.

Romena (Raffaello), secrétaire de l'ambassadeur florentin Giovannini, V, 346 n., 377 n., 380, 384, 406, 407, 415, 420, 422, 427, 428, 494 n.

Romorantin (Loir-et-Cher), II, 285; III, 153, 155, 156, 158; IV, 47, 719.

Ronciglione, ville des États de l'Église, I, 399.

Ronco, rivière d'Italie, II, 581, 582, 583.

Roquelaure (M. de), gouverneur de César, duc de Vendôme, IV, 56, 389; V, 409 n.

Rosan (Le capitaine de), IV, 258.

Rose (Guillaume), évêque de Senlis, IV, 298, 417, 476.

Rosci [?] (Le comte de), III, 767.

Rosières, aujourd'hui les Rosiers (Maine-et-Loire), IV, 595, 596.

Rosne (M. de), gentilhomme lorrain, IV, 168, 804.

Rosny (M. de). Voir Béthune (Maximilien de).

Rossetto, capitaine huguenot, IV, 28.

Rossi (Luigi de'), II, 613, 715, 716.

Rosso (Andrea), ambassadeur vénitien, II, 846, 851, 866, 867, 885, 888, 942, 944, 956.

Rostan-Pacha, III, 395.

Rothelin (La marquise de), belle-mère du prince de Condé, III, 559, 577.

Rouen (Seine-Inférieure), I, 312; II, 38, 266, 276, 508; III, 162, 166, 221, 413, 448, 479, 483, 486, 492, 495, 496, 497, 504, 505, 508, 538, 573, 594, 661-663, 677, 809, 847; IV, 59, 150, 250, 252, 254, 264, 360, 381, 445, 524, 568, 571, 579, 591, 612, 772, 775, 776, 787, 791; V, 28, 266, 322, 323, 324, 328, 482, 697.

—— (L'archevêché de), IV. 605.

—— (Le bailli de), II, 847.

—— (M. de). Voir Amboise (Georges d').

—— (Le Parlement de). Voir Parlement.

—— (Le président de), II, 643, 649, 650.

Rouergue, province, IV. 638.

Roussillon, province, I, 232, 250, 256, 433, 660, 701; III, 618.

Rovere (Francesco Maria della), duc d'Urbin, II, 549 n. 2, 554 et n. 2, 560, 569, 575, 927 et n. 1, 942 et n. 3, 947, 957, 960, 968, 975.

—— (Francesco Maria II, della), duc d'Urbin, V, 19, 41, 64, 83, 109, 140, 153, 469.

—— (Giovanni della), préfet de Rome, I, 623, 627 n., 631; II, 58, 65.

—— (Girolamo della), cardinal, V, 62, 63, 114.

Rovere (Guidubaldo II de la), duc d'Urbin, III, 19, 21, 23, 24, 28, 31, 51, 71, 76, 300, 301, 307, 314, 315, 329, 349, 356, 364, 367, 382.

Roveredo, ville du Tyrol, II, 337, 346, 359, 360, 361.

Rovigo, ville de Vénétie, I, 505, II, 429.

—— (Polésine de), pays, I, 530.

Royan (Charente-Inférieure), IV, 122, 233, 299.

Roye (Somme), IV, 331.

Roye (Éléonore de), princesse de Condé, III, 485, 486, 502, 511.

Rubbiera, ville du duché de Modène, II, 807.

Ruccellaï (Annibal), évêque de Carcassonne, III, 543, 550; IV, 201.

—— (La banque), III, 493.

—— (Pallo di Bernardo), ambassadeur de Florence auprès de Charles-Quint, III, 7-9.

—— (Anna), fille d'Orazio Ruccellaï, IV. 358.

—— (Bernardo), envoyé de Florence auprès de Charles VIII à Naples, I, 607-608 (notice biographique), 609-611.

—— (Orazio), banquier florentin établi en France, agent du grand-duc Ferdinand Ier, III, 708; IV, 216, 232, 238, 339, 358, 359, 438, 486, 532, 533, 537, 541, 542, 543, 545, 581, 833, 873 à 884 (correspondance avec Usimbardi, secrétaire du grand-duc); V, 32, 210, 325, 329.

Ruffini (Alessandro), de Bologne, IV. 484.

Ruggieri (Cosimo), astrologue de Catherine de Médicis, III, 810, 836, 910-922, 923, 929; IV, 279, 280.

—— (Tommaso), III, 920.

Ruota (La), tribunal créé à Florence en 1502, pour remplacer les tribunaux du

podestà et du capitaine du peuple, I, introduction, LVIII.

RUREMONDE, ville des Pays-Bas, IV, 136, 233.

RUSSELL, agent de Henri VIII, II, 868, 887, 912, 913, 918.

RUSSI, localité près de Ravenne, II, 582.

RUSSIE (Ambassadeur de), IV, 549.

RUSTICO (Giovanni), citoyen de Florence, I. 85.

RUSTICUCCI (Girolamo), cardinal, III, 739; V, 15, 50 et n. 2, 99, 110, 113, 222. 225.

RUTHVEN (Lord), comte de Gowrie, IV, 520.

RUZÉ (Guillaume), évêque d'Angers, IV. 486.

S

SADOLET (Jacques), cardinal, II, 787 n. 1, 819, 820; III, 41, 42.

SAFFI (Le cardinal), V, 225.

SAGANTA, secrétaire de Granvelle, III, 38.

SAINT-ADRIEN (Le cardinal de). Voir ORSINI (Napoleone).

SAINT-AIGNAN (Le comte DE), III, 744; IV, 123 n., 148, 396, 401, 409, 424, 453, 455 n.

SAINT-ANDRÉ (Le fort de), près Boulogne. III, 205, 208.

SAINT-ANDRÉ (Jacques d'Albon DE), maréchal de France, III, 193, 201, 202. 386, 387, 425, 429, 472, 482, 494, 501, 523.

—— (La maréchale DE), IV, 312.

—— (M. DE), gouverneur du Languedoc. I, 660.

—— (Le président de), III, 468.

SAINT-ANGE (Château), à Rome, I, 460, 485 n.; V, 691.

SAINT-ANTOINE (L'abbé de), I, 230.

—— (Porte), à Paris, IV, 560.

—— (Rue), à Paris, V, 588.

SAINT-AUGUSTIN (Église), à Paris, IV, 413.

SAINT-BERNARD (Abbaye de), en Flandre, IV, 262.

—— (L'abbé de), IV, 600.

—— (Ordre de), IV, 467; V, 620.

SAINT-CLAUDE (Jura), I, 287, 306, 316.

SAINT-CLOUD (Seine-et-Oise), IV, 470, 719; V, 638.

SAINT-COSME (Seigneur DE). Voir DESBERI (Jean).

SAINT-CRÉPIN (Château de), en Dauphiné (Hautes-Alpes), IV, 353, 357.

SAINT-DENIS (Seine), I, 681, 688; II, 481; III, 128, 535, 538, 548, 551, 552, 555, 661 et n., 846; IV, 16, 181, 489, 514, 517, 547, 568, 719; V, 163. 619, 695.

—— (Le cardinal de). Voir GROLAYE.

SAINT-DIÉ (Vosges), IV, 93.

SAINT-DIZIER (Haute-Marne), III, 76, 78, 80-83, 130, 131, 564; IV, 582, 708.

SAINT-DOMINGUE, île des Antilles, IV, 642. 654.

SAINTE-ALDÉGONDE (Le seigneur DE), ambassadeur du prince d'Orange en France. IV, 337, 356, 358.

SAINTE-CATHERINE (Le mont), près Rouen, III, 492, 496.

SAINTE-CHAPELLE (La), à Paris, IV, 47, 513.

SAINTE-CROIX (Le cardinal de). Voir ALBERGATI.

SAINTE-GENEVIÈVE (Église), à Paris, III, 508.

SAINTE-MARIE (M. DE), gouverneur d'Orléans, IV, 256, 302, 405.

SAINT-ÉMILION (Gironde), IV, 337.

SAINTES (Charente-Inférieure), II, 262; III, 688, 603, 604, 637, 906; IV, 299, 838.

SAINTES (M. DE). Voir BOURBON (Charles, cardinal DE) et SODERINI (Guiliano).

SAINT-ESPRIT (Ordre du), IV, 238, 239, 242, 255, 413, 677; V, 599, 694.

SAINTE-PULÈNE (M. DE), capitaine au service de François de Valois, duc d'Anjou, IV, 402, 408, 413, 451.

SAINT-FLORENTIN (Yonne), IV, 715.

SAINT-FRANÇOIS (Ordre de), IV, 521, 600.

SAINT-GELAIS (Louis DE), seigneur de Lansac, ambassadeur de France à Rome, III, 324, 432, 563, 565, 578, 586, 590, 591, 603, 604, 632, 639; IV, 19, 118, 121, 122, 133, 154 n., 283, 324, 350, 381, 408, 419, 442, 547, 576, 665, 741.

—— (N. DE), dit *Lansac jeune*, fils du précédent, III, 773; IV, 288, 302, 364, 421, 549, 567, 763, 764.

—— (Urbain DE), évêque de Comminges, IV, 256, 258, 271.

SAINT-GEORGES (Banque de). Voir SAN-GIORGIO.

SAINT-GERMAIN, près Loches, IV, 50.

—— (Édit de), IV, 37.

—— (Faubourg), à Paris, III, 816, 818, 824; V, 589.

—— (Foire), IV, 418.

SAINT-GERMAIN (M. DE), confesseur du roi Henri III, IV, 462, 543.

SAINT-GERMAIN-DES-PRÉS, abbaye à Paris, III, 224, 466; IV, 406, 480, 481.

SAINT-GERMAIN-EN-LAYE (Seine-et-Oise), II, 639, 641, 859, 902, 903, 912, 916, 920, 926, 1048, 1052, 1053, 1118; III, 187-189, 402, 404, 462, 464, 486, 572, 635, 636, 884, 894, 899, 900, 902, 903, 905, 908, 909, 914, 923; IV, 173, 228, 252, 259, 260, 263, 322, 327, 345, 347, 350, 351, 354, 356, 358, 373, 415, 420, 462, 464, 474, 486, 487, 498, 501, 525, 531, 532, 538, 542, 571, 578, 584, 642, 661, 662, 799, 801; V, 296, 318, 323, 333, 337, 465, 470, 475, 491, 508, 519, 531, 534, 543, 560, 579, 585, 601, 636.

SAINT-GERMAIN-L'AUXERROIS (Église de), à Paris, IV, 571.

SAINT-GHISLAIN, ville des Pays-Bas, IV, 401, 403.

SAINT-GOAR (Jean de Vivonne, marquis de Pisani, seigneur DE), ambassadeur de France à Rome, IV, 395, 463, 464, 510, 547, 573, 574, 594, 597, 758, 759, 883; V, 12 et s., 21, 42, 43, 47, 79, 158, 159, 206, 211, 245, 309, 310, 315, 323, 344, 358, 388, 662.

SAINT-JACQUES (Église), à Anvers, IV, 419.

—— (Faubourg), à Paris, IV, 514.

—— (Porte), à Anvers, IV, 453, 456.

SAINT-JACQUES DE COMPOSTELLE, en Galice, IV, 466.

SAINT-JEAN (M.), chevalier de Malte, III, 554, 635.

SAINT-JEAN-D'ANGÉLY (Charente-Inférieure), III, 603-606, 626, 628, 635, 698, 773, 823; IV, 120, 321, 336, 371, 420, 464, 508, 513, 613, 614, 632, 747.

SAINT-JEAN-DE-LATRAN (Église), à Rome, V, 691.

SAINT-JULIEN (M. DE), IV, 302.

SAINT-JUST, à Lyon, I, 672.

SAINT-LANFRANC (Abbaye de), près de Pavie, II, 803, 808, 816, 823.

SAINT-LARY (César DE), baron de Bellegarde, fils du maréchal de Bellegarde, IV, 284, 350, 353, 409, 453, 463, 466, 473, 528, 534, 553, 728.

—— (Jean DE), petit-neveu et héritier du

maréchal de Thermes, IV, 476, 509, 522, 528, 534, 563, 569, 579.

Saint-Lary (Roger Ier, de), seigneur de Belle-garde, maréchal de France, III, 588; IV, 21, 23, 25, 26, 35, 36, 120, 121, 130, 154 n., 177-179, 205, 209, 255-259, 261, 264, 265, 268-270, 272, 290, 296, 466, 563, 631, 858.

—— (Roger II, de), fils de Jean, favori des rois Henri III et Henri IV, grand écuyer de France, duc de Bellegarde, IV, 476, 569, 631; V, 408, 409 n., 412, 415, 431, 436, 443, 445 n., 448, 488, 489, 500, 502, 515, 531, 539, 545, 553.

Saint-Lazare (Ordre de), IV, 484.

Saint-Léger (M. de), capitaine au service de François, duc d'Anjou, IV, 352, 373.

—— (La seigneurie de), IV, 543.

Saint-Luc (François d'Espinay de), l'un des mignons de Henri III, IV, 137, 223, 284, 289, 290, 296, 297, 299, 322, 324, 364, 365, 372, 375, 391, 392, 407, 549, 576, 727, 741, 841; V, 697.

—— (Madame de), femme du précédent, IV, 289, 299, 322.

Saint-Maigrin (Paul d'Estuer, comte de), l'un des mignons de Henri III, IV, 137, 181.

Saint-Maixent (Deux-Sèvres), IV, 419, 703, 707, 855.

Saint-Malo (Ille-et-Vilaine), III, 154.

—— (Le cardinal de). Voir Briçonnet (Guillaume).

Saint-Marceau, à Paris, III, 418.

Saint-Martin (M. de), secrétaire du cardinal de Tournon, III, 147.

—— (M. de), gentilhomme du roi de Navarre, III, 916; IV, 56.

Saint-Martin (La Porte), à Paris, IV, 560.

Saint-Maur-des-Fossés (Seine), III, 582,

915; IV, 320, 322, 323, 330, 371, 374, 378, 474, 501, 509, 588, 617.

Saint-Médard (Église de), à Orléans, III, 476.

Saint-Michel (Cloître), à Anvers, IV, 91.

—— (Église), à Londres, IV, 529.

—— (Ordre de), I, 259, 299, 304, 306, 395.

—— (Le Pont), à Paris, IV, 213.

Saint-Michel-sur-Loire (Indre-et-Loire), I, 155.

Saint-Nectaire (Antoine de), évêque du Puy, IV, 674.

Saint-Nicolas (Église), à Blois, IV, 119 n.

Saint-Omer (Pas-de-Calais), IV, 211, 256, 405.

Saintonge, province, III, 900; IV, 297, 299, 420, 618, 636, 728.

Saint-Pierre (Basilique), à Rome, I, 490; V, 691.

Saint-Pol. Voir Bourbon (François de), et Luxembourg (Waleran de).

Saint-Quentin (Aisne), III, 580; IV, 272, 307, 338, 367, 368, 399, 854; V, 345, 350.

—— II, 588, 1102, 1105, 1106.

Saint-Ravas, localité du Piémont, d'après les mémoires de du Bellay, III, 119 n. Serait-ce Serravalle?

Saint-Remy (M. de), secrétaire de François de Valois, duc d'Anjou, IV, 44, 47.

Saint-Riquier (Somme), IV, 407.

Saint-Sauveur (M. de), frère du duc de Joyeuse, IV, 727, 728.

Saint-Séverin (Église), à Paris, IV, 428, 479.

Saint-Sulpice (M. de), gentilhomme de Charles IX, III, 536, 747, 896; IV, 66.

Saint-Symphorien (Loire), III, 40.

Saint-Thomas (Somme), III, 80.

Saint-Tropez (Var), V, 474, 480.

Saint-Valery (Somme), IV, 405, 409, 763.

SAINT-VALLIER (Drôme), II, 775.

SAINT-VALLIER (M. DE), III, 193.

SAINT-VITAL (M. DE), capitaine au service du roi de Navarre, IV, 325.

SALAMANCA, ville d'Espagne, II, 149; V, 138.

SALA-REYS, amiral turc, III, 370.

SALAZAR (Tristan DE), évêque de Sens, ambassadeur de Charles VIII en Allemagne, I, 242, 257.

SALCÈDE (Nicolas DE), sieur d'Auvillars, IV, 423-431, 445-449, 466, 655.

SALERNE (Princes DE). Voir SAN SEVERINO.

—— (L'abbaye de), I, 438 n.

SALI, maître de l'hôtel du roi Charles IX, III, 813.

SALICETO, ville du Piémont, I, 467, 468, 469.

SALIENT (M. DE), lieutenant de M. de Beaumont, II, 37.

SALIGNAC (Le baron DE), IV, 305, 312, 394.

SALISBURY (Le comte DE), IV, 551,

SALUCES, SALUZZO, ville et marquisat d'Italie, I, 301, 304, 355, 395, 662; II, 701, 702, 703, 704, 705; IV, 25, 67, 69, 74, 117, 125, 129, 174, 255, 256, 257, 258, 259, 270, 273, 284, 298, 324, 353, 371, 377, 420, 421, 423, 466, 473, 491, 518, 428, 530, 632, 648, 669, 831, 832, 835-840, 844, 873, 875, 876, 878, 882, 883; V, 26, 27, 38, 327, 349, 369, 371, 372, 373, 376, 377, 380, 381, 384, 385, 388, 398, 400, 405, 406, 425, 426, 430, 435, 452, 454, 463, 470, 504, 505, 508, 520, 549, 552, 577, 582, 659.

SALUCES (Le marquis DE), lieutenant de François Ier en Italie, II, 847, 860, 865, 937, 939, 942, 943, 945, 946, 947, 951, 952, 959, 960, 966, 968, 976, 977, 978, 979, 988, 1062; III, 15.

SALVI (Giulio), III, 92.

SALVIATI (LES), banquiers florentins à Lyon. II, 887, 1049.

—— (Antonio Maria), cardinal, internonce apostolique en France, III, 654, 662-664, 675, 748, 750, 753, 754, 763, 786, 787, 789, 791-793, 795, 799, 828, 835, 837, 838, 843; IV, 559; V, 62, 113, 213, 222, 223, 225, 256, 263, 277, 278, 279, 280.

—— (Le chevalier), IV, 484.

—— (Francesco), archevêque de Pise. conjuré avec les Pazzi, I, 183, 184.

—— (Giovanni), cardinal, légat en Lombardie et en France, II, 782-783 (notice biographique), 783-839, passim, 974, 983, 1045; III, 13, 14, 208.

—— (Giulano), envoyé au-devant de Charles VIII, I, 594, 596 (notice biographique), 614-620.

—— (Jacopo), ambassadeur florentin auprès de Charles VI, I, 35, 36.

—— (Jacopo), homme d'État florentin. père du cardinal Salviati, II, 794, 820, 831, 840, 841, 846, 855, 862, 866, 870, 876, 883, 886, 891-926, passim, 934, 937.

—— (Lorenzo), frère du cardinal Giovanni. II, 795, 820, 829.

—— (Lotto), I, 86.

—— (Le marquis), ambassadeur florentin à Rome, V, 591, 592, 594.

SALVINI (Lorenzo), gentilhomme de Sienne, III, 747.

SAMBRE (La), rivière, IV, 399.

SAMPIERO, condottiere, IV, 24.

SAN CELSO (Monsignor DI). Voir PALAVICINO.

SANCERRE (Cher), III, 590, 616, 629. 630, 640, 850, 855, 856, 871, 873. 874, 877, 882, 884, 888; IV, 721.

SANCERRE (Le comte DE), III, 409.

SANCHE, roi de Navarre, V, 686.

SANCHE (Messer), médecin envoyé par Ferdinand de Naples à Laurent le Magnifique, I, 430-433.

SAN CLEMENTE (Le cardinal). Voir ALVAREZ (Jean).

SANCY (Nicolas de Harlay DE), ambassadeur de France en Suisse, IV, 342, 417.

SAN DAMIANO, dans le Montferrat, III, 104, 109.

SAN DOMENICO, à Sienne, III, 339.

SAN DONNINO, localité près de Fornoue, I, 625.

SANDRICOURT (Le seigneur DE), envoyé de Louis XII à Florence, II, 78.

SANESE (Agostino), IV, 163 n., 164 n., 190 n., 191 n., 218, 219, 221.

SAN FELICIANO, localité de la Lombardie, III, 77.

SANGALETTO, agent de Giovanni Niccolini, V, 40, 54, 55, 78, 80, 88, 93, 147.

SAN GEMIGNANO, ville de Toscane, I, 21.

SAN GERMANO, ville du Piémont, III, 126, 129.

SAN GIORGIO (Le cardinal de). Voir SORBELLONI, PASSERO.

SAN GIORGIO (Banque de), I, 578.

SAN LORENZO (Église), à Florence, V, 518.

SAN LORENZO (Frà), III, 334.

SAN MARCELLO (Le cardinal), III, 36. Voir en outre CASTANEO (Giovani-Battista).

SAN MARCO (Messer), c'est-à-dire la République de Venise.

SAN MARCO, à Sienne, III, 340.

SAN MARINO (Le chevalier), III, 222.

SAN MICHELE, capitaine espagnol, III, 122.

SAN PAOLO, église près de Rome, I, 472.

SAN-PIER-D'ARENA, petite ville près de Gênes, II, 238, 239, 240.

SAN-PIEBO-IN-FORMA, localité près de Terracine, I, 460, 463, 470, 474.

SAN-ROMANINO, agent diplomatique, V, 625.

SANSAC (M. DE), III, 311 n., 313, 314, 742.

SAN SECONDO, ville du duché de Parme, II, 785.

SAN SECONDO (Le comte DE), III, 24, 74, 106, 107, 109.

SAN SEVERINO (Famille), II, 657, 659.

SAN SEVERINO (Amerigo DA), évêque d'Agde, IV, 202.

—— (Antonio DA), prince de Salerne, I, 224, 229, 231, 245, 248, 264, 268, 274, 276, 280, 284, 299, 301, 303, 306, 309, 343, 344, 386, 389, 396, 397, 452 n., 467, 477, 485, 573, 696; II, 102.

—— (Bastiano DA), II, 619.

—— (Federigo DA), cardinal, I, 607 n.; II, 97, 100, 103, 104, 531, 532, 534, 535, 546, 553, 571, 572, 576, 667, 668, 670, 671, 673, 745.

—— (Ferrante), prince de Salerne, III, 64, 65, 86, 95, 99, 104, 112, 114, 117, 119 et n., 130, 140, 304, 309, 310, 311 et n., 313-317, 362.

—— (Galeazzo DA), grand seigneur milanais, I, 283-284, 290, 291, 297, 298, 299, 302, 304, 306, 307, 308, 313, 315, 381, 387, 388, 395, 396, 403, 404, 405, 535, 542, 546, 550, 554, 570, 578, 583; II, 531, 535, 536, 606, 673.

—— (Gasparre DA), dit Fracassa, frère de Galeazzo, I, 570.

—— (Giovan-Francesco), III, 253.

SAN SISTO-AL-POPOLO (Monsignor DI), prélat romain, II, 550.

SAN SPIRITO (Frà Gregorio DA), médecin, II, 832.

SAN STEFANO, port de mer en Toscane, II, 880.

—— ville du Piémont, III, 20.

Santa-Croce (Le cardinal Prosper de), évêque d'Alba, nonce apostolique en France, III, 458, 462, 516, 518, 519, 528, 547, 563; V, 50, 62.

—— (Le marquis de). Voir Santa-Cruz.

Santa-Cruz (Marquis de), amiral espagnol, IV, 622, 806, 816.

Santa-Fiora (Le comte Sforza de), III, 115, 336, 590, 596, 601.

Sant-Agnolo (Château de). Voir Saint-Ange (Château).

Santa-Maria, port de Galice, IV, 796.

Santa-Maria-del-Fiore, cathédrale de Florence, I, 602.

Sant'Ambrogio (Messer), *alias* le Milanais, III, 48.

Santa-Severina (Cardinal de). Voir Santorio.

Santa-Sulena. Voir Sainte-Sulène.

Sant-Eusebio (Le cardinal de), en 1512, II, 577.

Santhia, ville du Milanais, IV, 24, 30, 38.

Santi-Quattro (Le cardinal de). Voir Facchinetto.

Santorio (Giulio-Antonio), cardinal de Santa-Severina, V, 30, 76, 97, 112, 140, 142, 147, 154, 155, 156, 195, 213, 224, 225, 239, 282, 661.

San Vitale (Le cardinal de), en 1512, II, 577. Voir en outre Ricci (Giovanni de').

San-Zeno (Le cardinal), V, 263.

Saône (La), rivière, I, 75, 179; III, 488, 632; IV, 628.

Saracini (Sinolfo), ambassadeur florentin en France, IV, 73, 75-286 (notice biographique et correspondance avec le grand-duc François Ier), 303, 335 n.

—— (Sinolfo), Florentin, chevalier de Malte envoyé en France, IV, notice biographique et légation, 75-286, 113, 116-117, 119 et n. 2, 121, 132-133, 134, 136, 138, 139, 148 et n. 1,

171, 172, 190, 198, 213, 222-232, 235, 237-238, 286, 303.

Saragosse, ville d'Espagne, III, 54.

Sardaigne (Île de), I, 452 n.; III, 496, 757.

Sardini, Italien en France, IV, 486.

Sarmignone, lieu sur le lac de Garde, II, 350.

Sarnano (Le cardinal). Voir Boccafuoco.

Sarzane, forteresse de Ligurie, I, 576, 578, 583, 590, 591, 593 n., 597, 598 n., 603, 621 n., 627, 630, 633, 641, 646, 649; II, 92, 225, 236, 284, 386, 523.

Sarzanella, forteresse près de la précédente, I, 603, 621 n., 630, 633, 641, 646, 649; II, 284, 386.

Sassatello (Giovanni da), condottiere, II, 554, 557, 560.

Sassetta (Pirro della), III, 333.

Sassetto, agent de Pierre de Médicis, I, 304.

—— (Le capitaine), agent diplomatique, IV, 359 n., 551.

Sasso (Le cardinal), V, 225, 264.

Sassuolo, sur les frontières du Modénais et de la Garfagnana, III, 354.

Sauli (Les), banquiers génois, I, 283, 297, 306, 309, 394, 395, 397, 495, 578.

—— (Antonio-Maria), cardinal, V, 27, 51, 60, 61, 62, 63, 93, 114, 127, 128, 209, 231.

Saumur (Maine-et-Loire), III, 487, 568, 598; IV, 53, 291, 642, 819, 866; V, 352.

Sauve (M. de), secrétaire de Henri III, III, 441 n.; IV, 822.

—— (Madame de), IV, 464, 467 et n., 534.

Savelli, famille romaine, I, 627 n.; II, 304.

Savelli (Antonio), I, 632.

SAVELLI (Le cardinal), I, 632.

—— (Giulia), marquise de Pisani, V, 421, 424.

—— (Silvio), condottiere, II, 114.

—— (Troilo), condottiere, I, 632.

SAVERNE, ville d'Alsace, IV, 702, 708, 709.

SAVIGLIANO, ville du Piémont, II, 707, 708, 720; III, 386; IV, 24.

SAVIGNANO. Voir SAVIGLIANO.

SAVOIE, I, 179, 294, 398, 648, 662, 675, 685, 686; II, 157, 413, 614, 689, 702, 718, 777; III, 86, 388, 538, 602, 644, 668, 808, 872; IV, 30, 37, 38, 94, 151 n., 201, 269, 429, 444, 528, 536, 541, 543 n., 597, 666, 765, 822, 839, 840°, 844, 862, 865, 875, 877; V, 502, 571, 583, 611, 616.

SAVOIE (Ambassadeur de), en France, III, 602; IV, 40, 160, 167, 168, 169, 180, 184, 185, 261, 278, 280, 328, 490, 496, 497, 498, 512, 541, 877, 878; V, 573.

—— (Ambassadeur de), à Venise, III, 397.

—— (Ducs DE). Voir AMÉDÉE, CHARLES, CHARLES-EMMANUEL, EMMANUEL-PHILIBERT, LOUIS, PHILIBERT, PHILIPPE.

—— (Duchesses DE). Voir AUTRICHE (Catherine D'), FRANCE (Marguerite DE), MONTFERRAT (Blanche DE).

—— (Bonne DE), duchesse de Milan, I, 187, 577, 586.

—— (Charles DE), duc de Nemours, IV, 636, 639, 662, 680, 707, 723, 758, 769, 843, 860, 874, 879, 880; V, 549, 552, 611, 612, 717.

—— (Claude DE), comte de Tende, gouverneur de Provence, III, 291, 292.

—— (Henri DE), duc de Nemours, V, 322, 403.

SAVOIE (Henriette DE), marquise de Villars, duchesse du Maine ou de Mayenne, IV, 238, 670.

—— (Honoré DE), marquis de Villars, comte de Tende, amiral de France, III, 290, 291, 292, 477, 478, 549, 731, 738, 745, 811, 820, 836, 864, 868, 890; IV, 32, 71, 118.

—— (Jacques DE), duc de Nemours, III, 290, 444, 445, 447, 467, 468, 469, 470, 495, 498, 508, 509, 515, 523, 524, 528 n., 529, 533, 536, 556, 559, 560, 564, 569, 583, 584, 590, 644, 645, 662, 735, 860, 864; IV, 62, 75, 78, 113, 162, 238, 242, 345 n., 434, 437, 500.

—— (Louise DE), mère de François I°°, II, 108, 126, 130, 150, 693, 817, 848, 863, 966 et s., 872, 884, 887, 893, 899, 997, 1008, 1009, 1031, 1044, 1045, 1046, 1047, 1048, 1057, 1058, 1067, 1071, 1075, 1078, 1082, 1089, 1091, 1092, 1094, 1104.

—— (Madeleine DE), femme du connétable Anne de Montmorency, III, 889.

—— (Le prince DE). Voir CHARLES-EMMA-NUEL, duc de Savoie.

—— (La princesse DE), fille du duc Emmanuel-Philibert, IV, 530.

—— (René DE), fils naturel du duc Philippe II, comte de Tende, I, 662; II, 693, 732, 807.

SAVONA, ville d'Italie, I, 293, 297, 452 n., 662; II, 43, 217, 802, 880, 1004, 1007, 1011, 1014, 1035; III, 132, 134, 311; IV, 128; V, 193.

SAVONAROLA (Jeronimo), moine florentin, I, 599, 621 n., 656; II, 13, 50.

SAXE, pays, III, 187, 193; IV, 253, 627, 630.

SAXE (Auguste, électeur de), III, 628, 790; IV, 318, 524.

SAXE (Christian Ier, électeur de), V, 73, 92, 138.

—— (François DE), IV, 195, 210.

—— (Guillaume, duc DE), III, 628.

—— (Jean-Frédéric, électeur de), III, 44, 47, 187.

—— (La Maison DE), IV, 291.

—— (Maurice, électeur de), III, 298, 312, 319.

SCAGLIA (Andrea), gouverneur de la banque des Sauli à Rome, I, 306, 394, 395.

SCALINI (Antonio), IV, 545.

SCARFA (Martino DA), I, 86.

SCARICALASINO, localité du Bolonais, II, 748.

SCARPE (La), rivière, IV, 395.

SCARPERIA (Simone DA), V, 28.

SCHINNER (Mathieu), cardinal de Sion, II, 704, 728, 730, 759.

SCHIO, localité du Vicentin, II, 390.

SCHISME (Le grand), I, 41, 45, 49, 52, 54, 178.

SCHOMBERG (Gaspard DE), capitaine allemand au service de la France, III, 613, 888; IV, 14, 165, 321, 336, 499, 507, 533, 537, 561, 568, 572, 574, 598, 702; V, 297, 299, 335.

—— (Georges DE), l'un des mignons de Henri III, IV, 165.

—— (Frère Nicolas), archevêque de Capoue, conseiller de Clément VII, II, 787 n., 812, 815, 817, 822, 835, 836, 974, 1068, 1079, 1080, 1086, 1096, 1099, 1104.

SCIEURA ou SCEURA (Le chevalier), agent diplomatique à la cour de France, III, 663, 665, 670, 671, 688, 741.

SCLEDUS (Jérôme), évêque de Vaison, II, 1095; III, 6.

SCORONCONCOLO, valet de Laurent de Médicis, III, 15.

SCOTTO (Cesare), condottiere, agent du marquis de Saluces, II, 784, 937.

SCRIVIA (La), rivière de Lombardie, III, 115, 116.

SEATON (Le baron), envoyé d'Écosse en France, IV, 493.

SÉBASTIEN, roi de Portugal, III, 585, 627, 633, 651, 689; IV, 136, 146, 156, 201; V, 453, 454, 457.

SEDAN (Ardennes), III, 906, 916; IV, 317, 415, 478, 533, 564, 665, 672, 676, 679, 683, 687, 692, 731, 734, 743, 761, 764, 770, 791, 833; V, 559.

SEDAN (M. DE). Voir MARCK (Robert DE LA).

SEDUNENSE (IL), le cardinal de Sion.

SEGA (Filippo), cardinal, légat en France, IV, 592; V, 154, 157, 162 et s., 184, 194, 196, 204, 225, 239, 244, 246, 262, 290, 298, 660, 695, 696.

SEGHIZO, personnage italien de la cour de François Ier, III, 136, 188, 189, 192.

SEGUIER (Antoine), avocat au Parlement, V, 302.

SEIGNEURIE (La), à Florence se compose depuis 1293 du Gonfalonier de Justice et des Huit Prieurs des Arts. La Seigneurie est assistée des deux collèges : 1° des douze Anziani, 2° des seize Gonfaloniers des compagnies, en tout trente-sept membres, I, introduction, L.

SEINE (La), fleuve, IV, 173, 372, 373, 405, 406, 627, 787, 793; V, 696.

SEIZE (Les), à Paris, V, 698.

SELIGNY (Madame DE), IV, 295.

SÉLIM II, sultan de Turquie, III, 541, 671, 672, 723, 727, 735, 750, 797, 799, 807, 835, 841.

SELVE (Jean DE), président du Parlement de Paris, II, 894.

—— (Odet DE), ambassadeur de France à Venise, III, 315, 316.

SÉNAT, créé à Florence en 1532; se composait de quarante-huit membres tirés du Conseil des Deux-Cents, II, 61, 62.

IMPRIMERIE NATIONALE.

Senecey (Le baron de), IV, 104; V, 185, 186, 188, 193, 245.

Sénéchal (Le). Voir Beaucaire.

Senese (Agostino). Voir Sanese.

Senlis (Oise), I, 222, 232; III, 199; IV, 546; V, 296, 695.

Senlis (L'évêché de), IV, 476.

Sens (Yonne), IV, 66, 583, 585, 587, 617, 712, 715; V, 130.

Sens (Le cardinal de). Voir Pellevé (Nicolas de).

Septante (Les), à Florence, I, 490.

Serafino (Monsignor). Voir Olivieri.

Serbelloni (Gabrio), IV, 181.

Sérénon, secrétaire du vice-roi de Naples, Lannoy, II, 919 n. 1.

Serezzana. Voir Sarzana.

Serguidi, secrétaire du grand-duc Ferdinand Ier de Médicis, IV, 218, 439, 742, 747, 754, 761, 766, 771, 775, 779, 783, 787, 790, 794, 798, 803, 808, 818, 821, 826, 834, 842, 846, 853, 858, 864, 868.

Sérillac (M. de), IV, 586.

Sermoneta, ville des États de l'Église, I, 464; III, 321.

Sermoneta (Le cardinal de), sous Henri II. Voir Caëtani (Niccolo).

—— (Le cardinal de), sous Henri IV, V, 145.

Sernigi (Le capitaine Battista), Florentin exilé en France, IV, 139, 153 n., 335 n., 349, 416, 552.

Serra, prisonnier à la Bastille, IV, 483.

—— (Dominus de). Voir Commines (Antoine de).

Serravalle, ville du Milanais, II, 398, 1023; III, 114, 116, 125, 132.

Serristori (Averardo), ambassadeur du duc Cosme Ier à Rome, III, 181, 234 n., 235 à 246 (correspondance avec Cosme Ier), 318 et n., 346, 339 à 354 (correspondance avec Cosme Ier).

Serristori (Lodovico), fils d'Averardo Serristori, III, 345.

Serzana. Voir Sarzana.

Sessa (Camillo da), de Vérone, III, 77.

—— (Le duc de), ambassadeur espagnol à Rome, sous Henri IV, V, 139, 140, 142, 143, 148, 160, 161, 186, 194, 197, 199, 202, 208, 212, 217, 220, 221, 223, 229, 230, 232, 234, 237, 238, 240, 241, 250, 251, 255, 257, 258, 259, 273, 279, 312, 432, 463.

—— (Louis de Cordoue, duc de), ambassadeur d'Espagne à Rome sous François Ier, II, 798.

—— (Luigi da), envoyé de Jules II, II, 99, 100, 143.

Sestri, ville près de Gênes, III, 46.

Séville, ville d'Espagne, III, 91.

Sèvre (Michel de), chevalier de Malte, commandeur de Champagne, IV, 494.

Seymour (Édouard), comte d'Herford, IV, 166.

Seyssel (Claude de), évêque de Marseille, II, 613, 649, 668.

Sezza (Pietro da), III, 227.

Sfondrato (Paolo-Emilio), cardinal, neveu du pape Grégoire XIV, V, 151, 152, 154, 155, 156, 213, 220, 222, 239, 282.

Sforza (Ascanio), cardinal, frère de Ludovic le More, I, 404, 440, 453, 464, 467, 468, 469, 476, 483, 489, 492, 537, 539, 549, 550, 553, 570, 583, 598 n.; II, 30 n., 97, 98, 103, 104.

—— (Ascanio), seigneur italien, V, 446 n.

—— (Bettino), ambassadeur milanais en France, I, 159.

—— (Carlo), dit le *Prieur de Lombardie*, III, 249, 254, 265.

—— (Caterina), marquise de Forli et d'Imola, I, 453, 470, 488, 492, 493, 577; II, 28.

SFORZA (Francesco), cardinal, V, 59, 62, 100, 114, 123, 137, 264.

—— (Francesco), duc de Milan, gendre de Philippe-Marie Visconti, I, 60, 61, 62, 66, 67, 69, 72, 77, 87, 89, 91, 92, 95, 98, 99, 106, 109, 114, 129, 130, 133, 134, 135, 136, 444, 546, 548, 584.

—— (Francesco-Maria), duc de Milan, II, 784, 785, 819, 821, 854, 858, 897, 936, 1004, 1040, 1052, 1055, 1083, 1092, 1111, 1116.

—— (Galeazzo-Maria), duc de Milan, fils de Francesco, I, 137, 138, 139, 140, 141, 145, 147, 151, 152, 153, 154, 158, 159, 160, 170.

—— (Gian-Galeazzo), duc de Milan, fils de Galeazzo-Maria, I, 170, 201, 208, 230, 352, 355, 358, 372, 397, 398, 443, 533, 564, 577, 584, 586.

—— (Lodovico), dit le More, duc de Milan, oncle de Jean Galéa, I, 170, 215 n., 227, 228, 229, 231, 233, 235, 236, 237, 243, 245, 247, 260, 261, 262, 263, 265, 275, 276, 277, 280, 284, 290, 294, 295, 296, 304, 305, 306, 307, 308, 312, 321, 328, 329, 331, 342, 343, 344, 345, 348, 349, 350, 351, 352, 353, 354, 355, 358, 359, 360, 361, 364, 365, 372, 374, 375, 376, 378, 381, 385, 386, 388, 396, 397, 398, 426, 434, 435, 437, 439, 441, 444, 449, 450, 451, 452, 457, 460, 461, 462, 477, 479, 481, 485, 488, 489, 501, 504, 505, 507, 509, 510, 512, 513, 516, 524, 527, 529, 530, 532, 533, 534, 535, 536, 537, 538, 539, 540, 541, 545, 546, 548, 549, 550, 552, 553, 554, 555, 561, 562, 563, 564, 565, 567, 569, 570, 571, 572, 574, 575, 576, 577, 578, 579, 580, 581, 582, 583, 585,

590, 591, 614 n., 626, 646, 649 n., 650 n., 658 n., 661, 663, 667, 676, 679, 682, 683, 687, 688, 693, 694, 695 n., 696 n.; II, 20, 21 n., 25, 30 n., 33, 36, 48.

SFORZA (Massimiliano), duc de Milan, II, 725, 849.

—— (Palavicino), seigneur italien, III, 117.

SFRONDATO (Le baron), IV, 536.

SICILE, pays, I, 236, 287, 339, 401, 452 n., 466, 556, 621, 622, 626, 627, 629, 635, 636; II, 198, 277, 297, 880; III, 124, 757; V, 475.

SIENNE, ville de Toscane, I, 13, 15, 21, 97, 118, 352, 364, 380, 403, 411 n., 473, 475, 544, 545, 606, 613, 616, 621 n., 623, 631, 635, 636, 642, 646, 647, 697; II, 23, 28, 36, 50, 69 n., 74, 87, 115, 125, 131, 159, 162, 167, 224, 226, 288, 386, 473, 578, 614, 860, 864, 865, 873, 1005, 1012, 1013, 1014, 1019, 1026, 1042, 1077; III, 92, 94, 260, 299, 316, 318, 321-327, 331-342, 350, 351, 353, 356, 357, 368, 373, 374, 379, 397, 496, 662, 681, 683, 692, 727, 776, 797, 816; IV, 154 n., 754, 764; V, 452, 594, 596.

SIENNE (Alamanno DE), III, 776.

—— (Le cardinal de), I, 520.

SIGILLO, localité de l'Abbruzze, III, 322.

SIGISMOND I, roi de Pologne, III, 47, 223.

SIGISMOND II, roi de Pologne, III, 263, 722.

SIGIZZO. Voir SEGHIZZO.

SILLERY (M. DE). Voir BRULART.

SIMIER (M. DE), conseiller de François de Valois, duc d'Anjou, IV, 144, 145, 208, 210, 211, 214, 272, 282.

SIMONCELLO (Geronimo), cardinal, V, 112.

SIMONETTO (M.), I, 545.

SINIGAN (Le comte DE), III, 501, 502.

SION (Cardinal de). Voir SCHINNER.

SIPIÈRE (M. DE), envoyé de François Ier au pape, III, 251, 252, 254, 266, 281, 285, 729.

—— (Madame DE), IV, 534.

SISTERON (Basses-Alpes), II, 760; III, 419.

SISTERON (L'évêque de). Voir BUREAU (Laurent).

SIVIGLIANO. Voir SAVIGLIANO.

SIXTE IV, pape, I, 159, 160, 174, 175-184, 185, 190, 437; II, 385.

SIXTE-QUINT, pape, IV, 573, 574, 592, 594, 597, 600, 604, 618, 630, 637, 647, 650, 664, 672, 691, 701, 760, 774, 796, 826, 827, 828, 832, 846, 870, 871, 875, 880, 882, 883, 884; V, 11 et s., 647, 650, 652, 653, 654, 656.

SOBIACO, aujourd'hui SUBIACO, voir ce nom.

SODERINI (Francesco), évêque de Volterra, cardinal, ambassadeur florentin, I, 606, 637 (notice biographique), 640-694; II, 28 n., 63 et s., 72 et s., 76, 77, 104, 124, 262, 263, 499, 501, 559, 778, 779.

—— (Giuliano), évêque de Saintes, ambassadeur, II, 985, 994 et s., 1003, 1030, 1044, 1045.

—— (Niccolo), I, 141.

—— (Paolantonio), ambassadeur florentin, I, 438, 461, 496 (notice biographique), 497-531.

—— (Paolantonio), autre, III, 343, 348.

—— (Piero), ambassadeur florentin, gonfalonier, 233, 246, 248, 253, 259, 263, 266, 267, 269, 272, 275, 290, 318 (notice biographique), 321-325, 329, 334, 342, 348, 354-357, 503, 594, 694; II, 15, 19, 24, 46, 55, 71 n., 503.

SODERINI (Piero), autre, IV, 150 n., 153 n., 164 n., 217.

—— (Tommaso), I, 86.

—— (Tommaso), ambassadeur de Florence près de Charles-Quint, II, 1119 et s.

SOFIA, ville de Turquie, III, 53.

SOISSONS (Aisne), III, 535, 552, 555, 558, 914; IV, 210, 306, 582, 662, 766, 767, 769, 770, 776, 777, 779; V, 695.

SOISSONS (Charles de Bourbon, comte DE), fils de Louis Ier de Bourbon, prince de Condé, IV, 345, 346, 348, 350, 360, 636, 662, 685, 690, 697, 714, 717, 748, 795, 800, 802, 804, 820, 826, 833, 838, 863; V, 201, 300, 310, 326, 335, 344, 345, 363 n., 408, 414, 458, 466, 470, 496, 514, 515, 517, 519, 541, 543, 555, 565, 591, 618, 621, 624, 625, 628, 634, 635, 638.

SOLEURE, canton suisse, IV, 261.

SOLIMAN II, sultan de Turquie, III, 22, 26, 31, 32, 35, 39, 43, 44, 46-48, 50, 52, 53, 54, 58, 59, 61, 62, 63, 75, 76, 86, 89, 92, 172, 206, 218-220, 231, 254, 256, 258, 265, 297, 338, 361, 365, 368, 370, 379, 382.

SOLLIERS (M. DE). Voir FORBIN (Palamède).

SOMERSET (Charles DE), comte de Norfolk. II, 117.

—— (Le comte DE), III, 866.

SOMMA (Le duc DE), III, 118, 299, 311 et n., 313, 314, 486, 629.

SOMME (La), fleuve de France, III, 168; IV, 364, 400, 405, 425.

SOMMIÈRES (Gard), III, 871; IV, 28.

SONCINO, ville de Lombardie, II, 785, 789, 790, 802.

SONCINO (Raimondo DA), légat d'Innocent VIII, I, 536, 537.

Sophi (Le), le roi de Perse, II, 552, 667; III, 338.

Sora (Le duc de), I, 460, 475; II, 102.

Sorbelloni (Giovanantonio), cardinal de San Giorgio, V, 112.

Sorbin de Sainte-Foy (Arnaud), évêque de Nevers, IV, 486, V; 410.

Sorbonne (La), à Paris, III, 451, 758; IV, 629, 706; V, 32, 116, 133, 134, 135, 137, 138, 139.

Soria (Le marquis de), ambassadeur de Philippe II, à Rome, III, 359.

Soriano, ambassadeur de Venise auprès de Philippe II, III, 388.

Souabe, région d'Allemagne, II, 178.

Soudan (Le), ou sultan de Constantinople, I, 377.

Sourdis (François d'Escoubleau, cardinal de), V, 636.

—— (Madame de), amie de Gabrielle d'Estrées, V, 337, 346.

Southampton, port d'Angleterre, III, 168; IV, 806.

Souvré (M. de), gouverneur de Touraine, V, 410, 531, 625, 632, 636.

Spa, ville de Belgique, IV, 70, 76, 464, 465, 495.

Speciano (Giovan-Battista), agent diplomatique, III, 36, 104, 105, 109.

Sperello (Il cavaliere da), envoyé de Malatesta Baglione à François Ier, II, 1063.

Spezzia (La), port de Ligurie, I, 531; III, 104, 106, 107, 287, 727.

Spiart, prisonnier à Avignon, IV, 198.

Spina (Leonardo), marchand florentin établi à Lyon, III, 404 n. (lettre au duc Cosme Ier), 406.

—— (Pietro), courrier de François Ier, II, 808.

Spinelli (Giovan-Bartolomeo), I, 405, 406.

—— (Lorenzo), agent de Pierre de Médi-

cis, I, 240, 287, 290, 298. 387, 407, 461, 462, 479.

Spinola (Filippo), cardinal, V, 114, 557, 614.

—— (Pietro), noble génois, I, 84.

Spire, ville d'Allemagne, I, 311, 405; II, 314, 1055; III, 49, 69, 72; IV, 321.

Squarciafico, écuyer génois, domestique du sénéchal de Beaucaire, porte à Alexandre VI les plaintes de Charles VIII, I, 247.

Stanchino, Florentin établi à Rome, III, 343, 344, 346, 347.

Stanley (Le marquis de), IV, 146, 158.

Stati (Antonio de'), secrétaire du cardinal Cibo, II, 563.

Stefano (Messer), ami de Pierre de Médicis, I, 346, 359.

Stellona (Villa), près d'Asti, III, 104.

Stenay (Meuse), III, 145.

Sterling, aujourd'hui Stirling, ville d'Écosse, IV, 158.

Sterzingen, ville du Tyrol autrichien, II, 360.

Stradella, ville du Piémont, II, 784; III, 77, 113.

Stradiots (Les), soldats mercenaires; I, 624; II, 300, 305, 360, 404.

Strafford (Le comte de), ambassadeur d'Angleterre en France, IV, 272, 282, 284, 285, 291, 329, 475, 545, 548, 551, 558, 571, 574, 587, 593, 605, 817.

Strasbourg, ville d'Alsace, IV, 13, 269, 766.

Strozzi (Les), famille florentine, III, 31, 50, 61, 108, 258, 281.

Strozzi (Alessandro), III, 341.

—— (Caraccio), III, 120, 121.

—— (Cosino), IV, 502.

—— (Filippo), homme d'État et ambassadeur florentin, II, 703, 713, 731 n., 733, 754 (notice biographique), 755.

STROZZI (Filippo), fils de Pietro Strozzi, colonel général de l'infanterie française, III, 536, 548, 551, 578, 592, 604, 629, 699, 755, 761, 772, 821, 831, 865, 870. 873, 874, 911; IV, 29, 119, 122, 123 n., 146, 210, 233, 256, 288, 294, 301, 330, 331, 332, 334, 335, 340, 342, 350, 360, 363, 375, 381, 393, 400, 402, 408, 413, 423, 429, 456.

—— (Gabriello), IV, 482.

—— (Jacopo), IV, 361.

—— (Leonardo), IV, 482, 484.

—— (Leone), dit le Prieur de Capoue, frère de Pietro, III, 15, 40, 144, 205, 208, 249, 250, 265, 290-294.

—— (Leone), autre, V, 446 n.

—— (Lodovico), V, 416.

—— (Lodovico di Francesco), marchand florentin arrêté en France, I, 44-45.

—— (Lorenzo), évêque de Béziers, III, 62, 215.

—— (Matteo), envoyé de Florence auprès de Charles-Quint, II, 1119 et s.

—— (Pandolfo), III, 290.

—— (Pietro), maréchal de France, III, 30, 55, 56, 58, 60-62, 65-68, 72, 74-78, 82, 84, 106, 107, 109, 111, 112, 117-119 et n., 121 et n., 124, 125, 127, 128, 130, 132-134, 143, 144, 166, 168, 169, 188, 192, 194, 196, 205, 225, 257, 261, 264-266, 271, 286, 293, 294, 352, 355-357, 360, 363, 371, 373, 376, 377, 383, 384, 394, 401, 403.

—— (Pietro), autre, IV, 500, 596.

—— (Roberto), III, 66, 68, 70, 75, 294; IV, 643.

STUART (Lady Arabella), V, 434, 466.

—— (Jean), duc d'Albany, II, 416, 598, 791-793, 800, 805, 806, 807, 827, 1046.

STUART (Robert), comte de Beaumont-le-Roger, seigneur d'Aubigny, I, 268, 283. 286, 293, 296, 297, 298, 310, 384, 404, 410, 581, 702, 703; II, 23 n., 29, 61, 707.

STUDDER, capitaine suisse au service de François, duc d'Anjou, IV, 418.

STUFFA (Giovanni DELLA), II, 880.

—— (Luigi DELLA), député de Florence auprès de Louis XII, II, 70 n., 71 n., 72, 73.

—— (Pandolfo DELLA), III, 17.

SUBIACO, petite ville des États de l'Église, I, 464.

SUÈDE (Roi de), III, 807.

SUFFOLK (Le duc DE), ambassadeur de Henri VIII en France, II, 1065, 1067, 1073, 1074.

SUISSE (La), SUISSES (Les), I, 75, 179, 305, 309, 312, 350, 402, 582, 657, 659, 660, 663, 664, 668, 672, 675, 686; II, 26 n., 27 n., 30 n., 42, 44, 45, 56, 71, 157, 159, 162, 170, 174, 180, 182, 201, 205, 211, 216, 222, 223, 231, 238, 240, 241, 244, 271, 285, 307, 309, 312, 318, 321, 329, 412, 472, 478, 482, 485, 486, 511, 516, 535, 540, 541, 543, 544, 545, 546, 547, 553, 558, 559, 576, 590, 596, 598, 603, 604, 613, 614, 615, 616, 617, 618, 620, 621, 627, 641, 645, 660, 661, 663, 675, 693, 703, 706, 708, 709, 710, 711, 712, 713, 719, 720, 723, 725, 726, 727, 728, 729, 732, 733, 734, 735, 736, 759, 760, 762, 763, 770, 772, 774, 777, 789, 796, 807, 847, 848, 855, 865, 866, 867, 873, 877, 878, 881, 882, 883, 889, 922, 932, 943, 945, 949, 950, 952, 953, 1077, 1078, 1079, 1089; III, 23, 25, 33, 37, 48, 55, 77, 102, 125, 127, 128, 130, 131, 193,

197, 200, 213-216, 218, 222, 225,
326, 230, 274, 280, 283, 284, 310,
338, 360, 370, 374, 376, 398, 480,
485, 486, 488, 491-493, 500, 501,
503, 528, 530, 532, 539, 541, 552,
561, 562, 572, 579, 580, 590, 594,
595, 606, 608, 611, 612, 617, 619,
628, 667, 676, 773, 802, 810, 816,
836, 856, 861, 863, 864, 915; IV,
13, 14, 18, 23, 28, 33, 37, 43, 55,
59, 60, 63, 67, 69, 73, 74, 81, 82,
105, 126, 203, 239, 301, 332, 346,
415, 422, 423, 449, 458, 473, 475,
477, 491, 495, 524, 547, 561, 568,
573, 575, 579, 580, 585, 586, 589,
590, 591, 596, 598, 599, 604, 606,
611, 613, 630, 674, 677, 678, 695,
701, 702, 704, 705, 711, 712, 714,
719, 720, 721, 723, 733, 734, 735,
739, 740, 765, 780, 820, 836, 837,
858, 862, 865, 866; V, 27, 57 n.,

152, 321, 331, 334, 337, 343, 425,
426, 469, 474, 495, 497, 504, 614,
655.
Suisses (Ambassadeurs), en France, IV,
416, 417, 587, 649.
Sully (M. de). Voir Béthune (Maximilien
de).
Sulmona (Le prince de), III, 112, 117,
119 et n.
Suresnes (M. de), IV, 356.
Surgo (Giovanni), Milanais, IV, 529.
Susa (Giovan-Bartolomeo da), I, 395.
Suse, ville du Piémont, I, 311, 353; II,
296, 306, 307, 308, 413, 532, 615,
703, 704, 705; V, 435.
Suse ou Suze (M. de la), gouverneur de
Provence, IV, 202, 211, 239, 240,
241, 245, 250, 648, 711, 712, 729.
Suzanne (M. de), IV, 314, 316, 317.
Szigeth, ville de Hongrie, III, 62, 361.

T

Taberna (Giovanfrancesco), ambassadeur de
Francesco Sforza, duc de Milan, II, 850,
855.
Taddei (Le colonel), III, 417.
Tagliacozzo, ville de l'Abruzze, I, 475.
Taillebourg (Charente-Inférieure), III,
588, 606; IV, 233.
Taix. Voir Thais.
Talamone, port de Toscane, I, 35.
Talbot, capitaine de Henri VIII, II, 618.
Tallard (Hautes-Alpes), II, 760.
Tamise (La), fleuve d'Angleterre, IV, 362.
Tanaro (Le), rivière d'Italie, III, 108, 112,
118.
Tanei (Francesco), de Sienne, IV, 120 n.
Tapperini (Le capitaine), attaché à la mai-
son de Marie de Médicis, V, 461.

Tarascon (Bouches-du-Rhône), II, 764;
IV, 207.
Tarbes (L'évêque de). Voir Gramont (Ga-
briel de).
Tarente (Philippe, prince de), frère du roi
Robert de Naples, I, 15.
Targa, agent diplomatique, II, 737, 744.
Tarlatino, condottiere, II, 197, 204, 244,
245, 302, 303, 306, 327, 332, 341,
344, 345, 355, 425, 444.
Tarugi (Francesco-Maria), archevêque d'Avi-
gnon, V, 265.
Tasso (Bernardo), secrétaire du prince de
Salerne, III, 309.
Tavannes (Gaspard de Saulx de), maréchal de
France, III, 536, 553, 562, 564, 577,
629, 645, 738, 801, 815, 822, 843, 848.

Tavannes (Jean, vicomte de), second fils du maréchal de Tavannes, IV, 365, 597, 628.

Taverna (Stefano), I, 538. 539.

Taxis, ambassadeur d'Espagne en France, IV, 431, 435, 444, 475, 477, 478, 482. 489, 496, 498, 503, 510, 512, 516. 523, 525, 537, 542; V, 164, 165, 166, 202, 413, 437, 443, 542.

Tebaldi (Jeronimo), nonce de Jules II, II, 575.

Téligny (Charles de), gendre de l'amiral Coligny, III, 439 n., 554, 608, 611, 612, 616, 621, 623, 624, 634, 640, 648, 650-653, 657, 676, 680, 681, 685-688, 691, 692, 694, 696, 699, 711, 715, 716, 722, 744, 745, 791, 805, 809, 814. 817, 819, 823, 831; IV, 460.

Tellard, gentilhomme huguenot, III, 773.

Tende (Le comté de), en Provence, IV, 835.

Tende (Le comte de). Voir Savoie (Claude, Honoré et René de).

Terceira, l'une des îles Açores. IV. 416, 450. 472, 479, 610.

Tercellin [?], maistre de camp, IV, 728.

Termes (Le maréchal de). Voir Thermes.

Termini (Andrea, duc de), II, 549, 560, 566.

Termonde ou Dendermonde, ville des Pays-Bas, IV, 453, 455, 458.

Terracine, ville des États de l'Église, I, 399, 457, 460, 461, 465, 471, 474, 478, 482; III, 372.

—— (L'évêque de), III, 360.

Terranuova (Le cardinal de), V, 209, 222, 225.

Terranuova (Le duc de), 188.

Terre-Neuve, île de l'Amérique du Nord, IV, 550.

Tésin, rivière. Voir Ticino.

Thais (Jean, seigneur de), grand maître de l'artillerie, III, 50, 119 et n., 127.

Théodore (Maître), médecin de Louis XII, II, 152.

Théodoric, roi d'Italie, V, 668.

Thermes (Paul de la Barthe, seigneur de), maréchal de France, III, 24, 64, 101, 261, 285, 310, 311 et n., 313, 314, 316, 323, 326, 335, 336, 445.

Thermes (M. de), petit-neveu du précédent. Voir Saint-Lary (Jean de).

Thérouane (Pas-de-Calais), II, 632, 634, 636.

Thiérache, région de la Picardie, IV, 399.

Thionville, ville de Lorraine. III, 381, 383, 384, 562.

Thoré (Guillaume, seigneur de), cinquième fils du connétable Anne de Montmorency, III, 835, 896, 905-908, 916, 926; IV, 11, 13, 36, 47, 54, 97, 285. 576.

Thou (Christophe de), premier président du Parlement de Paris, III, 927; IV, 374. 424, 425, 431.

Thuin, ville de Belgique, IV, 185.

Ticino, rivière affluent du Pô, II, 784; III. 38.

Tidone, rivière du Piémont, III, 112.

Tiene, dans le Vicentin, III, 311 et n.

Tillet (Jean du), évêque de Meaux, III, 525.

—— (N. du), protonotaire apostolique, IV, 680.

Tirlemont (M. de), IV, 145.

Tivoli, ville des États de l'Église, IV, 622, 654; V, 14.

—— (L'évêque de), nonce apostolique de Jules II. Voir Leonini (Cammillo).

Tlemcen (Algérie), III, 54.

Tolède, ville d'Espagne, II, 1027.

Tolède (Éléonore de), grande-duchesse de

Toscane, femme du grand-duc Cosme I⁰ʳ, III, 16, 191.

Tolède (Éléonore de), femme de Pierre de Médicis, troisième fils du grand-duc Cosme Iᵉʳ, IV, 82 n.

—— (Don Garcias de), fils de don Pedro de Tolède, vice-roi de Naples, III, 332, 336.

—— (Don Louis de), III, 363.

—— (Don Pedro de), vice-roi de Naples, III, 332.

—— (Pedro de), ambassadeur d'Espagne en France, IV, 156; V, 550, 569-573, 577-589, 593, 600, 605-608, 610, 613, 614, 616, 621, 625, 635, 638, 639.

Toleto (Frances), cardinal, de l'ordre des Jésuites, V, 74. 161, 177, 203, 208, 213, 218, 222, 223, 225, 228, 230, 231, 232, 237, 243, 251, 255, 257, 259, 260, 262, 264, 265, 266, 267, 268, 269, 271, 274, 277. 278, 280, 284, 286, 288.

Tolosani (Antonio), abbé de Saint-Antoine de Vienne, V, 85, 88, 137, 147.

Tonnay-Charente (Charente-Inférieure), IV, 119.

Tonnerre (Yonne), IV, 720.

Tornabuoni (Alfonso), évêque de Saluces, puis de Borgo-San-Sepolcro, ambassadeur du duc Cosme Iᵉʳ en France, III, 15, 16, 182, 364, 406 (notice biographique) à 422 (correspondance avec Cosme Iᵉʳ).

—— (Ceccotto), IV, 196.

—— (Giovanni), capitaine italien au service de la France, IV, 349.

—— (Lorenzo), capitaine italien au service de la France, IV, 138, 342, 349.

—— (Mᵐᵉ), dame d'honneur de Marie de Médicis, V, 407, 408.

—— (Niccolò), évêque de Borgo-San-Sepol-

cro, ambassadeur du duc Cosme Iᵉʳ en France, III, 182, 423 (notice biographique) à 512 (correspondance avec Cosme Iᵉʳ), 517.

Tornabuoni (Simone), II, 726. 729.

Torre (Michel della), cardinal, évêque de Ceneda, nonce apostolique en France, III, 516, 528, 563, 587, 637, 645, 714, 739, 747, 752, 776, 786, 801, 810, 811, 834, 897, 904; V, 213, 214, 218.

Torre-di-San-Martino, localité de la Calabre, III, 367.

Torto (Alessandro), III, 109.

Tortona, ville du Piémont, I, 625; II, 230, 244; III, 24, 112, 113, 114, 132.

Toscanella, ville des États de l'Église. II, 739; III, 349.

Toscano (Messer Lorenzo), agent de Clément VII, II, 948, 956.

Tosinghi (Giovanni), Florentin établi en France, I, 232.

—— (Pierfrancesco), ambassadeur florentin, II, 42, 43 (notice biographique et instructions), 51, 53, 54, 57, 64. 248 et s.

—— (Ranieri), envoyé florentin auprès de Charles VIII. I, 205, 695-700.

—— (Pietro-Paolo), capitaine italien au service de la France, III, 590, 600, 606, 816, 829, 855, 856; IV, 128, 138, 139, 143, 256, 331, 349, 544, 550, 574, 729, 776.

Totila, roi des Goths, destructeur de Florence, I, 64, 118.

Toul (Meurthe-et-Moselle), III, 629, 637; IV, 438, 451, 459, 566, 572, 573, 582.

Toulon (Var), III, 69, 90; IV, 42, 416, 505; V, 444.

Toulouse (Haute-Garonne), III, 221, 456,

479, 573, 594, 613, 614, 616, 626, 742, 851, 863; IV, 59, 197, 201, 204, 208, 209, 212, 319, 341, 467, 487 n., 502, 521, 534; V, 193, 698.

Toulouse (L'archevêché de), IV, 510.

—— (Le Parlement de), III, 446.

—— (Le président de), II, 884.

Touques (Calvados), III, 166.

Tour (De la), vicomte de Turenne. Voir Turenne.

Tour (La), près de Lyon, probablement la Tour de Salvagny (Rhône), IV, 154 n.

Touraine, province, I, 272; III, 457, 470, 516, 561, 568, 592; IV, 61, 66, 73, 421, 471, 475, 477, 514, 521, 640, 688, 795, 858; V, 410, 463.

Tourette (Mme de la), IV, 197, 198.

Tournai, ville de Belgique, II, 106, 588, 589, 590, 604, 618, 627, 632, 634, 636, 638, 640, 641, 642, 643, 655, 660, 663, 701, 821; III, 526; IV, 370, 391, 399, 401, 408, 411, 414, 417, 507.

Tournon (Le cardinal François de), II, 1077, 1080; III, 41, 144, 147-149, 141, 152, 157, 160, 224, 281, 297, 298, 303, 309, 311 et n., 314, 316, 318 et n., 329 et n., 342, 359, 369, 428, 429, 432, 445, 446, 449, 462, 464, 466, 471, 472, 473, 476.

—— (M. de), capitaine français sous François Ier, II, 807.

—— (M. de), sous Henri III, IV, 296, 302.

Tours (Indre-et-Loire), I, 116, 232, 238, 247, 248, 253, 255, 257, 263, 267, 268, 270, 275, 279, 325, 326, 328, 329, 330, 331, 333, 337, 338, 341, 342, 344, 347, 348, 349, 350, 352, 356, 357, 358, 359, 360, 654, 669, 679, 680, 681, 683; II, 101, 103, 106, 109, 112, 123, 139, 168, 170, 172, 173, 175, 176, 178, 455, 695; III, 147, 151, 152, 262, 410, 416, 454, 457, 476, 516, 517, 518, 519, 568, 569, 570, 578, 595, 749, 883; IV, 66, 73, 80, 82, 118, 119, 120, 140, 308, 318, 321, 323, 327, 329, 333, 363, 375, 382, 416, 530, 573, 585, 661, 714, 717, 733, 866; V, 119 n., 490.

Tours (Archevêque de). Voir Bernard (Jean).

Tousche (Msr de la), gentilhomme tué à Milan en 1509, II, 310.

Tovaglia (Giuliano del), de Florence, IV, 384.

Tranquillo, ambassadeur autrichien à Rome, III, 44.

Transylvanie, pays de l'empire d'Autriche, III, 47, 59.

Trélon (Nord), IV, 399.

Trémoïlle (Charlotte-Catherine de la), seconde femme de Henri Ier, prince de Condé, IV, 778; V, 625.

—— (Claude de la), IV, 547, 595, 753; V, 507, 518.

—— (Louis II, sire de la), I, 290, 295, 299, 303, 621, 629 n., 656, 681, 682; II, 71, 183, 269, 314, 342, 366, 373, 383, 390, 459, 462, 487, 489, 509, 513, 749, 769, 805.

—— (La Maison de la), IV, 534.

Tremsen. Voir Tlemcem.

Trente, ville du Tyrol, I, 664; II, 171, 257, 314, 317, 350, 354, 360, 362, 363, 364, 381, 382, 384, 386, 403, 434, 435, 439, 444, 453, 815, 825; III, 35, 38, 39, 120, 211, 216, 303, 304, 372, 833.

—— (Le concile de), III, 173-175, 268, 269, 304, 496; IV, 103, 269, 462, 465, 600, 664, 786, 791, 835; V, 261, 292, 437, 653.

—— (Msr de). Voir Madruzzi (Christoforo).

Trèves (L'archevêque de), I, 311.

Trevi, ville des États de l'Église, II, 301, 304, 305, 315, 316, 317, 318, 319, 334, 335, 359.

Tréviso, ville de Vénétie, II, 358, 372, 378, 391, 399, 451, 457, 532, 538, 573.

Tréviso (La Marche de), I, 15; II, 257.

Trieste, ville d'Istrie, II, 279; III, 54, 58, 363, 369.

Tristo (Fra Lauro), agent diplomatique, I, 303.

Trivulzio (Ambrogio), II, 37.

—— (Gianfermo), condottiere, II, 783.

—— (Gianjacopo), condottiere, I, 625, 654, 655, 658, 662; II, 23 n., 29, 88, 250, 305, 310, 314, 316, 329, 358, 382, 393, 396, 403, 407, 408, 409, 429, 436, 528, 529, 530, 547, 559, 615, 696, 732.

—— (Girolamo), condottiere, II, 783.

—— (Teodoro), gouverneur de Milan, II, 559, 784, 935, 1080.

Trotto (Jacopo), I, 534, 535, 539, 545, 546, 571, 573.

—— (Marcantonio), condottiere, II, 954.

Troyes (Aube), II, 487, 489, 491, 493, 496; III, 76, 79, 222, 456; IV, 476, 556, 593, 784; V, 316, 697.

—— (L'évêque de). Voir Caraccioli (Antoine).

—— (Les grands jours de), IV, 476.

Truchsès (Ghebhard), archevêque de Cologne, IV, 464, 472.

Tufi (Porta), une des portes de Sienne, III, 334.

Tuileries (Les), à Paris, IV, 293, 489; V, 498, 638 n.

Tulle (Corrèze), IV, 628.

Tunis, ville d'Afrique, III, 26, 89.

Turc (Le), Turcs (Les), I, 99, 124, 136, 174, 176, 177, 185, 212, 236, 263, 267, 273, 280, 298, 362, 377, 477,

487, 506, 507, 512, 527, 528, 529 557, 560, 562; II, 37, 44, 338, 392, 435, 552, 667, 668, 669, 670, 672, 677, 813, 821, 874, 1027, 1055, 1056, 1081, 1099, 1100, 1108; III, 35, 46, 47, 73, 251, 255, 259, 265, 267, 283, 286-289, 292, 293, 312, 313, 316, 317, 358, 577, 672, 724, 781; IV, 592, 608; V, 73, 169, 201, 285, 286, 297, 303, 358, 439, 653.

Turchetto (Il), capitaine vénitien, II, 328, 330.

Turenne (Antoine de la Tour, vicomte de), II, 897.

—— (François II de la Tour, vicomte de), II, 1079.

—— (Henri de la Tour, vicomte de), connu plus tard sous le nom de maréchal de Bouillon, III, 745, 905, 908, 916; IV, 44, 73, 254, 255, 289, 305, 311, 319, 320, 325, 346, 351, 365, 381, 384, 391, 394, 401, 441, 476, 518, 549, 596, 628, 692, 748, 750; V, 326, 330, 398, 407, 408, 485, 487, 505, 506, 507, 518, 557, 559, 618, 635.

—— (Mlle de), III, 731.

Turin, ville du Piémont, I, 629, 630, 668; II, 712, 718, 719, 721, 733, 818; III, 24, 27, 120, 290; IV, 19, 20, 23, 36, 37, 38, 284, 420, 437, 830, 873, 875; V, 193, 435, 497.

Turini (Baldassare), ambassadeur florentin à Rome, II, 612-615.

Turino (Giovanni da), capitaine italien, III, 24, 34, 131, 314.

Turquie (Ambassadeur de), en France, IV, 435.

Turriani (Michele). Voir Torre (Michele della).

Turrita, dans le Siennois, III, 336.

Tyrol, pays, II, 310.

U

UBALDINI (Petruccio), IV, 259, 262.

—— (Ruberto), négociant florentin établi à Rome, III, 344.

UGESIO (Emondo). Voir AUGER (Edmond).

UGOLINI, de Parme, envoyé d'Ottavio Farnese, III, 260, 261.

ULM, ville d'Allemagne, I, 685; III, 193.

UNGARETO, envoyé du maréchal de Thermes, III, 310.

UNION (L'), sous Henri III, IV, 798, 800, 810; V, 655.

UNIVERSITÉ de Paris, I, 49, 242; III, 451; V, 315.

—— de Pise, I, 612.

—— de Salamanca, V, 138.

URBIN, ville d'Italie, II, 73; III, 20, 52, 302, 361, 365, 375, 675.

URBIN (Le duché d'), III, 355, 346.

URBIN (Ambassadeur du duc d'), à Venise, III, 361, 365.

—— (La duchesse d'), IV, 386.

URBIN (Ducs d'). Voir MÉDICIS (Laurent DE), MONTEFELTRO et ROVÈRE.

URBINO (Scipione DA), III, 916.

—— (Stefano DA), capitaine au service de François, duc d'Anjou, IV, 168, 359 n.

URFÉ (Pierre D'), grand écuyer de France, I, 276, 281, 289, 297, 301, 527, 569, 666.

URSINO. Voir ORSINI.

USIMBARDI (Piero), secrétaire du grand-duc Ferdinand I⁰ de Médicis, IV, 873, 876, 877, 879, 880, 883.

UTRECHT, ville des Pays-Bas, IV, 262, 306, 545.

UTRECHT (L'évêché d'), IV, 337.

UZÈS (Jacques de Crussol, duc D'), III, 754; IV, 23, 25, 28, 30, 394, 528, 534.

—— (La duchesse D'), IV, 540.

UZZANO (Niccolò DA), ambassadeur florentin, I, 30 n., 52, 54 n.

V

VAILA, petite ville près d'Agnadel, dans le Milanais, II, 301, 324 n., 328, 330, 332, 338, 757.

VAIR (Guillaume DU), V, 333.

VAISON (L'évêque de). Voir SCLEDUS (Jérôme).

VALDÈS (DE), l'un des chefs de l'Armada espagnole, IV, 816.

VALDICHIANA, la vallée de la Chiana, en Toscane, II, 756; III, 334.

VALDICHIERA, localité du Piémont, I, 683.

VAL-DI-LAMONA, vallée de Lamona, en Vénélie, I, 454, 577; II, 300.

VALDINIEVOLE, vallée de Toscane, III, 357.

VALEGGIO, localité du Véronais, II, 355, 395, 539.

VALENCE (Drôme), II, 527, 769; IV, 295, 411, 688, 768, 792.

—— (Le cardinal de), I, 494.

—— (L'évêque de). Voir MONTLUC (Jean DE).

VALENCIENNES (Nord), III, 526, 778, 782; IV, 91, 267, 384, 391, 399, 471, 473, 517.

VALENTINO, attaché à la maison du pape, V, 215, 219, 220, 235, 255.

VALENTINOIS (Duc DE). Voir BORGIA (César).

—— (Duchesse DE). Voir POITIERS (Diane DE).

VALERIO, courrier, V, 314, 612.

VALETTA (Orazio), nom supposé de Filippo Eschini, assassin aux gages du grand-duc de Toscane, IV, 119, 121, 134, 190 n., 193, 195 n., 196 n., 213, 215, 216, 218, 219, 220, 221, 222, 224.

VALETTE (Jean de Nogaret, seigneur DE LA), amiral de France, frère du duc d'Épernon, III, 599, 633, 741, 882, 883; IV, 12, 273, 284, 353, 356, 357, 402, 420, 421, 423, 434, 437, 438, 466, 473, 498, 500, 528, 559, 578, 598, 600, 628, 631, 648, 650, 658, 678, 711, 724, 812, 832, 836, 842, 873; V, 128.

VALFENERA, localité du Piémont, III, 366.

VALIANO. Voir PONT-A-VALIANO.

VALLADOLID, ville d'Espagne, II, 175, 591.

VALMONT (L'abbé DE), IV, 369.

VALOIS (Charles DE), frère de Philippe IV, I, 87, 98.

—— (La Maison DE), III, 539, 540; IV, 276, 451.

—— (Marguerite DE). Voir MARGUERITE.

VALORI (Filippo), ambassadeur florentin, I, 425 (notice biographique), 451, 483, 485, 487, 601.

—— (Francesco), homme d'État et ambassadeur florentin, I, 594 (notice biographique), 613, 626.

—— (Francesco di Niccolò), envoyé florentin auprès de Charles-Quint, III, 7.

—— (Niccolò), ambassadeur florentin, II, 78 (notice biographique), 79-81 (instructions), 90, 93 et s.

VALPERGA (Jacopo DE), chancelier de Savoie. Va trouver, de la part de Louis XI, les ambassadeurs florentins, I, 127.

—— (Louis DE), envoyé de Louis XI auprès des puissances d'Italie pour la pro-

tection des Florentins et du duc de Milan, I, 149, 150, 336.

VALPO [?], ville de Hongrie, III, 62.

VANDRENOT (M. DE), IV, 91.

VANLOO, localité des Pays-Bas, IV, 266.

VANTEBRAN (M. DE), III, 900, 901, 902, 904, 906.

VARENNE (M. DE LA), V, 501, 590, 616.

VARENNES (Allier), III, 520, 523, 524.

VARGAS, ambassadeur du roi Philippe II à Venise et en France, III, 361, 367, 371, 380, 381, 383, 384; IV, 135, 177, 325, 333.

VARSOVIE, ville de Pologne, IV, 35.

VASONA (Il reverendo). Voir VAISON (L'évêque de).

VASTO (Il marchese DEL). Voir GUAST (Le marquis DU).

VAUDEMONT (Le cardinal DE), IV, 464, 485, 494, 498, 558, 569, 572, 707.

—— (M. DE), courtisan de Henri IV, V, 322.

—— (Louise DE). Voir LOUISE.

—— (Marguerite DE), duchesse de Joyeuse, IV, 357, 377, 380.

—— (Nicolas de Lorraine, comte DE), beau-père de Henri III, III, 931; IV, 35, 42, 108.

VAUGUYON (M. DE LA), conseiller du roi de Navarre, IV, 255, 288, 296, 339, 340, 391, 392, 575.

VAURI (M. DE), ambassadeur de Charles-Quint à Clément VII, II, 1033.

VECCHIO (Matthio DEL), courrier d'ambassade, I, 233, 234.

VEGA (Don Giovanni DA), envoyé de Charles-Quint à la cour d'Angleterre, III, 49.

VELLETRI, ville des États de l'Église, I, 464, 475; V, 277.

VELONA. Voir AVLONE.

VENAISSIN (Comtat). Voir AVIGNON (Comtat d').

VENDÔME (Loir-et-Cher), III, 402, 489,
495, 519, 520, 768, 786; IV, 56,
68, 469, 596, 803.
—— (Le duché de), IV. 364.
VENDÔME (L'abbé de), IV, 122, 247. Peut-
être le cardinal Charles II de Bourbon
dans sa jeunesse.
—— (Le cardinal de). Voir BOURBON
(Charles DE).
—— (César. duc de), fils naturel de
Henri IV, V, 358, 409, 513, 560, 567,
568, 573, 618, 637.
—— (Charles de Bourbon, comte DE), II,
243, 936.
—— (Le duc DE). Voir ANTOINE DE BOUR-
BON.
—— (M. DE), évêque de Saintes. Voir BOUR-
BON (Le cardinal Charles DE).
VENDRAMIN, ambassadeur vénitien auprès
de Henri IV, V, 407.
VENISE, VÉNITIENS (Les), I, 61, 62, 66,
69, 73-76, 89, 99, 151, 152, 169,
175, 177, 179, 181, 184, 185, 217,
218, 222, 226, 231, 235, 236, 237,
243, 247, 256, 267, 269, 273, 286,
296, 309, 316, 331, 353, 360, 410,
427. 428, 444, 452 n., 461, 476,
477, 482, 495, 497, 499, 500, 502,
506, 508, 510, 512, 514, 515, 517,
519, 520, 522, 523, 528, 529, 531,
534, 535, 543, 544, 545, 552, 560,
561, 563, 564, 569, 579, 586, 614 n.,
625, 626, 645. 647, 650 n., 651,
653, 658, 661, 676, 693, 695 n.,
697, 700 n., 701, 702; II, 16, 17, 20,
26 n., 27 n., 29, 35, 45, 104, 105,
113, 115, 129, 143, 155, 159, 167,
168, 170, 175, 178, 179, 180, 181,
183, 184, 185, 188, 189, 192, 196,
197, 198, 199, 200, 201, 209, 214,
215, 216, 217, 222, 242, 247, 252,
256, 257, 258, 259, 267, 271, 274,
278, 279, 285, 286, 298, 299, 300
et s., 308, 314, 320, 337 à 530, passim, 534, 536, 537, 547, 550, 551,
559, 572, 573, 575, 590, 605, 612,
646, 649, 663, 665, 690, 694, 698,
712, 727, 728, 731, 747, 756, 763,
766, 790, 798, 802, 816, 817, 818,
825, 833, 835, 836, 846, 850, 851,
852, 856, 860, 861, 862, 863, 865,
877, 895, 900, 903, 904, 906, 907,
912, 913, 914, 915, 917, 918, 920,
922, 927, 930, 931, 932, 933,
934, 935, 939, 941, 943, 945,
946, 947, 948, 949, 950, 952,
953, 957, 960, 961, 966, 967, 968,
975, 977, 979, 982, 988, 1004, 1005,
1007, 1008, 1011, 1012, 1016, 1017,
1022, 1023, 1025. 1026, 1027, 1043,
1045, 1047, 1050, 1052, 1053. 1055.
1056, 1060, 1061, 1062, 1065, 1066,
1067, 1069, 1070, 1071, 1073, 1074,
1075, 1076, 1079, 1081, 1083, 1084,
1085, 1091, 1092, 1095, 1098, 1099,
1100, 1101, 1103, 1104, 1108, 1109,
1116, 1117; III, 14, 20, 22, 23, 26,
27, 29, 31, 32, 34, 45, 48, 50, 52,
55, 62, 84, 104, 125, 135, 139, 151,
172, 173, 204 et n., 214, 219, 223,
226, 230, 232, 236, 272, 273, 275,
281, 284, 286-289, 300, 301, 302,
304, 305, 307, 311, 315-316, 329,
330, 342, 351, 354, 358, 362, 364,
366, 369, 371, 373, 376, 378-380,
382, 383, 387, 389, 391, 393, 395,
397, 469, 528, 538-540, 552, 566,
582, 608, 609, 622, 643, 663, 669-
672, 676, 727, 763, 768, 797, 882,
888, 904, 910; IV, 36, 37, 39, 187,
188, 246, 417, 457, 463, 473, 476,
504, 583, 619, 691, 710, 837, 877;
V, 14, 15, 27, 31, 39, 42, 43, 44,
48, 49, 55, 57, 60, 62, 64, 65, 69,

861, 886, 894, 916, 924, 925, 954, 957, 967, 969, 975, 980, 983, 984, 985, 986, 988, 989.

Worms, ville d'Allemagne, I, 677; IV, 43, 321.

Wurtenberg, duché d'Allemagne, II, 648; V, 494.

Wurtenberg (Christophe, duc de), III, 44, 47.

—— (Louis, duc de), IV, 765.

Y

Ypres, ville des Pays-Bas, IV, 206, 473, 494, 499, 503.

—— (L'évêque d'), IV, 313.

Z

Zametto (Sebastiano), financier italien établi à Paris, V, 164, 165, 166, 337, 338, 402, 411, 412, 415, 428, 459, 460, 483, 505, 518, 545 n., 572.

Zante, une des îles Ioniennes, III, 361.

Zara, ville de Dalmatie, III, 32.

Zélande, région des Pays-Bas, III, 850; IV, 262, 311, 331, 382, 470, 474, 478, 485, 502, 522, 524, 526, 529, 531, 538, 539, 545, 582, 599, 657,

679, 774, 806, 815, 816; V, 146, 583, 653.

Zieriksée, ville de la Zélande, IV, 88.

Zitolo, de Pérouse, capitaine vénitien, II, 328, 330.

Zizim. Voir Djem.

Zorzi (Marco), Vénitien, I, 514.

Zuniga (Don Diego), ambassadeur espagnol en France, IV, 135.

Zurich, ville de Suisse, II, 747; III, 226; V, 469.

VISCONTI (Alessandro), III, 379.
—— (Bianca-Maria), veuve de Francesco
Sforza, I, 137, 145-146.
—— (Ercole), III, 66, 104.
—— (Filippo-Maria), duc de Milan, I, 60,
444.
—— (Gabriele), seigneur de Pise, I, 34-
35, 37.
—— (Galezzo), condottiere, II, 704,
1046, 1117.
—— (Giovanni), archevêque et seigneur
de Milan, I, 22.
—— (Giovanni-Galeazzo), duc de Milan,
I, 29-33.
—— (Palavicino), III, 118.
VISTARINO (Lodovico), capitaine italien au
service de Charles-Quint, III, 88, 91,
102, 120.
VITELLI (LES), famille italienne, I, 631,
641, 643, 701, 702.
—— (Alessandro), condottiere, III, 35,
146, 336.
—— (Camillo), condottiere, combat dans
l'armée française à Fornoue, I, 459,
470, 473, 475, 477, 508, 514, 579,
624, 625, 632, 633 n., 634, 635 n.,
694.
—— (Chiappino), condottiere, III, 675,
681, 789, 850; IV, 643.
—— (Giovanni), condottiere, II, 560,
565.

VITELLI (Paolo), condottiere, I, 622; II,
27 n., 35.
—— (Vitello di Camillo), condottiere, II,
300, 305, 872.
—— (Vitellozzo), condottiere, I, 632,
671 n., 674, 677, 685, 689, 699; II,
36, 71 n.
VITERBE, ville des États de l'Église, I, 208,
619 n.; II, 745; III, 717; V, 36, 90.
VITERMONT (M. DE), gouverneur de Saint-
Quentin sous Henri III, IV, 367, 368,
369.
VITRY (Marne), III, 81, 562, 891; IV,
556.
VITRY (Le bailli DE), conseiller de Char-
les VIII, I, 279, 631.
—— (M. DE), capitaine des gardes de
Henri IV, V, 497, 697.
VITTEAUX (Le baron DE), assassin du favori
du Gast, IV, 50, 133, 155, 263, 265.
VIVARAIS, province, IV, 296, 673.
VIVIEN (M. DE), blessé à la bataille de Cou-
tras, IV, 729.
VIVONNE (Jean DE), marquis de Pisani, sei-
gneur de Saint-Goar, ambassadeur de
France à Rome. Voir SAINT-GOAR.
VOGHERA, ville du Milanais, III, 113, 116.
VOLTERRA, ville de Toscane, I, 21, 159,
606.
VULPIANO, aujourd'hui Volpiano, ville du
Piémont, III, 88.

W

WALLONS (Les), III, 595; IV, 206, 248,
304, 395, 403, 865.
WALSINGHAM, secrétaire d'État anglais, IV,
328, 386, 387, 400, 408.
WARWICK (Le comte DE), IV, 545, 546,
547, 548, 550.

WARWICK (La comtesse DE), IV, 550.
WIGHT (L'île de), III, 168; IV, 806.
WITTEMBERG, ville d'Allemagne, III, 195.
WOLSEY (Thomas), cardinal-archevêque
d'York, ministre de Henri VIII, II, 811,
815, 825, 827, 850 n., 854, 858,

Villequier (Mᵐᵉ de), IV, 129.

Villeroy (Nicolas de Neufville, seigneur de), secrétaire d'État sous Charles IX et Henri III, ministre de Henri IV, III, 614, 617, 619, 624, 634, 880, 881; IV, 121, 123 n., 124, 130, 147, 168, 175, 177, 200, 203, 206, 290, 309, 310, 311, 336, 337, 344, 347, 351, 356, 358, 482, 496, 499, 502, 512, 535, 537, 556, 558, 569, 572, 582, 585, 588, 699, 772, 781, 791, 792, 793, 800, 817, 875; V, 127, 295, 296, 297, 298, 299, 301, 303, 304, 305, 307, 308, 311, 312, 313, 317, 318, 327, 330, 333, 340, 344, 345, 346, 347, 348, 349, 353, 354, 357 n., 358, 364, 365, 375, 378, 379, 380, 382, 383, 389, 390, 391, 392, 393, 395, 396, 397, 399, 404, 406, 407, 408, 411, 412, 415, 416, 417, 419, 420, 422, 423, 424, 425, 426, 427, 431, 432, 441, 442, 443, 446, 447, 453, 463, 464 n., 467, 469, 470, 471, 473, 474, 480, 484, 494, 495, 496, 498, 499, 502, 504, 507, 508, 509, 511, 514, 516, 517, 520, 524, 525, 527, 530, 531, 533, 535, 537, 538, 539, 541, 544, 545 n., 546, 549, 552, 556, 557, 569, 577, 587, 606, 607, 609, 611, 612, 613, 614, 615, 616, 617, 623, 626, 628, 629, 630, 633, 635, 636, 637, 638, 697.

—— (Mᵐᵉ de), femme du précédent, IV, 422, 429.

Villers-Cotterets (Aisne), III, 891, 892; IV, 420, 421, 778.

Villers-le-Verd (Le seigneur de), capitaine catholique, IV, 288, 304, 331.

Villiers (M. de), ministre protestant, de l'entourage de Guillaume de Nassau, IV, 523.

Vilvorde, ville des Pays-Bas, IV, 148, 531.

Vimercato (Francesco-Fernando di), capitaine au service de Charles-Quint, III, 24.

Vincennes, près Paris, II, 946; III, 486, 489, 565, 582, 878, 907, 915, 924, 930, 931; IV, 42, 424, 425, 478, 485, 486, 487 n., 492, 498, 509, 521, 531, 532, 535, 538, 543 n., 581, 599, 600, 601, 662; V, 409, 697.

Vincenzio, serviteur de Pierre de Médicis. I, 232.

Vinci (Leonardo da), II, 211, 212, 213, 220.

Vincula (Il), le cardinal de Saint-Pierre-ès-Liens. Voir Jules II.

Vins (M. de), gentilhomme catholique, III, 818, 870, 881; IV, 239, 241, 563, 573, 652.

Vinta (Belisario), secrétaire du grand-duc François Iᵉʳ, IV, 113, 139 n., 148 n., 149 n., 151 n., 182, 307, 308, 321, 323, 334, 336, 338, 345, 346, 354, 363, 366, 373, 380, 394, 404, 409, 416, 419, 420, 423, 425, 429, 462, 464, 467, 468, 470, 474, 475, 477, 478, 486, 487, 490, 497, 503, 511, 516, 523, 527, 532, 542, 544, 547, 554, 559, 565, 570, 577, 585, 593, 595, 603, 605, 607, 612, 617, 624, 626, 629, 633, 638, 641, 643, 651, 655, 661, 667, 673, 676, 684, 687, 691, 697, 704, 713, 716, 725, 732, 739; V, 158, 259, 324, 327, 328, 339, 345, 348, 352, 357, 358, 361, 362, 388, 390, 428, 447, 452, 453, 454, 463, 464, 466, 499, 591, 604.

—— (Francesco), envoyé du duc Cosme Iᵉʳ à Bologne, III, 181, 354 à 358 (extraits de sa correspondance avec Cosme Iᵉʳ).

Viron (M.), envoyé de Charles-Quint, III, 144.

IMPRIMERIE NATIONALE.

280, 281, 284, 290, 297, 299, 303, 307, 312, 314, 324, 329, 338, 339, 343, 344, 362, 386, 519, 527, 661, 666, 669, 672, 677.

VESPIANO, localité du Piémont, III, 88.

VESPUCCI (Guidantonio), ambassadeur florentin auprès de Louis XI et de Charles VIII, I, 366 (notice biographique), 186, 188, 296, 369-409 (correspondance avec Pierre de Médicis), 601, 607, 609-611, 613, 628, 657; II, 20.

VETTORI (Francesco), ambassadeur et homme d'État florentin, II, 751 (notice biographique, 755-776.

—— (Neri). Fait partie de l'ambassade envoyée par Florence à Jean XXIII, I, 54 n.

—— (Piero), ambassadeur de Florence près de Ferdinand Ier, roi de Naples, I, 215 n., 624-626.

—— (Paolo), commandant des galères pontificales, II, 741, 745, 795, 797, 798, 799, 800, 926 n.

VÉZELAY (Yonne), III, 635.

VIAREGGIO, port de Toscane, III, 355, 357.

VIBERAC, agent politique, V, 333.

VIC (M. DE), V, 335.

VICEGRADO, ville de Hongrie, III, 73.

VICENTIN (Le), territoire de Vicenza, III, 311.

VICENTINO (Messer Jeronimo), II, 730.

VICENZA, ville d'Italie, II, 257, 351, 353, 354, 356, 358, 363, 369, 378, 386, 393, 394, 395, 399, 425, 429, 434, 435, 439, 445, 451, 457, 507, 509, 534, 538, 573; III, 71.

—— (L'évêque-cardinal de), V, 265, 597.

VIDEVILLE (M. DE), IV, 482, 494, 501, 532, 533, 536, 537, 543.

VIEILLEVILLE (Le maréchal DE), III, 432, 477, 478, 516, 533, 536, 537, 553, 587, 731, 738.

VIENNE, ville d'Autriche, III, 44, 47, 53, 54, 57, 59, 62, 69, 73; IV, 167.

VIENNE (Isère), I, 291; II, 767; III, 549, 574, 874; IV, 154 n.

—— (L'archevêque de). Voir MARILLAC (Charles DE).

VIGEVANO, ville du Piémont, I, 374, 377, 530, 532, 535, 555, 571, 575; II, 436.

VIGNA (Bartolomeo DEL), I, 86.

VIGNE (M. DE LA), envoyé du roi Henri II à Constantinople, III, 368.

VILLACHIARA (Marcantonio), III, 711.

VILLAFRANCA, ville du Véronais, II, 539.

—— ville du Piémont, II, 701, 707, 708.

VILLA-MARINA, port d'Italie [?], I, 286, 481.

VILLANOVA (Graziano DA), carme espagnol, nonce apostolique en France, I, 269-270.

VILLANUOVA, ville du Piémont, II, 401.

VILLAREAL (M. DE), III, 771.

VILLARS (M. DE), gouverneur de Rouen et du Havre, V, 697.

—— (Le marquis DE). Voir SAVOIE (Honoré DE).

VILLA STELLONA. Voir STELLONA.

VILLEBONNE (M. DE), III, 414.

VILLEFRANCHE (Allier), IV, 59.

VILLEMARIE (M. DE), gentilhomme huguenot, IV, 305.

VILLEMAUR (M. DE), III, 826.

VILLENEUVE (M. DE), I, 633.

VILLENEUVE-D'AGEN (Lot-et-Garonne), IV, 108, 288, 591.

VILLENEUVE-LE-ROI (Yonne), III, 629.

VILLENEUVE-LEZ-AVIGNON (Gard), IV, 32.

VILLEQUIER (M. DE), premier gentilhomme de la chambre du roi Henri III, III, 744; IV, 21, 128, 159, 283, 290, 292-295, 297, 312, 371, 494, 498, 537, 549, 575, 611, 698.

70, 71, 72 n., 79, 83, 90, 92, 96, 117, 131, 133, 134, 142, 143, 147, 197, 199, 204, 213, 218, 236, 272, 282, 283, 284, 285, 286, 287, 288, 309, 310, 318, 327, 329, 353, 359, 393, 430, 431, 446 n., 453, 472, 487, 560, 566, 605, 661.

VENISE (Ambassadeur de), à Florence, V, 589.

—— (Ambassadeur de), en France, III, 204 n., 552, 786; IV, 133 n., 160, 214, 222, 229, 232, 431, 477, 481, 499, 525, 536, 583; V, 589, 611, 621, 638, 639, 661.

VENTADOUR (Gilbert de Lévis DE), IV, 375, 384, 498.

VENTIMIGLIA, ville de Ligurie, II, 244.

VENTURI (Roberto), proscrit italien pensionné par la France, IV, 138, 139, 502.

VÉRAC (M. DE), IV, 288.

VERALLO, légat du pape, III, 298.

VERCELLI ou VERCEIL, ville du Piémont, I, 309, 688; II, 709, 712, 713, 719, 720, 722, 723; III, 87, 90, 92, 103, 124, 126, 128, 129, 362, 748.

—— (L'évêque de), II, 733.

VERDALE (Hugues DE), grand maître de Malte et cardinal, V, 147.

VERDUN (Meuse), III, 629, 637; IV, 438, 459, 462, 522, 528, 566, 572, 573, 582.

—— (L'évêque de). Voir LORRAINE-VAUDE-MONT (Éric DE).

VERGER (M. DU), IV, 389.

VERGNE (M. DE LA), capitaine des gardes de François de Valois, duc d'Anjou, IV, 351, 424, 426.

VERME (Le seigneur DEL), II, 37.

VERMIGLIO (Pietro), surnommé Pierre Martyr, Florentin, ministre de l'Église réformée à Zurich, III, 461, 462, 463.

VERNEUIL (Eure), III, 162; IV, 352, 353; V, 694.

—— (Oise), V, 465, 470, 504, 543, 551.

VERNEUIL (Gaston-Henri, duc DE), fils naturel de Henri IV et de Henriette de Balzac d'Entragues, V, 509, 520, 521, 524, 550, 562 n.

—— (Mlle DE), fille naturelle de Henri IV et de Henriette de Balzac d'Entragues, V, 535, 536, 568, 637.

—— (La marquise DE). Voir ENTRAGUES (Henriette de Balzac D').

VEROLI (Ennio, évêque de), II, 832, 833, 834, 836.

VÉRONAIS (Le), territoire de Vérone, III, 369.

VÉRONE, ville d'Italie, II, 190, 257, 338, 342, 343, 344, 346, 348, 350, 351, 353, 354, 355, 356, 357, 359, 360, 361, 363, 365, 369, 378, 392, 394, 399, 401, 402, 403, 404, 409, 424, 429, 431, 434, 435, 438, 439, 449, 450, 451, 452, 455, 457, 459, 474, 485, 490, 502, 537, 538, 539, 573, 577, 613, 747, 763, 766; III, 47, 75, 397.

—— (Le cardinal de), V, 222, 225, 238.

VERRUA, localité du Piémont, III, 91.

VERS (Le baron DE), gouverneur de Beaucaire, IV, 202.

VERSORIS (M.), avocat au Parlement de Paris, IV, 104.

VERTUS (La comtesse DE), III, 142, 224.

VERVINS (Aisne), V, 352, 353, 355, 359, 361, 446, 449, 450, 457, 458, 569, 681.

VERZELLI (M.), III, 663.

VESE (Étienne DE), sénéchal de Beaucaire, conseiller de Charles VIII, I, 224, 227, 228, 230, 237, 238, 247, 248, 253, 256, 258, 263, 264, 266, 277, 278,

www.ingramcontent.com/pod-product-compliance
Lightning Source LLC
Chambersburg PA
CBHW052205270326
41931CB00011B/2225